文化文本

第一辑

李继凯 叶舒宪 主编

图书在版编目(CIP)数据

文化文本. 第1辑 / 李继凯，叶舒宪主编. — 北京：商务印书馆，2021
ISBN 978-7-100-19825-7

Ⅰ.①文… Ⅱ.①李… ②叶… Ⅲ.①文化人类学—文集 Ⅳ.①C958-53

中国版本图书馆CIP数据核字（2021）第064587号

权利保留，侵权必究。

文化文本
第一辑
李继凯　叶舒宪　主编

商 务 印 书 馆 出 版
（北京王府井大街36号　邮政编码 100710）
商 务 印 书 馆 发 行
三河市尚艺印装有限公司印刷
ISBN 978-7-100-19825-7

2021年6月第1版　　开本 710×1000　1/16
2021年6月第1次印刷　印张 20

定价：99.00 元

《文化文本》编委会

主　编　李继凯　叶舒宪
副主编　李永平　徐新建

编　委（按姓氏拼音排序）
朝戈金　陈岗龙　程金城　高莉芬　韩　伟
胡建升　黄达远　李　川　李　菲　李化成
李继凯　李小江　李永平　刘晓峰　彭兆荣
苏永前　孙　岳　谭　佳　唐启翠　王海龙（美国）
王　晖　王明珂　王铭铭　王　宁　王　倩
王新建　王子今　徐新建　叶舒宪　易　华
尤西林　赵周宽　张子夜（加拿大）

编辑部
主　任　李永平
本辑编辑　张　玉

合作单位
中国比较文学学会文学人类学研究会
陕西师范大学人文社科高等研究院
陕西师范大学文学人类学研究中心
上海交通大学神话学研究院

目 录

一 理论前沿 / 1

叶舒宪　文化文本：一场认知革命 / 3

朝戈金　作为文化文本的口头传统 / 17

王明珂　文本、文化与社会情境 / 24

徐新建　神话文本：从天地创生到万物显灵 / 38

李永平　"纵出"与"横出"："文化文本"观念对文学研究的革新
　　　　——兼论"后理论"时代的理论创新 / 48

王海龙　视觉人类学与视觉文本语法简论 / 63

李　菲　新"文化文本"观：文学人类学方法论整体主义与个体主义的
　　　　分野与弥合 / 89

胡建升　文化文本：为非文本的表述形式制作新文本 / 106

二 文明探微 / 119

易　华　夏源于西北说 / 121

黄亚平　大地湾陶符的性质及史前陶符研究方法 / 138

李　川　东西文化摩荡中的印章及其"中国性"问题 / 152

三 田野调查 / 177

彭兆荣　作为文化文本之"舌尖上的中国" / 179

夏　敏　虫变母题与蚕马故事
　　　　——兼及江浙蚕花娘娘祭祀与瑶畲等族虫变盘瓠信仰之比较 / 192
曹娅丽　邱莎若拉　从格萨尔史诗到音画诗剧
　　　　——以《赛马称王》戏剧表演为例 / 201
张　玉　历史书写中的现实诉求
　　　　——民间流传扶苏故事的叙事意图解读 / 210

四　经典阐释 / 219

王　晖　楚简《恒先》为惠施派名家佚文说 / 221
唐启翠　文化文本的意义与限度
　　　　——以"豊"字考古探源为例 / 235

五　学术争鸣 / 257

吴秋林　文化基因中的"彼岸"密码 / 259
赵周宽　作为文化符号之祭司的"文人" / 284

附　关于文学人类学的感言 / 306
《文化文本》征稿启事 / 309

一　理论前沿

文化文本：一场认知革命

叶舒宪

（上海交通大学人文学院）

2018年3月25日，在陕西师范大学启夏苑，我与陕西师范大学人文高等研究院院长李继凯教授共同为"《文化文本》编辑部"揭牌。我衷心希望在纪念改革开放40周年之际，《文化文本》的创刊成为学术征途上再出发的新起点。这将是一个什么样的出版项目呢？

一、文化文本：一场认知革命

2018年3月26日，我在陕西师大高研院演讲，题目是"如何求证华夏5000年——文学人类学的范式革命"。我以著名科学史家托马斯·库恩的"范式革命"说，来界定我们提出的"文化文本"这个代表学术格局突破的核心术语。

这次讲座突出这样一种意识，即人文学研究发展到今日，正在面临一场前所未有的观念大变革或大转换，恰恰相当于库恩所说的"范式革命"。在某种意义上也大致对应着陈寅恪所说的"预流"。

一个时代有一个时代的学术。在新知识格局下，以往的研究范式和以往的思路已经无法应对、无法操作。当此之际，要不要完成这种转换成为摆在每一个学者面前的必选项。需要提示的是，不能指望在现行教育体制的课堂教学中实现这种范式的革命，要不要和能否实现让新范式取代旧范式的任务，全靠研究者自己的觉悟和一个勤勉努力自学的过程。

从历史看，一个鼓励全民创新的时代是十分罕见的。可是，在我们从业的这个人文学科的教学和研究领域，陈陈相因早已经成为常态，根本原因是旧的范式本身具有强大的束缚力。翻翻发行量较大的教科书的内容，你就会明白：根本不能指望在常规教育中学到理论创新和方法创新的一点点秘诀；只有强调学生去自学新知识，才有望达到"预流"的前沿性。

《文化文本》创刊伊始，就要鲜明地亮出理论创新和范式革命的旗帜，寄希望它能够成为这样一面旗帜。如今市面上各种学术出版物不是太少，而是太多，几乎成泛滥之势，这会给后学的选择带来极大困惑。在学术追求方面，宁为鸡口，毋为牛后，权且作为办刊第一宗旨。

文化文本，这个术语听起来好像既熟悉又陌生。在结构主义和符号学大潮到来之前，这是个完全陌生的概念。人文学界经历过结构主义思想的半个世纪的洗礼，大家对这个概念已经耳熟能详了。可是我们必须首先声明，本刊以"文化文本"为名，绝不是因袭和照搬结构主义—符号学的概念。这种情况和八年前我们采用"大传统"和"小传统"这一对现成术语的情况一样，颠覆性地再造、灌注新的内涵，以求引领学术变革，才是本刊采纳这个术语的初衷。

文学人类学派所强调的文化文本，除了名称上和结构主义—符号学的思路一致外，其所秉承的学术传统更多地侧重在文化人类学方面，而其研究旨趣则更接近符号人类学（亦称"象征人类学"）、历史人类学、认知考古学。在此，文化文本，若要发挥理论统领性的作用，需要让它和一切结构主义的文本概念划清界限。[1] 从文学人类学视角看，文化文本，不是指客体存在的、静止不动的文本，而是带有历史深度认知效应的一种生成性概念，是指在主客体相互作用下不断生成和演变的文化符码系统本身。相对于后代的一切文本（不论是语言文字的，还是非语言非文字的），文化文本的源

---

[1] 当代文论中具有经典性的"文本"理论，以克里斯蒂娃和罗兰·巴特为代表，参见〔法〕罗兰·巴特《文本理论》，史忠义译，载史忠义、户思社、叶舒宪编：《人文新视野》第六辑《风格研究 文本理论》，河南大学出版社，2009年，第297—308页。

头期最为重要。没有源头的,即没有找到其原编码的文本,是没有理论解释力的。结构主义和符号学的共时性研究思路,被视为人文学科在20世纪发生的最重要的学术转向——语言学转向,并且和19世纪的历史语言学思路相区别。但正是结构主义的共时性研究范式,阉割了文化文本生成脉络认识的可能性,所以必须有一个学术再转向,从关注共时性视角,到兼顾共时性与历时性,恢复发生学的视角。

文化文本的生成方式是原编码,其演变的方式则是再编码,即在原编码基础上的某种置换变形或再创造。对原编码的追溯,在理论上几乎没有止境的。我们在此暂界定在先于文字符号产生的旧石器时代后期和整个新石器时代,以免使研究领域漫无边际。就中国的情况而言,旧石器时代的符号材料十分稀少,因而可以暂且侧重研究新石器时代以来的时段。对于有文字的社会传统而言,原编码是先于文字而存在的。文字的出现,就已经是再编码。在N级编码论中,甲骨文只能算二级编码。就华夏文明而言,探寻文化文本的原编码工作,不能在甲骨文字产生以后的年代里进行。因为我们经过四十年的探索,直到最近才终于觉悟到:一个古老文明的所有重要的文化原型,一定是在先于文字符号的更早年代里出现的,这就必然要诉诸考古学和史前史的全新知识领域,要相对地弄清楚:文字符号出现以前的世界是什么样的。没有这个补课的功夫,就永远无法知道文字世界是如何取代无文字世界的。

试问,哪一种结构主义的或符号学的教科书是这样教给你谈起"文化文本"的概念呢?如果你发现以前的结构主义—符号学一派的学者并没有这样做,那么文学人类学派所标榜的"文化文本"的范式革新意义,就会逐渐不言自明了。为了更好地说明文学人类学研究的当下理论建构意向,有必要回溯先于文学人类学的交叉学科思路而存在的文化人类学的范式转型。

二、文化人类学的"前世"与"今生"

"文化文本"是一个合成词,由"文化"加"文本"而构成。"文化"这个术语的崛起，无疑是文化人类学这门学科的独门专利。在业内，把"文化"的再发现，视为西方人文学科两千多年发展史上最重要的一场革命，其意义相当于自然科学史上的哥白尼革命。

文化人类学在19世纪后期诞生，那时是科学主义的导向：遵循着19世纪以达尔文生物进化论为原型的思维范式，试图发现和掌握文化的普世规律，并认为这种文化的或社会的规律如同自然规律一般。从泰勒、弗雷泽到摩尔根，都是遵循如此一种发展演化的研究思路。所以他们被后人命名为人类学的奠基性学派——"古典进化论"学派。

文化人类学的今生之变，发生在20世纪中期。这一次是人文学和解释学的导向：格尔茨将文化诠释为一种错综复杂的"意义之网"，需要从地方性知识的内部视角，去一个一个地认识每一种社会群体的文化编码奥秘。这样，文化就从类似生物学实验室里的可分析和可归纳的模型或标本，转变成为承载独有意义信息的"文化文本"，犹如需要解读的诗歌或小说。用一个比方来说，这就好像原来的科学的人类学经历了一场脱胎换骨，变成了文学的人类学。

如果通过学术史的微观研究，认识到格尔茨如何受到文学批评家的影响，这种学术大转变的全套理路，就会清晰起来。这也从另一个侧面，丰富了我们对"文学人类学"概念的理解。

从19世纪探寻"文化规律"导向的人类学研究范式，转到20世纪中期之后以解读"文化意义"为新导向的研究范式，人类学家的工作与时俱进，形成两种全然不同的研究格局和研究领域。

这种范式变革，显然是将文化观念引向文本化、符号化的发展趋势之后的产物。背离自然科学的科学主义范式，转向侧重哲学认识论和意义阐释学的新发展方向。简而言之，即人类学从科学转向人文学。文化人类学学科内部的这种范式大转型，在某种程度上应验的是英国哲学家艾耶尔等在《哲学中的革命》中的警句：

> 二十世纪哲学的历史在很大程度上是关于意义和意思这个概念的

历史。[1]

20世纪50年代后期以来,"学者们都孜孜不倦地致力于寻求隐藏在纷繁复杂的表面现象下面的深层结构以及反复出现的模型。这种寻找深层结构与模式的做法与被重新激活了的、对人类活动的可能性进行超验探寻的'后康德主义'遗产结合在一起(指卡西尔。——引者),最终导致了一种旨在对意义、对沟通以及其他类似主题进行深入探讨的非常抽象的普遍性理论的产生。(对符号进行研究的符号学或符号科学……)"[2]。半个多世纪以来,语言文学专业方面的学者受到这方面很大的影响。后结构主义的兴起,暂时打断了探寻深层结构或模式的热情,跟随德里达有关"意义不确定性"和"解构"的批判宗旨,一部分人热衷于回到"诗无达诂"的立场看待意义问题。艾柯等符号学家及时出面,对意义阐释的范围提出限定,明确反对愈演愈烈的"过渡诠释"(over-interpretation)现象的蔓延。相应地,文化的语境化或再语境化,成为引导深度诠释而非过渡诠释的有效方法。我们之所以标出"文化文本"这个术语,一方面是要强调将文化作为文本来解读的研究策略和技巧,同时也要引导一种前所未有的深度的文化语境化认知方略,即立足于大传统新知识的文化再语境化。

格尔茨对文化概念的重新定义,即视文化为一种"意义之网"。意义从此不再只是语言文字文本的专利,而且也是文化探究的最大奥秘之所在,成为文科的尖端性学问。把文化理解为一种错综复杂的符号系统,其符号意义的解读,就成为文化研究的新的主流方向。象征人类学、符号人类学、阐释人类学、文本人类学之类不同的名目,大都是围绕着文化意义解读这个核心的认知新方向。"写文化"的问题、文化表述的问题,也是文学人类学派发展过程中一再要回溯的理论界标性的问题。在文学人类学的专业教科书中,已经把"人类学转向"看成20世纪思想和学术的最重要的转向。非

---

[1] 〔英〕艾耶耳等:《哲学中的革命》,李步楼译,商务印书馆,1986年,第6页。
[2] 〔意〕安贝托·艾柯、〔英〕斯特凡·柯里尼:《诠释与过度诠释·导论》,王宇根译,生活·读书·新知三联书店,2005年,第7页。

常可惜的是，大凡人文专业的研究生都能对"语言学转向"略知一二，却大都对"人类学转向"闻所未闻。于是，在文学专业内部自发形成的交叉学科文学人类学的从业者，号召凡是从文史哲老专业中培养出来的学人，首先需要经过自学文化人类学的思想和学术历练过程，而完成这一转向意识，以便在后人类学的时代跟上新时代的学术潮流。在此要"链接"托马斯·库恩《科学革命的结构》的观点。比如，"阐释"这个术语，在19世纪的德国人施莱尔马赫那里专用于《圣经》阐释学，即在精确解释上帝的意旨方面；到了一个世纪之后的美国人类学家格尔茨这里，同样的术语"阐释"，却远隔重洋地挪用到印度尼西亚海岛巴厘岛民的"斗鸡"习俗上面。从西方学术传统的《圣经》阐释学，到人类学的文化阐释学，也就是一个多世纪的时间而已。这个转变的过程，已经意味深长地提示出：需要阐释的对象，如何从文字文本（《圣经》），到地球上每一个人类部落或村落的文化构成规则。后者，正是我们所称的"文化文本"所在。我们在此对这个术语做出必要的三层次界定：

  文化文本，指由特定文化所支配的符号系统及其意义生成规则。
  文化文本，不等于"文化的文本"（cultural text），而等于说"作为文本的文化"（culture as text）。
  文化文本，是大于"文字文本"或"语言文本"的概念，它将语言文字符号和非语言文字符号统统包括在内。

打一个比方，如果将作家作品或文字文本比喻为孙悟空，则文化文本就是如来佛的巨掌。二者的关系是支配与被支配的关系。特定文化中的言说者和书写者，没有人能够超越文化文本的支配作用。在现象世界中，人们能看到的只有作家作品。在理论思维中，需要认识的就是现象世界中看不到的支配性要素。

需要提示的还有，第一层界定中的"特定文化"概念，具有相当的伸缩性：可指一个部落、村社，或一个族群，也可指一个文明国家。但不论哪种情况，特定文化都是一个个性化的概念，该文化的意义生成活动会有与其他文化所不同的自身法则。文学人类学派之所以采用这个概念作为理论主攻方向，是要凸显中国文化的意义生成"潜规则"，这既包括华夏文明整体的意义生成，也包括每一个民族或族群文化的意义生成。这就能给本土研究者带来非常多样的对象选择。

对于无文字社会而言，文化文本就体现于依然在活态传承中的文化传统本身，从风水到建筑，从仪式及相伴的歌舞表演，到图腾符号、服饰与装饰物等，无不属于文化文本的表现形态。文化文本的考察单位，可以小到部落和村落一级。而对于文明国家而言，文化文本的主流形态虽然已经是书写文字系统，但是孕育和催生文字符号的原编码系统，则一定潜藏在文字出现前的大传统之中。对大传统的重新界定和特别强调，也是我们关照的"文化文本"与结构主义—符号学思路截然不同之处。

库恩的《科学革命的结构》第十章题为"革命是世界观的改变"，其中写道：

> 科学家们在革命期间用熟悉的工具观察他们以前已经观察过的领域时看到了新的不同的东西。这有点像把这个专业团体突然运送到另一个行星上去了，在那里熟悉的对象是以不同的眼光来看待的，并且是由不熟悉的对象连结起来的。①

什么才是中国人文学研究者所"熟悉的对象"和"不熟悉的对象"呢？下面一节将回到理论诉求的本土语境中给予具体说明。

三、回归本土：深度阐释中国文化的新知识前提

三星堆、陶寺、喇家、石峁、凌家滩、西坡、牛河梁这七个名称，是六

---

① 〔美〕托马斯·库恩：《科学革命的结构》，金吾伦、胡新和译，北京大学出版社，2004年，第91页。

个中国地方村落的名称外加一个小山包的名称。它们作为学术认识的对象，都是以往的知识人根本不知道其存在也根本不会在意的名称。但是一旦由考古工作者发掘出距今数千年以前的人类遗迹，这些名称就再也不是普普通通的平常村落或名不见经传的地方性小山包了。其中的三星堆是距今约三千年前成都平原的遗址，喇家、陶寺和石峁，分别是距今四千多年前黄河上游和中游的三个遗址；最后的三个名称——凌家滩、西坡、牛河梁，则分别是南方、北方和中原的距今五千多年以前的重要文化遗址。

这七个名称，先是在20世纪后期成为专业工作者们探求新知的考古文物圣地，随后很快就成为大众媒体关注的热点。以名不见经传的塞外小山包牛河梁为例，中国大地上类似这样"土气"的地名成千上万，但只有在牛河梁这一座小山包上，21世纪新筑起的一座史前遗址博物馆，给五千多年前的红山文化遗址匹配了一个最好的现代化的展示平台。

那么，从三星堆到石峁，到凌家滩，这些"由不熟悉的对象连结起来的"究竟是什么样的认识线索呢？文学人类学派的学者大胆称之为"玉文化先统一中国"——这样一个学术上的全新命题，以往闻所未闻，以后也难免会引起持久的怀疑和争论。这当然属于完全在书写的文字文本之外的新知识，属于我们当下所致力于建构的文化文本理念之生动的示范性案例。

简言之，如果要找出这七个遗址的共同特征，那么其一，就是它们都属于无文字社会，即在甲骨文、金文产生之前或之外的文化。既然没有类似"书同文，车同轨"的统一国家的行政制度，那么应该如何看待它们彼此之间的统一性要素呢？其文化文本构成根本不依赖文字符号，而依赖物质符号。其二，七个遗址共有的神圣物质要素就是规模性地使用玉礼器。其三，按照年代顺序，五千多年以上的三个遗址——凌家滩、西坡、牛河梁，都只有玉礼器而无金属器。四千年左右的三个遗址——喇家、陶寺、石峁，依然是玉礼器为主的文化，但已经开启金玉组合之门，陶寺出现中原地区最早的青铜器。三千多年前的一个中原地区以外的遗址——三星堆，突显金玉组合礼器的壮丽奇观。青铜礼器无论在体量上还是规模上都已经大大超越玉礼器。依照几何学知识：两点成一线，三点成一平面。七个遗址讲述的是前所未知的"中国故事"——包括中心的故事和边缘的故事。它们比"中国"更早就存在于中国大地上，金玉组合的礼仪实物出现，要比孟子颂扬孔子的伟大时所使用的词语"金声玉振"早十几个世纪。要想深入理解孟子说的"金声玉振"的文化底蕴，如今最好的观照方式，不再是按照解经学的老套路去引经据典、咬文嚼字，而是充分认识到玉文化传统和冶金文化传统在何时何地相遇并如何整合为一体的，以及金玉礼器的组合又是如何奠定华夏国家的权力象征符号系统的。

这样的一种深度认识的思路，只有借用福柯的一个说法才能够精确概括，那就是"人文知识的考古学"。在"词"与"物"之间的认知跨越，就是从文字文本到文化文本的认识跨越。在文学人类学的四重证据法模式中，词语，属于传世文献的一重证据；物，属于考古发现的第四重证据。在前考古学时代，知识人关注的只能是词语或文本；在人类学和考古学勃兴的时代，我们更关注词语的活态语境——仪式歌舞和词的所指对象——物。这里就呈现出一个复杂交织的意义生成空间——三重证据和四重证据，以及它们和一重证据的证据间性。所有的四重证据彼此之间发生共振的场域，那才是我们要勉力去探求的文化文本。

如果要问：引领科学家们在观念革命中体验到的那种外星视角是如何产生的？

对于这个问题，不是从《符号学辞典》中引用巴赫金的"陌生化"术语就能解说清楚的。从认知的层面看，新、旧两种知识在某种意义上具有不可兼容的性质。要学习新知识，就要先从旧知识（常识）的窠臼中解放出来，包括悬置那些曾经用来包装旧知识的所有概念术语。换言之，需要重起炉灶另开张才行。恩格斯将此称为"术语的革命"。新术语、新概念，在此应运而生，这是一个学者改变自己的过程，也可视为一种再教育：

> 在革命的年代，当常规科学的传统改变时，科学家对他的环境的知觉

必须再教育。①

常规教育，是现行教育体制的规定动作；再教育，只能出自我们的自选。你不选，就不会有。如今中国的常规教育中根本就没有上述七个遗址的名称。你不知道它们，不仅不会影响到"小升初"，也不会影响到高考和考研，甚至不影响你拿博士学位和博士后头衔。如此看来，文学人类学派的自我再教育，今天是非常小众范围的。逼迫自己涉猎史前新知识，好像是有点自讨苦吃。但其前瞻性，必将引领国家常规教育内容的变革。可以断言，那将是迟早的事，"道之所存，师之所存"，为此"士不可不弘毅"。

我在讲座中特别介绍当今国际的大历史学派的三位代表人物，侧重介绍他们学术经历中类似人类学家对文化他者的经验问题。他们是贾里德·戴蒙德、大卫·克里斯蒂安、尤瓦尔·赫拉利，《枪炮、病菌与钢铁》《大历史》和《人类简史》，就是他们三位依照"人类学转向"的方式，完成史学研究范式革命的代表作。就教育背景看，这三位中两位是牛津大学的史学博士，一位是剑桥大学的生物学博士。他们都不是科班的人类学专业，但他们的学术成就标志着什么是跨学科创新。这对国内从事人文学跨学科研究的人，对文学人类学的爱好者，都具有很强的示范意义。

我将此作为"人类学转向"在文学学科的近邻——史学学科方面引发一场摧枯拉朽的观念变革的参照。这样的新知识链接，不只是为了"预流"或尝鲜，一个更深层的原因是：国际的大历史视野与国内的文学人类学派独家倡导的大传统理论，两者具有学术方向上的殊途同归意义。从文史不分家的立场看，知识视野的由"小"到"大"是不以人的意志为转移的必然发展过程。有先见之明者可以走在时代前面，率先突破常规教育的知识窠臼，充当新知识的引领者作用；后知后觉者，只能被动地跟在潮流后面亦步亦趋。当比尔·盖茨、扎克伯格和奥巴马都不约而同地向读者推荐以色列人赫拉利的《人类简史》时，让他们动心的不只有"知识就是力量"的老信

---

① 〔美〕托马斯·库恩：《科学革命的结构》，金吾伦、胡新和译，北京大学出版社，2004年，第91页。

条,也有"新知识才是力量"的新信条。《人类简史》上来就讲发生在七万年前的人类第一场革命——认知革命,这个年代一定会让当年写历史著作的司马迁们和希罗多德们百思不得其解。在全民向往"一流"的当下语境,如何先让学习者自己"预流",才是重要的。

该来的,一定会来。

四、只缘身在此山中:文字牢房

华夏传统中的知识人,自古以来就不可避免地生活在由孔子、孟子、司马迁、班固们所建构起来的知识谱系中,难逃汉字书写的知识系统的宰制。以传统经学为主的国学系统,向来号称博大精深,实际上却是被权力话语所筛选和压缩后的一种人为的文化建构的话语产品。其认知效果,与曾经存在过的现实世界相比,可以说犹如盲人摸象一般。盲人虽然没有摸到大象的全部身体存在,但其手指所触摸到的毕竟是真实的大象本身。《史记》《汉书》等权威史书中所叙写的鸿门宴,和真实发生的鸿门宴能够同日而语吗?留在文字记述中的,无非是鸿门宴的某些片段和剪影的文字版传达而已。叙事中提到的几个关键玉礼器符号的决定性意义,至今还处在尚未解码的无知尴尬状态,如何指望文字能够真实地呈现出历史原貌呢?"白璧一双"的符码所指不明,就无法理解项羽为何要放走刘邦。而玉璧作为文化符号的存在,要比楚汉相争的时代足足早五千年。

四川三星堆也好,陕西石峁古城也好,青海喇家遗址也好,这些以村落名字命名的地方,都让我们重新觉悟到我们已经被文字知识的牢房宰制得太久太久了!文字书写者的知识局限,就成为后世所有人必须一起承担的局限。若没有当今考古新发现,打破文字牢房宰制的可能几乎为零。

文化文本这个新术语,旨在突出文化的整体性认识,呈现大小传统之间的或隐或显的承传因革。在文字或书写文本的底层,不仅有共时性的文化文本,这种共时性的背后还有历时性的生成演变过程。要用如此兼顾性的视野,去克服见木不见林的学科本位主义短视。站在九千或一万年的文化传统大视野高度去看，什么是显性的，什么是隐性的，还有什么是万变不离其宗的。

整体大于局部之和。文化整体性认识，是文科目前最缺乏的东西。因为教育制度是按照专业划分的，学科之间不仅壁垒森严，而且本位主义盛行。生活在学科中的知识人，往往"民至老死而不相往来"。牛津大学史学博士赫拉利在《人类简史》最后一页的谢词中，要特别感谢的只有一个人，那就是剑桥的生物学博士贾里德·戴蒙德，理由是"他让我学会了整体的观点"。在此可以追问的是，又是谁教给戴蒙德"整体的观点"呢？高校里文科的教科书成千上万种，有哪几种提到过这位五十年来在新几内亚岛做田野工作的生物学家呢？为什么会是生物学家引领着国际史学的变革大方向呢？

笔者能想到的答案是：生物学具有超长时段的连贯性的巨大视野。今天叮咬你的蚊子，可能至少有数千万年乃至上亿年的物种历史。生物学不必区分"史前"与"文明"。人类虽说是"文化动物"或"符号动物"，终究也还是不能脱离生物的历史。现代学科体系的建立，用文字符号为界标，严格划分出"史前"与"文明"。而"历史"一词，通常是指有文字记载的历史，即文明史。殊不知，如此二分法的副作用，就是切断文化大小传统本来的有机联系和因果链。在后殖民语境下，由联合国教科文组织编写的大型全球合作项目《人类文明史》，开篇就批判自19世纪西方知识界以来的"史前"与"文明"划分的误导作用：

"史前"，一个错误却已因袭下来的术语

在文字发明之前的超长时期通常被称为"史前"。尽管该术语几乎普遍出现在所有语言中，但基本上是错误的。严格地说，它从历史上排除了约99.8％的人类存在时间。并使"真正历史"（以文字记载为基础的）在该存在中比例减少至0.2％。此外，直到近来才采用书面文字的人群（指少数民族或少数族裔。——引者注）对该术语不屑一顾，且有理由认为，自身的过去与更早具备读写能力的人群的过去一样，都是"历史"。

"史前"时期见证了人类的诞生、儿童期和青春期。它将我们从人类起源带到文字的发明、第一批文字的出现、第一批城邦的出现以及阶级社会的产生。而阶级社会是几千年来"真正历史"时期的重要特征。史前时期见证了人类我们基本特点的缓慢发展,缺少了对它的了解,当代各种文化许多突出特征就仍将是不可理解的。[1]

既然今天已经有了打破数千年文字宰制的新希望,特别是中国考古学给出近一个世纪的系列惊天大发现,本土学人为什么不朝这个目标勉力前行呢?按照从大传统到小传统的认识思路,重建华夏的文化文本整体的宏伟目标,成为这一代知识人的必然选择。虽然任重道远,但是迟早需要有人出面承担。好在我们已经建构过一种N级编码论和大小传统论,作为链接新知识和旧知识的理论性链条,如今逐渐聚焦到"文化文本"这个贯通性的概念上,希望它能发挥理论统领效应,成为再出发的新起点。它将带来的不仅仅是一种跨学科研究方法和学术范式,也是我们自古以来习以为常的知识观和世界观的根本变革。

只有将被人为割裂开来的"史前"与"文明"的历史重新对接起来,贯通性的和整体性的认知才有望得以建构。其对历史认知的拓展效果,可借用《人类文明史》的一个比喻来表达:"如果用总长为5000米的线代表能人出现以后经历的约250万年的时期,每年的长度少于2毫米。文字出现之前的时期代表4990米,而所谓的'历史'时期(有文字记载的时期)的总长则只剩最后的10米。从基督纪元开始的时期长度为4米,而从哥伦布发现美洲开始的时期长度仅为1米。"[2] 人各有志,你希望研究几米或几厘米的历史,那完全是你的兴趣选择而已。

最后用几句问答,作为结尾:

为什么要研究"文化文本"?

作为客体的"文化文本"并不存在,看不见也摸不着。

---

[1] 〔美〕西格弗里德·J.德拉埃:《人类文明史》第1卷,"综述",王加丰等译,译林出版社,2015年,第1—2页。

[2] 〔美〕西格弗里德·J.德拉埃:《人类文明史》第1卷,王加丰等译,译林出版社,2015年,第1页。

作为理论抽象的"文化文本"不容忽视，因为它虽然看不见也摸不着，却暗中支配着该文化成员的所有看得见摸得着的意指行为和文本生产。

中国的人文学有上百万从业者，劳动力投入最多的是作家作品研究。我们对屈原、李白、曹雪芹所投入的智力早已经汗牛充栋，相关成果车载斗量。但是对于有一种暗中支配着屈原、李白和曹雪芹写作的文化潜规则的东西，我们的投入还是零。《文化文本》会是零的突破吗？

作为文化文本的口头传统

朝戈金

(中国社会科学院民族文学所)

一

英国遗传学专家安东尼·玛纳克教授领导的一个研究小组通过基因研究发现，人类开口说话的起点，距今大约有12万年到20万年之间。他们的研究成果公布在《自然》(Nature)刊物上。他们的发现可以简单概括为：在老鼠和所有灵长类动物身上，都有一种让语言表达"行不通"的属于5%最稳定遗传物质的FOXP2基因。在生物进化史上，在人类、黑猩猩和老鼠"分道扬镳"的13亿年中，FOXP2蛋白质只变了一个氨基酸。而在人类和其他灵长类动物"人猿相揖别"的400万到600万年之间，两个语言基因中的氨基酸在人类身上却完成了突变，并在漫长的进化过程中最终进化为遗传性基因。科学家们计算的结果是，这个遗传基因的关键性突变，就发生在距今大约12万年到20万年之间。[①]他们由此得出结论说，人类这个物种说话的历史至今已经有大约12万到20万年之久。

说话的历史是如此悠久。那么人类另一宗重要的信息技术——文字的发明和使用的历史有多长呢？下面是美国学者约翰·迈尔斯·弗里(John Miles Foley)对这两种人类最重要的信息技术的比较结果。他首先声明可以

---

① 参见《光明日报》2003年2月14日。

退一步保守地把人类会说话的历史算作是从距今 10 万年开始，进而把这 10 万年当作一年，于是，在人类掌握了信息沟通和交流技术的这一年中，口传和书写的时间关系应是这样的：

（1） 中东记数符号　　　　　公元前 8000 年，第 328 天，相当于 11 月 22 日
（2） 巴尔干前书写字符　　　公元前 5300 年，第 338 天，相当于 12 月 2 日
（3） 埃及书写传统　　　　　公元前 3200 年，第 346 天，相当于 12 月 10 日
（4） 美索不达米亚楔形文字　公元前 3100 年，第 346 天，相当于 12 月 10 日
（5） 印度文字　　　　　　　公元前 2500 年，第 348 天，相当于 12 月 12 日
（6） 闪米特文字　　　　　　公元前 2000 年，第 350 天，相当于 12 月 14 日
（7） 克里特线形文字 A　　　公元前 1800 年，第 351 天，相当于 12 月 15 日
（8） 线形文字 B　　　　　　公元前 1550 年，第 352 天，相当于 12 月 16 日
（9） 腓尼基文字　　　　　　公元前 1200 年，第 353 天，相当于 12 月 17 日
（10）希腊字母　　　　　　　公元前 775 年，第 355 天，相当于 12 月 19 日
（11）玛雅和中美洲文字　　　公元前 500 年，第 356 天，相当于 12 月 20 日
（12）亚历山大里亚图书馆　　公元前 250 年，第 357 天，相当于 12 月 21 日
（13）中国印刷术　　　　　　750 年，第 360 天，相当于 12 月 24 日
（14）古腾堡印刷厂　　　　　1450 年，第 363 天，相当于 12 月 27 日
（15）切罗基文字　　　　　　1821 年，第 365 天，相当于 12 月 31 日早晨 8 点
（16）打字机　　　　　　　　1867 年，第 365 天，相当于 12 月 31 日中午
（17）现行国际音标　　　　　1993 年，第 365 天，相当于 12 月 31 日 23∶24
（18）因特网　　　　　　　　1997 年，第 365 天，相当于 12 月 31 日 23∶24

弗里这个"人类媒介纪年表"[①] 颇有名气，它让我们直观地清晰地看到口头传统和书写技术在时间轴上的对应关系。它有力地告诉我们第一个基本事实：人类会说话的历史很长，书写的历史却比较短。

---

① 笔者译自弗里《怎样解读口头诗歌》(John Miles Foley, *How to Read an Oral Poem*, University of Illinois Press, 2002)。

文字书写一旦被发明和使用，就给信息的存储和传承带来革命性的变化。不过，我们还要知道另外一个基本事实，那就是文字在很长时间里并没有得到广泛使用。这是因为掌握文字需要专门的长期训练，而由于历史上生产力水平和社会分工的制约，掌握文字成为一宗很不容易的事情。在许多地区和文化传统中，在漫长的历史进程中，一直是很小一部分人掌握文字（如欧洲的贵族和僧侣们），这种情况基本没有例外。这就告诉我们第二个事实：即便在有文字可用的文化中，书写也只是承载了信息传承的一小部分，口头传统的使用则广泛得多。

历史上是这样，今天的情形是怎么样的呢？根据联合国教科文组织公布的世界语言地图来看，全球各地一共有大约7500到10000多种语言。他们分属不同的语系，具有不同的传承途径，拥有很不相同的特征。这些语言中只有数量相当有限的一小部分发展出了书写系统。大多数语言是没有相应的文字的。中国的情形也差不多：语言学家的说法是，中国境内各个族群一共讲着超过130种语言，而真正发展出文字并广泛使用的连其中的十分之一都不到。即便在一些拥有本民族文字的少数民族群体中，文字的使用也是相当有限的。例如藏族，其书写系统已经传承千年之久，但直到20世纪中叶，根据统计，每百人中会读写的人只是个位数。这种情况并不是个例。这就告诉我们第三个事实：在科技高度发达的今天，以全球人口、文化传统、语言数量和信息总量做综合考察，书写技术也远没有完全占据压倒性地位。

综上，我们可以得出这样的结论：在人类漫长的历史进程中，口头传统在延绵时长、发生频度和传播规模上长期占据压倒性优势地位；在书写技术发展起来之后，口头传统仍然长期居于相当重要的地位，与书写技术形成有颉颃、有融合之势；在今天的世界上，口头传统仍然是许多文化传统得以传承延续的重要手段，在不少文化传统中还是唯一手段，远没有被书写文化淹没取代而消失踪影。

二

如何界定文化文本，来自不同学科的学者秉持宽狭不一的定义和尺度。在文化人类学和民俗学等学科看来，一个有意义的符号串当然是一个文本，就像一组图像、一段旋律、一个讲述、一通舞蹈等都是文本一样。口头传统诉诸听觉，是听觉的符号串。虽然在历史上口头传统长期占据主要地位，但因为技术手段的欠缺，以及文化偏见的影响等，学术上对口头传统的观察和总结是长期缺位的。不过话也说回来，体系化的学科建设虽未能产生，但是对口头传统有所认识和评述的历史在东方和西方却都不算短。从中国的《诗经》到古希腊亚里士多德的《诗学》，都曾涉及从口头传唱到文字写定的问题。《诗学》对口头诗歌的艺术特性还多有总结性意见。不过，从学术研究立场追溯口头传统的学理性思考，按照美国学者朱姆沃尔特（R. Zumwalt）的意见，是开始于18、19世纪的"大理论"（Grand Theory）时期。下面是她对一些与口头传统有关联的西方重要人文理论流派的梳理，意在简要勾勒该学术方向的进路和理路：

方法论分类	具体方法和理论	关于口头传承的观点	代表人物
18—19世纪起源研究的"大理论"	浪漫主义的民族主义	一个民族民间精神的表达	赫德尔
	文化进化学说	原始或野蛮时代的遗留物	泰勒
	太阳神话	自原始神话诗歌时代以来的语言疾病	缪勒
20世纪"机械论"的起源研究	芬兰历史—地理学方法	书面文本按地理分布采集资料	阿尔奈·汤普森
	地域—年代假想	口头文本的资料采集地理分析	鲍亚士
文本模式	史诗法则	从文本法则中产生的口头传统	奥利克
	口头程式理论	作为记忆手段和传统参照的文本形式	洛德
	变态学方法	关注口头传承样式的内部结构	普洛普

续表

方法论分类	具体方法和理论	关于口头传承的观点	代表人物
结构主义和解释学方法	结构主义方法	作为深层结构体现的口头传承	列维·斯特劳斯
	象征—解释学方法	作为自我写照的口头传承	格尔茨
	结构主义—解释学方法	口头传承作为深层结构和个人表演	费尔德
精神分析学说	精神分析方法	作为心理投射的口头传承	邓迪斯
民族志诗学	民族志诗学	翻译口头传承以呈现诗学的和戏剧的特色	特德洛克、戴尔·海莫斯
表演理论	表演理论	作为创作过程的口头传承	鲍曼·纳拉扬
女权主义	女权主义理论	作为权力和性的社会存在的口头传承	霍利斯、米尔斯、伯欣、谢辽莫维奇·扬
本真性	本真性	审视对于口头传承所做的种种理论假设	本迪克斯、汉德勒·林那金

资料来源：该表引自罗斯玛丽·列维·朱姆沃尔特（Rosemary Levy Zumwalt）的"口头传承研究方法纵横谈"（A Historical Glossary of Critical Approaches）一文，尹虎彬译，见《民族文学研究》2000年增刊。

在大约两百年的学术发展中，关于口头传统的认识是日渐清晰起来的。当然就该表格而言，它是按照问题域来排列的，所以不能按照时间轴线来理解。不过，通过这些问题丛的罗列，我们可以形成如下几方面的看法：

第一，口头传统曾长期被作为材料以印证特定的理论假说。从赫德尔开始，口头传统得到重视，着手展开了搜集、整理、翻译、阐释、研究工作。在那些学者看来，口头传统是"原始知识"或是"远古的回声"，是以今证古的好材料。

第二，随后的研究重点转向了对其内部构造和生成法则的讨论。口头文本成为与书面文本一样的独立完整的存在，可以进行单元切割，可以拟构各个单元之间的逻辑关系等。

第三，对其意涵的研究逐步大行其道。精神分析方法被大量采用，以说明口头文本如何投射了主体的社会文化心理等。

第四，作为权利和性的折射的口头传统成为女权主义研究的对象。这时，口头传统再次被当作印证关于社会结构和权力结构的理论假说的材料。

第五，口头传统的生成和传播过程的研究，吸引了一些学者的兴趣。"演述过程"中各要素的作用，以及它们如何合力制造和传播意义，是以"表演理论"为代表的一派学者的贡献。

第六，如何理解不同文化中的口头传统，这个问题引起了一些试图建构"民族志诗学"学者的重视。他们发现不同文化中的学者，对待哪怕十分相似的文化现象，也会产生诸多的认识错位。该学派虽然兴盛的时间不长，但是他们提出了一个饶有兴味的问题：文化间的对话该如何进行？

三

以哈佛大学教授艾伯特·洛德（Albert Lord）的著作《故事的歌手》（*Singer of the Tales*）的出版（1960年）为标志，口头传统的研究得到稳固的推进。随后展开的关于口头性（orality）与书面性（literacy）关系的大论战，引发了来自不同学科学者的介入。传播学家麦克卢汉、人类学家列维-斯特劳斯、古典学家哈夫洛克、历史学家杰克·古迪等人文学界巨擘纷纷加入论战。今天看来，其结果非常具有建设性：一则，《口头传统》（*Oral Tradition*）学刊得以在美国密苏里大学创办（1986年），进而围绕刊物聚集起大批优秀学人，在口头传统领域开展深耕细作，迄今已然形成可观的阵营和影响力。再则，口头传统研究的旗手弗里随后创立了"口头传统研究中心"（Center for Studies in Oral Tradition），着意开展口头传统的研究。他还编撰了《口头传统教程》（*Teaching Oral Tradition*），梳理了在美国高校中开展与口头传统相关课程的授课情况。最重要的是，2003年联合国教科文组织公布的《保护非物质文化遗产公约》，可以看作是国际社会认定人类社会在长期发展中倚重口头传统传承文化这一事实。而这份公约的出台，学界在口头传统方面展开的大量研究功不可没。我们都知道，公约约定要保护的五大类非物质文化遗产，第一类就是"口头传统"，而且口头传统不仅占据首位，它还是其他四大类所赖以传承的最主要手段。

在今天的国际学术语境中，谈论人类文明进步，分析不同的文化传统，却要绕开关于口头传统的讨论,这简直是不可想象的,也是陈腐的和脱离时代进步的。拿美国来说,在其高等教育机构中,开设与口头传统相关课程的科系和专业有:英语、外国语、民俗学、人类学、宗教学、历史学等。其中专业化程度颇高的课程方向包括:口头与书写文化的理论、一般民俗学理论、民俗与文学关系、非洲口头传统、美洲口头传统、《圣经》研究、古典学、语言和故事讲述、妇女研究等。在中国,关于口头传统的研究更是具有特殊的意义。如前述中国境内语言多,文字少。在广袤的少数民族地区,大量的知识和信息是通过口耳相传得以存储和记忆、传承和流布的。忽视这些宝贵的口头传统资源,我们顶多能获得一些片段的、局部的信息。即便在汉族地区,直到20世纪中叶,文盲人口还十分惊人。孔孟之道、四书五经、百宋千元、屈原李白,固然是中原文化傲人之处,但也不能忘记古往今来在数量上远超过文化人的众多文盲,在他们中间也同时传承着数量可观的以往不见诸文字的各类信息。就以语言艺术而言,晚近要出版的"民间文学经典大系",无论就数量还是就重要性而言,比起书面传统来,那也是不遑多让。

总之,口头传统当之无愧是文化文本中重要的一翼,就像文字文献是重要的一翼一样。

文本、文化与社会情境

王明珂

（台北"中研院"历史语言研究所特聘研究员）

近半个世纪的学术发展趋向，让各人文社会学科间产生许多交集。譬如传统史学不再是历史学家的专利与技艺，人类学田野亦非只是人类学家的工作与专长，甚至各学科的基本知识法则被挪移至另一学科后，因失去原学术社群中的"集体无意识"屏蔽，其缺失原形毕露，其方法捉襟见肘。此中一关键变化便是，对社会群体认同如何影响人们对外界事物的观察与认知、对文化背后的权力关系，与其如何左右人们的行为、如何影响人们对所见现象的评价，均有批判性的理解与反思。也就是如此对文化与身份认同的研究兴趣，让许多文学研究者以文化研究（cultural study）之名涉足于多种研究领域。这是一种良性的学术发展，其分析与认知方法的普及化更有可能改变人文世界。

虽然如此，当前世界仍充斥着对文化的刻板性认识，以及各种权力群体（包括知识权力群体）借着界定与操弄"文化"以维持社会区分。如此让许多人（社会边缘人群）自豪于能保存本民族文化，生活在民族文化之中而无视另一些人（社会主体人群）永远生活在历史前端的当下。最近在一考察行程中，我参观了一处台湾少数民族居民的小米田，原生态种植，小米生长得不理想，此时小米价格也不好。田主人解释道："收成好不好，能不能卖钱并不重要，保存我们的文化比较重要。"这经验，可以让我们再思考"文化"——究竟什么是文化？为何一个少数民族农民认为它比收成好更重要？为何台湾汉族农民并不如此想？

在这篇文章里，我将说明文化的多重面貌，以及它与社会情境之间的关系，皆透过各种（广义的）文本。这是由于，我们无法直接观察与研究文化，而是必须透过文本；也因如何解读文本，能决定我们对文化的理解。譬如，前面提及的台湾少数民族种小米的例子，可说是一种社会文本。我们应如何解读此文本？在对文化的范准模式（normative model of culture）理解下，我们钦佩少数民族农人保存其民族文化的努力？或者，在对文化的批判与反思性理解下，我们要问的是：这是谁建构的台湾少数民族文化，谁被鼓励生活在传统文化（以及原生态生活）之中，以及为何主体社会农民追求的是高收获、高利润，因此也追求现代农业科技？

一、什么是文化？

文化是我们日常生活中常用的一个词，它包含的意义十分广泛，且随状况改变。有时我们所说的"文化"指的是社会之上层物质与精神建构。所有需要深度修习而得之知识、技艺及其创作物，如诗词歌赋、美术与造型艺术、音乐戏剧、学术思想、宗教与哲学等；其展演与表现之高下美恶，在社会中又与一被建构的评价体系（一般称为品味）相应和。因而在此"文化"涉及两种建构：一是知识技艺建构，一是相关的品评体系建构。两种建构都涉及社会权力关系，以及人们对此（文化之内涵与评价）之权力争夺。在日常生活中我们说一个人"有文化"或"没文化"，各国政府中的文化部、文化局等机构，历史学者专攻的文化史，其"文化"大多属于这一类。

这样的"精致"文化，由于修习需耗费大量时间、金钱，其创作物的获得（如观赏歌剧或购买一幅名画）经常也所费不赀，因此常被社会上层或精英用来强化社会区分。中国周代的礼乐文化，法国路易十四时期的宫廷文化，都用以别贵贱，更在贵族间区别等级。然而在财富上屈居劣势的社会群体，若仍掌握知识权力，亦能操弄价值品评，以维持有利于己的社会区分体系。如中国清代及民国初年的文人，经常在文章间展现自身素淡平凡之生活雅趣，以及嘲讽拥有古砖、名画却不知如何鉴赏把玩的暴发户商人之无品味。若如当代生活品位几与"欧美名牌"同义，则又显示一种新的文化评价体系造成的社会区分。

其次，我们常说的民族文化、性别文化、本土文化、宗教文化、饮食服饰文化等，也与社会区分有关，但并不或不必然涉及社会上层之物质与精神建构。同样地，在此"文化"涉及社会权力群体对其内涵的界定与争议。谁来界定一种民族文化？哪些是"我们的"或"他们的"重要文化内涵，应宽松或严格定义？哪些学术知识最能界定一种民族文化？这些均涉及各种政治、社会及学术群体之权力；在权力关系下，"文化"被用来定义及巩固社会中的民族、族群、性别、地域，以及老居民与新移民等之社会人群认同与区分。

又如一些我们日常生活中常提及的"文化"，如办公室文化、校园文化、服饰文化、饮食文化、官场文化、儒家文化、流行文化等，它们不一定与社会区分有关，但也都可以被人们——掌握某种权力的个人或群体——利用、操弄以创造或强化社会区分。无论如何，"文化"让人们不知不觉地产生一些模式化的言行；譬如在一职场或办公室文化下，人们十分"自然地"依自己在此场域（职场与办公室）中的位阶而产生"恰当"的行为举止——穿什么样的衣服，如何与高阶或低阶同事打招呼及言谈等。"自然地"，指的是经由文化的熏陶、内化作用，人们常不假思索地产生一些言行；"恰当的"，指的是文化蕴含与之配套的评价体系，因此若个人产生不符合社会文化的行为，则常会受到他人的批评与纠正。由此我们也可以理解，为何人是一种社会动物——人们不只是依其动物本能及欲求而行动，"文化"的社会内化作用，便如在一个人的脑中植入一套计算机软件，让一个人产生社会化行为，这些行为也接受被植入同样软件之他人的评价，因而大家都成为社会人。

二、文化与社会情境本相

的确，这是个残酷但恰当的比喻：文化是社会植入个人脑中的"软件"。它让个人对于外界事务可不经思考地做出行为反应，或经思考而做出反应但所谓"思考"仍循着软件设计而为。社会如何能对个人植入"文化"而创造社会人？我认为，此乃由于个人生活及沉浸于社会现实之中；社会现实情境是如此真实，因此社会成员之行为规范及相关评价体系化约为一些规律或规范，人们依此规律或规范而思、而为、而喜怒，如此又强化我们所熟悉的社会情境本相。

我对社会情境本相多做一些说明。这是指，在一社会中被大众接受的、结构性的、个人力量难以撼动的社会现实，大多皆有与之联结的价值观以及社会权力体系。如男性中心主义下之社会现实，种族主义造成的社会现实，传统中国重文轻武之社会现实，有贵贱圣俗区分的社会现实，以及长城、山神信仰等有形与无形边界造成的社会现实，校园中博士生导师与博士生间的社会现实等，皆得到特定社会价值观、信仰与相关权力的支持。当然，有些文化涉及的社会情境较单纯，且无关社会认同、区分与权力，而是反映个人与群体对所居环境、所事生业以及对生老病死、自然现象、未知世界之关怀与恐惧。这样的文化，如羌族为保护村寨上方土石稳固的神树林信仰，如汉人为保护产妇及初生婴儿的坐月子文化与禁忌，如各民族皆有的与生计活动有关之生产与技术文化，以及生命礼仪文化（生老病死之宗教礼仪）、宗教文化等。然而在这些文化实践中，人们仍难免卷入群体认同、区分及权力。如在教会中，个别信徒可透过宗教文化产生的行为，如读经、祷告、奉献，来追求个人的精神救赎。然而宗教群体内往往亦有些"文化"造成群体内部区分，透过谁有能力解读经书、谁来带领祷告以及个人捐献多寡、仪式纯净与否等之品评。

我们可以说，社会情境本相是人类之社会创造：在特定环境、特定生计与经济生活下，人们打造有种种群体认同和区分的"社会"（社会情境本相），以强化重要资源在群体间的阶序化分享、分配与传承。这样的社会群体认同与区分体系，借着权力下的暴力惩戒（如家庭内之暴力、对所谓贱民与异族之暴力、城镇人对乡民之暴力、贵族或豪富对下层平民之暴力），借着律法、制度、政治组织，也借着"文化"来维持。这便是我所称的"人类生态"。

其间最奥妙的便是文化。如前所言，文化让人们不知不觉地或身不由己地，或更经常是随众而为地产生一些模式化言行；这些模式化言行又强化社会现实本相。如在大男子主义社会中一位女性发出歧视女性的言行，如在种族主义社会中一个弱势族群相信并传述优势族群主张的历史或神话，如在资本主义分工体系下一个工人践行社会刻板印象下的劳工言谈举止与习好，都进一步强化他们边缘化的社会地位。而维系及巩固社会情境本相的律法、道德、制度与其各种执行机构，也都有其内部文化，并与整体文化相呼应。更重要的是，人们会反抗暴力、违反律法与道德、不遵守制度，但不知不觉地践行"文化"。

社会便如此延续。更明白地说，被文化巩固及延续的是社会中的各种阶序区分与相关权力。在社会文化下，人们因其社会身份而产生规律化的行为，譬如一个工人自知其学习小提琴可能会遭人嘲笑而避免有此习好，而相反的，一个大学教授觉得自己不应无知于西洋古典音乐而研习及喜好它，如此都造成整体社会结构（包括其中之人群认同、区分、阶序及价值观）的稳定与延续。

三、何为文本？

无论如何，文化无法直接造成社会情境本相，而是透过文化的社会产物——文化表征。文化表征是指人们在各种文化下创作的文物，发出的个人言语行为，或集体社会活动等；它们可被人们观察，并且也因某种文化，而在人们心中产生意义。譬如在传统中国，方志书写与方志文类是一种文化，它所产生的一部部方志便是文化表征。这样的文化表征，对熟知并沉浸于这种文化的读者群产生意义，强化他们心中地方与整体帝国之关系，一种社会情境本相。又譬如，一个修车工人爱拉小提琴，在台湾这是一违反阶级文化的表征，所以这人、这事被当作是"奇特的"而成为电视采访报道的对象；人们在电视上看到这则报道，在同样的阶级文化概念下，也觉得此人、此事是"奇特的"，因此强化了这样的阶级文化，与此阶级文化下的社会情境本相——社会阶级区分，即透过什么样的教育、经济与社会阶层的人应有什么样的嗜好、品味来表达。

文学与历史学者们常称的"文本"，我认为，也是一种文化表征，或它们便是文化表征，端看我们如何定义它。狭义的文本，指文字或语言表述之内容，它们可被人们解读而传递讯息。广义的文本，可以指任何能被人们观察、解读的社会现象，如一个广告、一张民俗图像、一部电视剧或电影、一个宗教仪式，甚至一个社会行动、运动或事件。它们都可以被人们观察、观看而在人们心中产生意义。研究人类社会记忆的学者如巴尔特雷特（Frederic Bartlett）早已提及，人们经常是透过一种如滤网的心理"结构"（schema）来认识外在世界之物、事件或听得的故事。这种人们得于社会的心理"结构"，大致相当于我们所说的"文化"。如同前面举的方志之例，方志文类（一种文化）产生方志文本（一种文化表征）；方志文本则强化地方与整体帝国关系这样的社会情境本相。

总之，在中文里我们用"文本"一词有特殊意义；它们可作为被观察、研究的对象，或作为被解读、诠释的基础，所谓"本"，因其隐而未显的一些意义可以被揭露，这也是文本分析不同于一般文献解读之处；对于一篇文章或一部电影，后者问的是"它到底说了些什么"，而前者则问"它到底想说什么"。

四、文本内的结构与符号

结构语言学者索绪尔（Ferdinand de Saussure）认为，语言能传递意义是因为语言有"结构"。人类的社会文化现象也一样。因为"文化"，让许多社会现象内有如"语法"的结构逻辑。这道理很简单,如中国台湾的妈祖绕境宗教活动,因它是一种地方宗教文化,所以年年的妈祖绕境都循着类似的"结构"进行。了解一种文本之结构,我们才能进一步由其符号与结构之关系,来探索其意义。在过去的著作中,我曾分析出现在中国早期正史《史记》《汉书》《后汉书》中的几则历史文本。我仍以此为例,说明文本内的结构与符号,以及说明我们如何问一文本"它到底想说什么"。

早期正史中的几则历史文本分别讲述了箕子奔于朝鲜、太伯奔吴、庄蹻王滇、无弋爱剑奔于西羌之故事。我先将这些故事简述如下。其一,箕子是商王子,因当时的商王(其侄)昏庸,国政败乱,箕子劝谏商王不成反而被囚。获释之后,他离开母国远奔于朝鲜。在此他教本地人种田、养蚕织作与礼仪教化,因而他及其后裔世代在此为王。其二,太伯是周的王子,因不愿让他的父亲为难并让贤能的弟弟得以继承王位,太伯离国远奔至江南荆蛮之地,本地蛮夷都归顺他,太伯便在此立国为王。其三,楚国将领庄蹻受命往南方征伐,一直打到滇池,正准备回国时,其母国大部分土地被秦国占领,断了他的退路。庄蹻便留下来,在此建立滇国,成为本地的王。其四,无弋爱剑是一个在秦国为奴的戎人。一天他逃亡到黄河上游,因种种神迹躲过秦军追捕,土著敬奉他为王,爱剑教他们如何种田及养牲畜。

我们看看,这四则文本的共同叙事结构是:一个由中原或其周边远奔至异国的英雄,一个失败、受挫的或卑下的英雄,成为远方人群的王。我们再比较相同的叙事结构上,这四则历史叙事出现的符号差异。往东北(朝鲜)去的为"商"的"王子"。往东南(吴)去的是"周"的"王子"。往西南(滇)去的是"楚"的"将军"。往西北(西羌)去的是"秦"的"戎人逃奴"。这些史籍记载中汉帝国与其四方边疆人群的关系,我们可以理解这四则文本反映的是中原之人(主要是史家)在其我族中心主义下,对四方边远人群不同的族群概念。那叙事结构——由我们这儿远走他方的一个失败或受挫者都能成为那方人的王——反映的便是我族中心主义:他们是华夏后裔但为华夏边缘族群。商、周隐喻着中原的核心,楚、秦隐喻中原的边缘;王子尊贵,将军次之,逃奴则毫无疑问的低贱。这些叙事符号差异,流露着中原人对四裔人群的"华夏性"有不同的理解或期望——朝鲜与吴地之人的华夏性最强，滇人的华夏性稍逊，羌人的华夏性则最低微。这四则历史文本"叙述"的历史事件可能并非事实，或是被选择性建构及陈述的事实，但作者们不自觉地"流露"了一些那时代的族群情境，以及人们对我族、对边裔他者的认同情感。

图1 关帝民俗图像

我再举一则民俗图像的例子。上面三幅以关云长为主角的民俗图像，第一幅只有关云长一人，第二幅有看书的关云长与持刀的周仓，第三幅则为关云长居中而坐，左右各侍立着周仓与关平。这三幅在"叙述"内容有相当差别（最明显的是人数不同）的图像文本，它们的共同结构便是主角关云长。它们的符号，第一幅人物手上的书与剑，第二幅中看书的关公和为他持刀的周仓，第三幅中黑面粗犷的周仓与白面俊秀的关平，皆为分别隐喻文、武的不同符号。因而此三幅图像"流露"的意义是相同的：一个好的武人应是文武全才。

五、文本结构与情境结构

文化为一种社会心理结构，它不断产生规律化的文化表征。等同于文化表征的文本亦然，它循着文本结构的规律而生。就前面的例子而言，中国社会重文轻武，至少由宋代以来稳固地成为一种社会情境本相。在这样的情境本相下，以关云长为武人代表的民俗图像绘制形成一种文本结构，或一种图像绘制文化,它们透过不同的符号传达这一结构意义,那便是一个典范武人须能文能武。这样的图像在民间流传,强化人们心目中的典范即武将能文能武之价值观念,也因此让许多成功的武将努力习文,以免于"一介武夫"之讥。

在《反思史学与史学反思》一书中,我曾以族谱、方志与正史为例,说明文本结构与情境结构间的关系。族谱、方志、正史,都是中国历史书写(或历史叙事)文化的一部分,在此文化下产生许多有书写规律的族谱、方志与正史,它们皆为社会表征或文本,强化相关的结构化社会情境。与族谱、方志、正史分别对应的结构化情境本相便为家族、郡县、帝国,它们是传统中国人安身立命最重要的三种社会情境。在这个例子中,文本结构有其对应的情境结构;在族谱、方志、正史等文本结构(文类)下产生模式化的族谱、方志、正史文本,这些文本也分别强化家族、郡县与帝国等结构化情境。以方志来说,为地方修志又是中国地方良吏文化的一部分,因而一郡县地方官上任后便努力组织团队来为地方修志;被征集来修志的学者们则在方志文类(文本结构)概念下修成本地方志。而这方志,每一部分都在说明本地为整体帝国的一部分,于是文本与情境密切结合。

便是如此,文化或文本结构,以其结构规范和相关的价值观与权力,让人们不断创作模式化的文本。如在种族歧视的社会情境下,此文化让人们不断产生歧视异族的模式化行为与言谈、书写文本;如此产生的文本,作为社会表征,它们巩固有种族高下区分的社会情境本相。如一公司团体中的阿谀奉承文化,产生其成员阿谀奉承之行为文本,这样的文本表征则又强化该公司之阿谀奉承情境。

我体会这样的人类社会现象,最早是由我的羌族田野研究。在高山羌族村寨中,人们常以一种"弟兄祖先历史"来述说几个寨子人群的共同由来——各寨、各沟人群分别是最早来此几个弟兄的后代。我称此为"弟兄祖先历史心性"之产物;这种历史心性便是一种人们记忆"历史"的文化,一种文本结构。在此文化下,相关的"弟兄祖先历史"不断被人们创作、记忆与一再重述。人们相信这样的"历史",与此相关的各地人群彼此合作、区分、对抗的社会现实情境也不断被强化。弟兄祖先历史文本中的结构（大家都是同时到来的弟兄祖先后裔）与符号（弟兄），对应着本地结构化的各地域人群，无先来后到、无征服者与被征服者，大家对等合作、区分与对抗的社会情境。

　　羌族的服饰文化也一样。在对文化的范准模式理解下，各地羌族妇女服饰间的差异常被忽略，或被视为整体文化下的区域类型差别，因而人们常认为此文化共性证明羌族为有其范准文化的民族。然而在20世纪50年代以前甚至直到现在，对各村寨的羌族来说，其妇女服饰与邻近各村、各沟人群妇女服饰间的差别才是最重要的，它鲜明地表现邻近村寨间的区分。羌族各村寨间注重地盘区分的社会情境以及男主外、女主内的性别情境，造成羌族村寨人群的服饰文化；在这样的文化下，妇女穿着本村寨之特色服饰强化了各村寨或各地域人群认同之社会情境，以及性别区分之社会情境。

六、文化如何遮蔽社会情境本相

　　因为文化、文本（文化表征）与社会情境之间有如此密切的关系，所以文化让一个人"自然化"及"宿命化"（借布迪厄的用语）其在社会现实中的地位。自然化与宿命化表示，文化除了巩固社会情境本相外，它也遮掩社会情境本相，让一个人毫无感觉地接受自己的社会身份与由此造成的个人命运。

　　文化遮掩社会情境本相，似乎是说，文化被特定社会群体创作、界定与操弄，而让另一些人因践行文化而置身于边缘的社会情境本相下。譬如男人创作与界定的女性之"德"与"美"的性别文化，让女人不知不觉地实践这样的文化，因而也强化她们在此社会中的边缘地位。然而不仅如此，更糟的恐怕是，社会优势群体亦在文化的遮掩下，不知不觉地发出一些言谈举止，或创造一些社会文本（如一出戏、一个电视广告、一场博物馆展示）；无需有心边缘化他者，亦无须刻意自我炫耀，一切都自然地发生。台湾有一著名的奇美博物馆，其千余把世界著名小提琴收藏为其展示主轴之一，它集多种欧洲古典建筑与雕塑艺术元素的馆区构筑也是参观者的游览焦点。在观众称美赞叹之余，他们也不知不觉地从博物馆的建筑与展示中得到何为文化、何为艺术、何为品位等之社会价值观，同时也强化参观者心目中的种种社会区分（如哪些是有文化或没文化的人，哪些是有品味或没品位的嗜好）。从更强势的文化建构来说，奇美博物馆可说是西方文化下的一个文化表征；在被西方文化边缘化的东方，人们也不知不觉地依循此文化来建构一些文化表征，如此也强化以西方为世界文化、艺术、品位核心之现实情境本相。

　　文化为何，以及如何遮蔽我们对社会本相的认知？这是十分复杂的问题，涉及多层面的因素，以下几则应只是部分原因。首先，文化为人类阶序社会及相关权力产物，它也强化社会现实；人们生活在文化所创造的社会现实情境之中，自然缺乏认识与感知社会本相的能力。"不识庐山真面目，只缘身在此山中"这句话接近但尚不足以描述此情况。我在《反思史学与史学反思》一书中用了另一比喻：一个人赤脚惯了，踩在尖锐的砾石上不知痛。其次，文本符号（包括我们日常所见所闻）除了其表相化的表述讯息（也就是它说了什么），还有其隐而未显的默示讯息（它想说但未明说的讯息）；而文化挟其规范性、大众性、日常性，让我们的思虑、行为自然化，因此也让我们难以察觉文本所挟的默示讯息。最后，与文化共生的知识与知识权力，也让人们难以认识社会本相。这是由于，强调其精致内涵之"文化"是人类社会财富、权力集中化与社会阶序化产物，在这样的社会中知识（如历史知识、商业知识、沟通人神的知识）与掌握知识的权力，是造成社会阶序十分必要的工具。通常在这样的社会中，一般民众（或弱势族群）认为自己没知识、没文化，而倾向于接受主流社会所界定的知识与文化，而不知这样的知识与文化便是巩固阶序化社会现实情境的工具。前面所举武圣关公图像的例子，也能说明文化与知识权力的关系；我对此的理解是，掌握知识与政治权力的文人"重文轻武"，其对文武人才的认识与评价影响民间文化，因此造成关云长文武全才之典范武人形象。这可说是文人给武人出了个难题（文武全才），而武人也不知不觉地进入这文化陷阱之中。

关于最后这一点，知识与知识权力，我再举人类学民族志（ethnography）的例子做进一步说明。近代人类学的田野研究与其成果之民族志书写，可被视为一种对"他者"的观察与描述文化。民族志本身是一种文类，一种书写文化。它们产生于西方殖民帝国主义国家全球探索、发现与掠夺资源的时代情境之中，因而其文本结构也与此时代情境结构相呼应。自然环境、生业、部落、宗教、仪式等，皆为其文本中的重要符号。这些符号被安置在章节结构之中以描述一生计、社会组织（特别是部落）、文化（特别是宗教）与其自然环境完美结合因而其社会静止无历史演变的原始落后人群。这样的民族志文本流露的（或它真正想说的）则是，本地的资源开发与人文进化应得到西方殖民帝国之助。当西方殖民帝国纷纷退出其殖民地，以及在许多这些人群成为当代民族国家中的"少数民族"或"少数民族"之后，早先民族志知识中流露的"原始落后"转变为"原生态"，以鼓励相关国家（或地区）之民众为全球环境（以及文化）保留罕见的一片乐土。这样的民族志书写文化产生的文本知识，不仅影响先进国家及都会地区居民对本国及全球低度开发地区及其人民的环境与文化想象，也影响后者的自我认识与期望。后者也因此落入这文化圈套，如中国武将努力习文一样，许多少数民族皆努力证明自身与土地、环境的紧密联结。

在本文一开始，我曾提及台湾一少数民族农民坚持原生态种植，坚持与其文化有关的小米种植，并认为收成与卖价多少并不重要，保存文化比较重要。这个例子鲜明地表明，民族志书写文化产生的文本是如何影响少数民族的自我认知及其行为实践的，由此进一步巩固相关的社会现实本相（少数民族在台湾的边缘处境），少数民族也因此难以摆脱被主流社会边缘化的命运。这也说明，一种学术知识霸权下被建构的刻板文化概念是如何遮掩社会情境本相的。

七、对文化与社会现实的反思

生活在当代社会中，我们每日都接触许多有关文化的讯息；倘若我们是在人文学术圈或文化圈中，我们的工作更可能多方涉及文化——文化遗产、文化传承、文化保护、文化传播、文化抢救、文化产业、多元文化等。民间有各种文化基金会及文化社团，各国政府中有不同层级的文化机构，联合国亦有教科文组织（UNESCO）。文化似乎已成为一种地位崇高且无可动摇的全球价值。文化在民间、国际与在学术界的崇高地位，在许多方面也产生一些负面影响。譬如在全球许多地方的人类社群内，经常有性别、世代、圣俗、社会阶级、贵贱种姓等人群间的严重集体暴力与剥削，而其原因若为"文化"（如部落或村落传统文化下的指定婚、族长制、种姓区分、少女割礼、高额宗教奉献等），则人们常觉得无可奈何或不应干涉。事实上，在文化遮掩下的人类集体暴力，远比政治暴力普遍、深入以及更为残酷，并让受害者在文化造成的社会情境中无所脱逃。

另外，更为隐晦但时时进行的是，透过全球化之流行文化、大众文化、娱乐文化所传播的各种中心主义与霸权意识，让人们在追求时尚或在欢愉享乐之中不知不觉地接受这些中心、霸权主义所建构的历史与当代现实图像以及一些价值观。美国好莱坞的电影便是很好的例子，尤其是一些耗资巨大、娱乐性强因而全球票房极佳的电影，其内容情节挟带的意识形态偏见就更影响深远了。电影《阿凡达》便是个例子，此电影中的主要叙事结构是：一个受挫折的、有肢体障碍的英雄，自我方远赴异国，而成为拯救土著的伟大领导者。此与前面我提及的，在中原中心主义下汉晋史家编写的箕子王朝鲜故事、吴太伯故事、庄蹻王滇及无弋爱剑奔于西羌的故事皆如出一辙。由此可知，此种我族中心主义有全球普遍性。土著纳美人与土地以及动物、植物间的紧密联结，这也是前面我们提及的人类学及其民族志所打造的少数民族与自然完美结合的典范形象。电影中纳美人居住的那棵大树，便是叙事中人与自然成为一体的"原生态"符号。透过电影这样的强势媒体，少数民族为全球保存一片原生态乐土的形象更深入人心。

更重要的，相较于殖民主义论述的电影如《阿拉伯的劳伦斯》，其剧情说明殖民帝国派来的英雄，如何将土著从他们邪恶的统治者手中拯救出来；《阿凡达》表现的则是殖民主义者的后殖民主义论述：在今日后殖民时代，此电影情节（文本）真正想说的是，殖民帝国中部分具反思性的子民（军人杰克、科学家葛蕾丝）之英雄行为，让被殖民者得到拯救。不变的是"我们拯救了土著"，与此相应和的当代全球政治现实便是，美、英、法等过去帝国主义强权今日仍尝试在世界各地"拯救土著"。另外，《阿凡达》中有些情节仍沿承经典的殖民帝国主义论述，如纳美人公主爱上军人杰克，实为我们熟悉的"土著公主或美女爱上入侵者帝国军人"之叙事，过去很早便见于一些老电影如《风中奇缘：波卡洪塔斯》(*Pocahontas*)、《苏丝黄的世界》(*The World of Suzie Wong*)、《蝴蝶夫人》(*Madame Butterfly*) 等，可见这样的性别政治叙事文化根深蒂固，也因此让部分来到东方的欧美男性访客对东方女性有些异想。

最后，我期望，我们常以"文化"为研究分析对象的各人文社会学者、应跨学科地对"文化"有批判性的研究与认知。在这样的研究中，如我在这篇文章中所举的例子，一篇文献记载中的历史故事、一则口述神话、一幅图像、一部电影，以及个人或群体的社会行动，都可以作为我们深入认识"文化"的文本。透过文本分析，探索文化与文本间的关系，揭露文本结构与符号的默示讯息"想说的话"，了解其"想说但未明说的话"为何能影响大众。在这样的分析研究中，文化应被置于人类生态（包括环境、生计、社会、文化）的整体框架中来思考，如此文化背后的支配权力，与其如何左右人们的思虑与行为将昭然若揭。对于东方或华文世界学者来说，这也是认识自己、让西方真正了解东方，并让人们从各种核心、霸权主义的文化想象中得到解放的一种途径。

神话文本：从天地创生到万物显灵[①]

徐新建

（四川大学中国俗文化研究所）

一

神话是一种文本，也是一种精神现象的世代传承。神话在过去关涉文学和信仰，如今已开始关涉科技、历史以及人类命运与未来前途。因此神话不应只被看成远古的传说或被封存的遗产，而当视为人类与生俱有的思维方式及其从源起到将来的超验践行。

2017年，美国畅销书作者皮埃罗·斯加鲁菲（Piero Scarruffi）邀请中国作者以汉语首发方式合作出版一部新著，宣称由于现代科技的突飞猛进，人类正在变为新的物种，进入前所未有的2.0阶段。作为人工智能专家及《硅谷百年史》的主要作者，皮埃罗被誉为硅谷模式的最佳观察者与见证人。在有关人类2.0的描述中，他表达的看法是，人类历史已发生根本性突变，在迈向未来的新阶段里，生物与机器必然结合，技术将改变生命的原本面貌。[②]这就是说，随着科技日新月异的急速发展，"旧人类"时代就要结束，"新人类"即将登台。什么样的"新人类"呢？皮埃罗没有指明。

在此之前，以色列人赫拉利（Yuval Noah Harari）在《未来简史：从智

[①] 本文曾于2017年12月在上海举办的"中华创世神话上海高峰论坛"宣读。此次发表，作者有所修订。
[②] 〔美〕阿伦·拉奥、〔美〕皮埃罗·斯加鲁菲：《人类2.0：在硅谷探索人类未来》，牛金霞、闫景立译，中信出版社，2017年，第375页。

人到智神》一书里已有回答。按照他的推断,"新人类"的标志借助科技手段实现生命进化史上的再一次"脱胎换骨",最终完成从"智人"到"智神"的转化:

> 进入21世纪后,曾经长期威胁人类生存、发展的瘟疫、饥荒和战争已经被攻克,智人面临着新的待办议题:永生不老、幸福快乐和成为具有"神性"的人类。①

赫拉利所言的"智神"由 Homo Deus 构成,是拉丁语"人类"与"创世神"的组合。因此《未来简史:从智人到智神》对从"智人"(Homo sapience)到"智神"转折的描述,即已意味着"新人类"代表的出现及其朝向神话的升华与回归。② 现在的问题是,面对神话,赫拉利们代表的"新人类"只是回归,而非开创。因此,即便为了返本开新,也不得不转向与人类长久伴随且普遍存在的神话传统,重新领悟其丰富多彩的本貌、原型。

这就需要越过"现代性",回望被其遮蔽已久的超验世界和神灵信仰。与技术理性主导的"现代"不同,在前现代的人类文明类型中,由于感性力量及万物有灵的信仰传承,世界各地,尤其是拥有被称为"原生知识"(indigenous knowledge)的人群中,仍保存着滋养自身文化与传统的灵气特征。在我看来,这些灵性思维的文明根脉,不是别的,就是至今仍普遍传承的神话传统。

二

在讲述与传播形式上,神话是人与万物相互关联的故事,是人与外界交往中,对生命存在与宇宙运行的认知、理解和表达。在神话故事的表达中,宇宙是万物有灵的世界,与人的内心内外相连。在这样的神话世界里,时

---

① 〔以色列〕瓦尔·赫拉利:《未来简史:从智人到智神》,林俊宏译,中信出版社,2017年。
② 相关论述可参见笔者《人文及其参照物——"数能革命"的新挑战》一文,载《跨文化研究》,总第41期,2018年。

间、空间和万物完整对应，构成了因果关联的有机整体，其中包括从初始的缘起到终极的未来、从茫茫无际的天野到微不足道的沙粒，同时也呈现了极乐至美的天堂与恶魔称霸的地狱。

过去的一些理论把神话视为原始，认为是人类进化阶段中的过去式产物，仅仅隶属于不发达史前社会。这是一种误解。作为人类思维的灵性体现，神话永恒存在，不止源于过去，延续至今，而且指向未来。神话"提供智慧而非知识，统一而非碎片，秩序而非混乱，精神慰藉而非不信，意义而非困惑"[①]。

迄今以来，人类物种的演化进程，主要依靠三组由内及外的思维类型：（1）依托情感和意志养育个体经验的"感性思维"；（2）借助智能（也就是如今科技术语所说的程序、算法）使社会组织有效运行的"理性思维"；（3）通过万物有灵信仰建构世界整体的"灵性思维"。作为囊括并整合了感性与理性的升华物，"灵性思维"堪称最高象征。"灵性思维"的突出代表就是神话。关联如下：

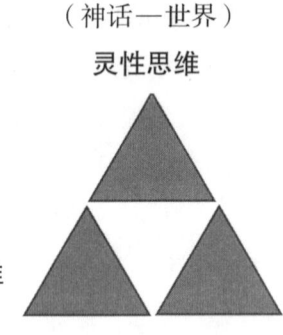

（神话—世界）
灵性思维

（个人—情意）感性思维　　　　　理性思维（社会—算法）

图 1

在人类演变的时间序列中，神话长久存在，只不过相对于工业兴起后的现代社会而言，它更为普遍地呈现于被称为"初民社会"的"原始"人群里。必须重新厘清的是，此处的"初民"当指秉持人科人属智人类天赋的人。"初"和"原始"的意思，也非被进化史观判定的代表蒙昧、野蛮的史

---

① 马修·斯滕伯格：《神话与现代性问题》，王继超译，《长江大学学报》2018 年第 3 期。

前阶段，而当指人人具有的原初性，即可由基因传递的生物特性，因此是人类与生俱有的生命基点和本源。所谓"原始"该理解为"元始"才对。由此类推，将神话体现的灵性思维称为"元始"而非"原始"就更合适。作为人类社会的知识类型，神话承载的知识也不该归入史前遗产而当视为更为深层和珍贵的原生知识。

于是可以说，与人类成员普遍具有并以"知、情、意"三位一体构成的心理模式相类似，灵性、感性与理性也是三维并置的人类思维类型，是共时性互补结构而非历时性的前后替代。这样说来，列维-布留尔那部流传甚广的《原始思维》就暴露了明显的认知局限和表述误导。因为在他笔下，"原始"（pre-）的含义还不仅仅指"前"和"初"，而更表示"低级"和"落后"。[1]

世界文明的多元事实是通过口头传送及仪式展演，神话承载的"万物有灵"或"万物归主"信仰的确获得了普遍而充分的呈现。"初民"的神话表达出人类与万物赖以栖居的世界是被超自然神灵创造出来的，因而这个世界不仅具有生命，而且与神性关联。由此，天、地、人、物乃至整个宇宙，绝非彼此疏离的散沙或相互对抗的仇敌，而是血肉相连的有机整体。

希伯来人的《旧约》讲述说，神（上帝）创造出天地之后，又按自己的样子造出人，从而把神性赋予人类，使之成为高于其他存在的有灵类。

在多民族构成的中国传统里，华夏世界流传着"盘古开天辟地"及"女娲造人"的创世传说。被《山海经·大荒西经》记载下来的神话描述说："女娲，古神女而帝者，人面蛇身，一日中七十变，其腹化为此神。"到了汉代应劭的《风俗通》里，则阐发为更为具体的"造人说"，曰："俗说天地开辟，未有人民，女娲抟黄土做人。"如今，"女娲造人"神话已列入当代中国的学校课本，在具体教学案例中不仅被称为中华民族的"伟大母亲"[2]，并被

---

[1] 〔法〕列维-布留尔：《原始思维》，丁由译，商务印书馆，1981年，第491—519页。布留尔对"原始"的解释与评判最早出自其在20世纪30年代出版的《低级社会中的智力机能》（Les fonctions mentales dans les sociétés Inférieures）一书。在其中他把与"地中海文明"相异的其他类型称为野蛮、落后和低等。布留尔的此种划分对后世影响深远，负面与正面并存。

[2] 刘云：《还原一个朴实感人的母亲——"女娲造人"教学片段》，《语文教学通讯》2011年第32期，新沪教版语文小学四年级上册《盘古开天辟地》资料《女娲造人》：https://wenku.baidu.com/view/c7c9dfa5c9d376eeaeaad1f34693daef5ff71305.html。

作为"神和人的结合体"予以强调,继而希望引发对传统神话之现代意义的关注。教学者转引学界阐发的观点说:"中国现代文明远离神话,现代人不能从祖先那里感知'灵性',这个损失太大了!"[①]

这样的事例说明,作为一种思维传统,神话不仅并未消失,而且其所隐喻的人神合一观念仍对当代人的认知产生深刻影响。

在与华夏关联的四夷人群里,流传于湘西与黔东的苗族古歌唱诵了神灵对天地的多次创造,表达本来的世界"开天立地,气象复明",后又混沌不清:"陆地粘着故土,天空连接着陆地。"在被称为平地公公和婆婆两位神灵的合作开创下,天地才重新分离,平地公公用平地婆婆的身躯为材料再度创制了万物相连的血肉世界:

> 把她的心制成高高的山梁,
> 将她的肾做成宽大的陡坡。
> 这样(天)地就分开了,
> 下面的就成了陆地,
> 上面的变成了天空……[②]

在收集于21世纪的田野资料中,黔中麻山地区的苗族歌手则颂唱了创世过程中人神与万物及子孙后代的因果关联:

> 女祖宗造成最初的岁月,
> 男祖宗又造接下的日子。
> 造九次天,造九次人。
>
> 有了天,才有地,

---

① 刘宏业:《从发现到呈现——以"女娲造人"为例谈神话教学核心价值的确立和实施》,《语文学习》2010年第4期。
② 石如金、龙正学(收集、翻译):《苗族创世纪史话》,民族出版社,2009年,第111—113页。

有了太阳，才有月亮。
有了天外，就有旷野，
有了大地，才有人烟。
…………
有了根脉，才有枝丫。
有了上辈，就有儿女。①

在此前发表的论述里，我曾尝试对苗族古歌的创世颂唱进行分析，认为其核心就在"万物相关"和"神灵创世"。从知识论及认识论意义来说，这种诵唱的重要意义不但体现为"道出了万物起源、人类由来以及历史演变和族人命运"，而且"为关涉者自我的主体确认和文化的口承传递提供了最基础的构架和前提"②。

三

可见，神话及其依存的灵性思维皆指向一个双关的问题核心，也就是都在同时追问何为世界本源以及何处才是存在所归。在这意义上，可以说神话的原型一是描绘起源的"创生说"，另一则是预言今后的"未来世"。

在由古至今的神话思维认知中，创生并非时间上的一次事件，而更指向宇宙万物的超时空因果关联，因此不仅关涉起源论意义上的原初创造，并且还涉及世界——天地、人间的多次诞生。如在如今中国境内蒙古族、藏族等少数民族中广泛流传的《格萨尔王传》"天界篇"里，其不但描绘了天界、地狱与人间整体联系的三重场景，而且以连续创生——化身、演变、转世的方式叙说了世间邪魔的由来。歌中唱道：

---

① 中国民间文艺家协会主编：《亚鲁王·史诗部分》，引子"亚鲁起源"（杨再华演唱），中华书局，2011年，第57页。
② 徐新建：《生死两界"送魂歌"：〈亚鲁王〉研究的几个问题》，《民族文学研究》2014年第1期。

四个黑头滚下坡时，向天祈祷：我们是恶魔的精灵，但愿来世能变成佛法的仇敌，世界的主宰。这四个黑头，后来果然变成北方魔国的普赞王、霍尔国的白帐王、姜国的萨当王、门国的辛赤王。①

在这种神话思维支配下，尽管善恶有别，就连降魔英雄格萨尔的降生也与此同构：

最后一个白头抓起一把黄花，抛向天空，虔诚祈祷：但愿来世我能变成降伏黑魔的屠夫，拯救众生的上师，主宰世界的君王。他的善良的心愿实现了，成为威震世界的格萨尔大王。②

可见，与其把《亚鲁王》《格萨尔》等有关某一人群世俗性由来的描述归入民族学范围的"族源神话"，不如视为更广泛、内在地揭示世界之发生学意义的本源原型。也正因为本源与归所相互关联，在这些千古流传的神话诵唱中，才会普遍地出现为亡灵指路，引导他们走完由生到死再向死而生的生命路程，从来处来，到去处去，实现起点与归属的结构连接，生死一体。一如彝族《指路经》展示的那样，先向亡灵告知生命归属的地方——祖灵所来之地：

纳铁书夺山，有一和确居。
那座和确里，爷死归那里，奶死归那里，父死归那里，母死归那里……人人必同归。

而后用神话之歌将亡灵引向未来：

赴阴寻祖去：你爷去的路，你奶去的路，你父去的路，你母去的路，

---

① 降边嘉措：《扎巴老人说唱本与木刻本〈天界篇〉之比较研究》，《民族文学研究》1997年第4期。
② 降边嘉措：《扎巴老人说唱本与木刻本〈天界篇〉之比较研究》，《民族文学研究》1997年第4期。

你宗去的路，你族去的路……①

四

如今，与初民通过创世神话表述的"肉身世界"不同，后现代的新科技话语推出了迈向机器主宰的新历史。表面看来，二者似乎隔着鸿沟，截然对立，然而仔细辨析，在对超自然存在的信念上却存有深层关联，因此有可望在兼收并取基础上达成新的融合。

对于被过度理性困扰尤其是面临人工智能（AI）挑战的现代人类来说，重新回顾并挖掘各民族"创世神话"蕴藏的多重内涵，无疑具有重大的现实意义，并将产生深远影响。

对此，皮埃罗这样的硅谷专家也表达出坦诚胸襟，呼吁说：

> 当我们不断追逐科技创新的一个个高峰之时，或许有时候需要回到起点，重新反思走过的路。②

如果说皮埃罗反思起点还局限于科技自身，呼吁直面人工智能新挑战的尤瓦尔·赫拉利则体现出前现代与后现代的打通和兼容。赫拉利认为，在经历了人文主义的表述破灭之后，人类社会的未来目标只剩下一个：获得神性。③

如果来自科技界的这种担忧值得关注的话，以往被现代话语视为蒙昧落后的神话传统无疑将显示出多重的意义和价值。

苗族古歌演唱说，人类诞生于一只株枫木上的蝴蝶：

---

① 参见果吉·宁哈、岭福祥主编：《彝文〈指路经〉译集·红河篇》，中央民族学院出版社，1993年，第615—620页。
② 〔美〕阿伦·拉奥、〔美〕皮埃罗·斯加鲁菲：《人类2.0：在硅谷探索人类未来》，牛金霞、闫景立译，中信出版社，2017年，第400—401页。
③ 参见〔以色列〕尤瓦尔·赫拉利：《未来简史：从智人到智神》，林俊宏译，中信出版社，2017年，第26页。

最初最初的时候
最古最古的时候
枫香树干上生出妹榜
枫香树干上生出妹留

"妹榜妹留"是苗语音译,译成汉语,就是"蝴蝶妈妈"。

还有枫树干
还有枫树心
树干生妹榜
树心生妹留
古时老妈妈①

这些至今流传的创世神话始终倾诉着这样的道理:万物有灵,人类来自万物显灵之处;世界一体,生死同归;历史并非单线,存在便是循环。千万年来,秉持这样的信念,人类不但与自然融合相处,自身亦保存内在神性。

或许这才是认知神话传统的方法和路径?

在文学与人类学的交叉路上,学兄舒宪长期呼吁重视神话的价值和意义,强调神话是文学和文化的源头,是人类群体的梦。② 在为介绍西方神话学家坎贝尔的一部新著写的"代序"里,舒宪还表示出对未来充满期盼。他指出,"各民族古老的神话故事,能充当永恒的精神充电器和能量源"③。

但愿如此。

---

① 《妹榜妹留》,《民间文学资料》第 4 集,1958 年,第 195 页;田兵等编:《苗族古歌》,贵州人民出版社,1979 年。
② 参见叶舒宪:《神话学文库》总序,载〔美〕阿兰·邓迪斯编:《洪水神话》,陈建新等译,陕西师范大学出版社,2018 年,总序第 1 页。
③ 叶舒宪:《遇见坎贝尔》,载张洪友《好莱坞神话学教父:约瑟夫·坎贝尔研究》,陕西师范大学出版社,2018 年,第 5—6 页。

结合数能时代的最新挑战，我欲补充的是：神话是一个文本，漫长而又幽深。神话文本如同一部口耳相传且因时变异的大书。今来古往，从世界创生到万物显灵，我们都生活在神话这个文本之中。灵性不灭，神话永存，除非有一天机器人"索菲娅"后裔掌控的量子计算机使宇宙越过奇点，坠入黑洞，万物沉寂，天地重归于无。①

不过，那样的图景，不又是一则未来神话了吗？

---

① 2017 年 10 月 26 日，机器人"索菲娅"（Sophia）在沙特阿拉伯被授予公民身份，人工智能产物开始享有与其他人类成员同等的地位和权力，参见《地球公民迎来新"物种"——人类能否控制人工智能？》，《科学与现代化》2018 年第 1 期。

"纵出"与"横出":"文化文本"观念对文学研究的革新
——兼论"后理论"时代的理论创新

李永平

(陕西师范大学人文社会科学高等研究院)

中国文学人类学一派在2018年夏举行的《文化文本》定稿会上系统阐述了"文化文本"的观念。"文化文本"这个概念提出的背景,如果要讲的话,就是后理论时代。20世纪中期以来,理论像雨后春笋一般出现,如女权主义、性别批评、后殖民批评、原型批评、精神分析、结构主义等。当德里达这些解构主义哲学家站到理论舞台中央的时候,有一个非常典型的现象,就是理论危机,有的人说理论已死。伊格尔顿专门写过一本书叫《理论之后》,提出我们现在进入后理论时代,那么后理论时代到底是什么样的情况?我在这个地方想了想,然后结合其他材料给出了自己的判断:后理论就是理论出现危机和问题。都出了哪些问题?"文化文本"理论在后理论时代的价值和意义表现在什么地方?本文就这一问题展开讨论。

一、"文化文本"与后理论时代的研究趋向

后理论时代,理论出现了危机,更确切地说是西方理论出现了危机。首先,西方通过理论制造,进行话语权引领,压榨第三世界的学术研究,让青年人"皓首穷经",在晦涩难懂、佶屈聱牙的理论游戏里不能自拔,一些

学者言必称希腊，一些博士论文成了西方理论的补丁或者脚注。其次，文学理论自说自话，与文学批评分道扬镳，体系封闭，不接地气。最后，理论学说林立，哗众取宠、能指链的牢笼让理论失去了解释的魅力。更重要的是，理论跟风，让东方走不出西方的后殖民枷锁。按照西方标准亦步亦趋，只能是模仿，很难超越，最多只是"山寨版"。

目前我们受西方理论引领的这种态势，就是一种后殖民态势。在一些博士论文中，我发现一个现象，有些博士论文写二三十万字，然后仔细分析，相当部分的博士论文就成了西方某个理论的注脚。从严格意义上来说，这个博士论文基本上没有什么原创。刚才已经提到了，我们在西方这种殖民陷阱里不能自拔，尤其是不能解决中国问题。[①] 我们文化、社会、经济等领域可研究的问题很多，但我们却视而不见，最后只是消化别人的理论，你说这成何体统？换句话说，这就是挟洋自重。我们老是拓展不了自己的思路立场，找不到自己的方法，找不出中国的问题。时间长了，我们整个学术就会迷失，后果不堪设想。

后理论时代的文学研究，涉及文学以外的哲学、政治学、人类学、医学等文化研究，跨学科性和泛文化特点非常明显[②]，这让那些恪守传统的精英文学立场的学者再度紧张不安。但是后理论并不意味着理论的终结，只是说后理论突破了所谓"纯文学理论"的神话，为文学理论演变为广泛的文化理论铺平了道路，同时也解构了国际理论界的西方中心主义思维定式，为来自

---

① 当然有学者认为，西方理论有利于东方对自己的认识。西方思想家对非西方世界的关注，能否深化对非西方的本真认识，这不仅仅是学术伦理的问题，更关乎非西方世界自身的真实性问题。本质来说就是，以西方的眼光"观"非西方，如何保证非西方的被发现而不是重新被遮蔽，正如爱德华·沃第尔·萨义德（Edward Waefie Said）提出的"东方主义"（Orientalism）所显示的，恰恰是西方话语和理论体系对东方的遮蔽和篡改，而人类学家对于"原始社会"的想象——或者是野蛮未开化的，或者是田园牧歌式的，这说明了以西方理论范式和概念体系理解非西方时很难消除隔膜和偏离。要想保持对包括西方在内的所有文明和文化的开放性，同时又防止范式移植所导致的对文化他者的宰割和遮蔽，仅仅改变研究者的身份是不够的。中国理论界20世纪80年代以来的理论译介热潮中，简单套用西方范畴和概念，随意肢解中国传统的做法导致了理论的"失语"，正是地方性经验"沦陷"而在体系概念上追新逐异的典型症状。曹顺庆、靳义增：《论"失语症"》，《文学评论》2007年第6期。陈洪、沈立岩：《也谈中国文论的"失语"与"话语重建"》，《文学评论》1997年第3期。
② 1982年，卡勒在其专著《论解构：结构主义之后的理论与批评》中认为，自从德里达的解构理论进入英语世界以来，西方文学理论界并非直接来自文学实践，而更多地是来自其他学科。

西方以外地区的理论进路扫清了障碍。

清华大学王宁等人都对后理论时代进行了深入反思。"后理论时代"标志着西方文学和文化理论走下了神坛。但是后理论时代,并不是不要理论,而是理论生产由量向质转换,"后理论时代"的理论不再追求以往的那种所向披靡,无所不能的效应。"后理论时代"需要能够有效地解决本土问题,解释当代文学和文化现象的来龙去脉的理论。[1] 正像人是社会关系的总和,文学的内在规定性是由外在文化传统定义的,跨学科研究的新范式势在必行。概括说来,后理论时代的理论必须具备以下特征:

第一,后理论时代的研究大多数是地方知识、个案知识、问题研究、个别叙述的研究。所以后理论时代如果说有理论,就必须是真正解决问题,接地气的理论。

第二,近代以来,我们都知道目前的学术研究有个问题,就是学科越分越细。所以,后理论时代对这种学科越分越细提出了很大的挑战,主张要解决问题就必须进行跨学科研究,没有哪个问题是某个学科内的问题。

第三,思考中国面临的现实问题。张江希望"全方位回归中国文学实践""坚持民族化方向""外部研究与内部研究的辩证统一"[2]。后理论时代,是中国理论的出场之时,国内文学人类学一派不失时机提出"文化文本"观念,是后理论时代的中国理论,其开创意义非常明显。如果说,无论是出于什么样的目的,抛弃民族国家的历史叙述(所谓世界公民),都有可能和全球资本主义形成共谋关系。那种试图从民族国家中"拯救"历史的思想,恰恰构成了对历史的背叛。理论必须参与对实际生活的理解阐释、批评,从而获得新活力,成为文化支撑和文化共识,成为核心文化认同。

柯文的"在中国发现历史"[3],肯定了中国经验的独特性,有助于对现代性经验多面向的认识。但正如汪晖所言,虽然柯文挑战了内藤湖南式的西

---

[1] 王宁:《再论"后理论时代"的西方文论态势及走向》,《学术月刊》2013年第3期。
[2] 张江:《当代西方文论若干问题的辨识——兼及中国文论建设》,《中国社会科学》2014年第5期。
[3] 参见〔美〕柯文:《在中国发现历史——中国中心观在美国的兴起》,林同奇译,中华书局,2002年,社会科学文献出版社,2010年新版序言,第50—59页。

方现代性优先观念，但其现代性的设定依然是西方标准的。① 对于非西方来说，以西方为标准的人文学科范式建构，必然会陷入类似"现代性"这样的概念体系牢笼中，区别只在于对这种牢笼的自觉程度。

二、纵出与横出："文化文本"理论的创新

2018 年夏，中国文学人类学研究一派，提出了"文化文本"观念，其意蕴贯穿了人类学的"整体人类学"观念，跳出近代以来越分越细的学科羁绊，以整体观、整体知觉场，或者说文化框架来思考文学问题。研究文化必然遵从"文化文本"观念，文化是整体性存在的，需要全息式的认知，文学人类学的"文化文本观念"也是"N 重全息证据"观的自然延伸。②

西方的能指链，倚重于文字媒介，对口头传统不重视。我们紧随西方传统，研究成果就会缺少温度与价值关怀，口头传统是更具现实意义与价值关怀的传播传统。更重要的是创新落入"文字"媒介的路径依赖，失去了横出的好机会。如果说依赖能指链的理论编织是"纵出"的话，那么打破能指链，"逃出三界外，不在五行中"的文化文本，依赖物、图像、仪式、民俗、符号、颜色等多重证据，对问题的解决绕过了能指链的曲折，直达鹄的，可谓是"横出"。

1. "文化文本"理论贯穿的是整体全息观念。周宪曾经在演讲的时候提到，多年的观察发现，中国近代两个极为相似的东方国家中国和日本的对外交流中，日本的浮世绘等文化走出去的较为成功，西方研究日本艺术和文化的成果很多。与日本比，中国文化走出去却没有产生相应的影响，为什么呢？③ 动用文化文本的整体观念，你就会发现：中国千年的皇权社会的濡染，整体社会国民性形成依附性人格，同时，社会发展缺乏超越世俗利益诉求之

---

① 参见汪晖：《现代中国思想的兴起》，生活·读书·新知三联书店，2015 年。
② 四重证据所涉的物证，包括传世文献、出土文献、口传叙事以及物的叙事与图像叙事等纷繁多样的物。参见李永平：《四重证据的升级改造与国学建设的当代价值》，《陕西师范大学学报》2016 年第 3 期。
③ 周宪在 2018 年 11 月 4 日在陕西师范大学"长安学术讲堂"中提到过。

上的价值支撑，这两种文化相叠加会形成整体的民族发展和道路选择上的路径依赖，这些都是一个整体统一的结构。从这一角度思考这一问题，语言问题先排除掉，就发现我们的研究逻辑自恰度不到，数据不闭合，思路不清晰，观点相抵牾，加之相当多的成果是评点、读后感式的，因此它的传播力不强。

文学与社会生活整体关联，批评追求纯粹的文学性，将文学与社会生产活动相隔离。为避免审美独断，是该深刻地反思文学形式与社会生活、文学内容和结构的辩证关系的时候了。《西游记》涉及的文化传统非常丰富，人参果是怎么回事？流沙河在哪里？蟠桃盛会故事的原型是什么样的？孙悟空是本土的还是外来的？八十一难故事结构是首创的吗？这些问题绝不是简单的文学问题。它涉及作为文化文本的《西游记》文本的形成史，涉及西游记最后"编订者"（累积小说）的生活经验，涉及中国文学的整体结构的佛教影响因素，涉及人物形象的源流问题，还有一些偶然因素。因之，成书后的《西游记》，从人生成长礼仪角度看是通过礼仪的隐喻。①

表1 《西游记》神话叙事结构与通过仪式社会戏剧进程隐喻对照表

通过仪式阶段	社会戏剧进程隐喻	小说章回	典型文化隐喻
前仪式期	反叛期	1—7回	（1）石猴的身世、水帘洞（2）猴王学艺（3）大闹天宫
阈限期	隔离期	8—13回	（1）五行山（2）唐僧师徒（3）李世民的噩梦与觉醒
	考验期	14—97回	（1）紧箍咒（2）唐僧肉（3）幻身术
后仪式期	接纳期	98—100回	（1）取得真经（2）第八十一难（3）升圣仪式

通过这些案例，我们可以概括地说，在中华文明系统内部，信仰仪式一

---

① 特纳发展了阿诺德·范·热内普（Arnold Van Gennep）的通过仪式（Passage de Rite）的三阶段中的阈限阶段（liminal phase）功能理论。该理论沿袭了范·热内普的仪式结构观点，即一个完整的仪式可以分为前仪式阶段（分离期）、阈限阶段（过渡期）和后仪式阶段（融合期）。特纳注意到在阈限状态，即两个阶段之间的过渡状态，个体处于模棱两可的状态：这些人既不属于从前所属的社会，也未能重新融入该社会。阈限状态是一个不稳定的边缘区域，其模糊期的特征表现为低调、出世、考验、性别模糊，以及共睦态。

政治经济与社会结构治理相互关联，形成网状分布，全息存在管窥锥指，盘根错节相互扶持。空间上全息式呈现，时间上连续性布排。杜维明用"存有的连续性、整体性和动力性"，"在宇宙之中，任何一对事物之间永远可以找到连锁关系"给予描述。[①]这就是说，如果我们从一点出发，沿波讨源，必然打破学科划分，进入"整体知觉场"，必然动用全息式证据网，这样方能回溯到文化"大传统"的深远一端。[②]

2. "文化文本"不是文本自身，它让我们能回到文化空间，回到存在。文化文本是存在性的现象，或说是"建构性的"，是因为它是文化传统的表现形式，与行动和时间相表里。文化文本的存在就像一束光投射其间，原本混沌的一切豁然开朗，它们被命名、被指称、被认知、被理解、被赋予了意义，成为它们所"是"的东西。在对人与物的关照上，抛弃从笛卡尔、康德等"发明"主体性之人类中心主义，实现对物质文化生产的内价值关照。这样，我们更有具体的在场感，让个体彰显存在感。正像彭兆荣教授指出的"物"的概念在学者手中被"扩容"至一切"存在者"：声音、图像、文字、舞蹈、仪式、民俗、口传文学……甚至包括人的身体。[③]

我们以《红楼梦》为例，一僧一道访名山，最后从大荒山无稽崖青埂峰上看到了女娲炼石补天时剩下的一块石头，就扔在那里。结果这石头就开口了，希望一睹人世间繁华富贵，尤其是听到这一僧一道讲述人间的繁华富贵，更是按捺不住了。一僧一道就对这块石头进行了加工，把它变成通灵宝玉，带它到了"昌明隆盛之邦"、"花柳繁华之地"、"温柔富贵之乡"——姑苏，姑苏是当时最繁华的地方。小说写到最后，贾宝玉出家的时候也带着这块通灵宝玉。

这个物为什么是"玉"呢？这个背后有很深的文化传统。从远古时期，人们便认为玉的颜色与天的颜色一样。所以，古人祭天的时候就用美玉，白璧礼天，黄琮礼地。或言巫玉、通灵玉，只有它可以通神。真的要理解

[①] 〔美〕杜维明、刘诺亚：《存有的连续性：中国人的自然观》，《世界哲学》2004年第1期。
[②] 李永平：《四重证据的升级改造与国学建设的当代价值》，《陕西师范大学学报》2016年第5期。
[③] 彭兆荣：《生以身为：艺术中的身体表述》，《民族艺术》2017年第3期。

《红楼梦》就要看它背后的自然秩序。书的名字为什么叫《石头记》？玉是石头中的美石，石头之美者就是玉。

比较文学前会长杨周翰曾经写过一篇文章叫《弥尔顿失乐园中的加帆车》[①]，因为4世纪中国古代张华的《博物志》里写到加帆车，弥尔顿《失乐园》里也写到加帆车。丝绸之路像一根扁担，扁担的两头分别是东方和西方。美国有一位著名的学者薛爱华，以前翻译为爱德华·谢弗，他专门写过一本书《唐代的外来文明：唐代的舶来品研究》，里面涉及的唐代诗歌、文学作品中外来的风物特别多。[②] 拿物质来解剖整个文化的交流，是我让学生以"桃子"来做学位论文的动因。"桃"原产地在中国，《诗经》里面有"桃之夭夭，灼灼其华"，"桃"用来形容女子，貌若桃花，为什么用"桃"呢？因为中国是"桃"的原产地，桃子很自然地成了审美对象和符号载体，"投桃报李"的成语在《诗经》中也有。用物质把东西方连缀起来，它的背后是个流动迁徙的大世界。

3. 以往的文学人类学思考中，田野总是与文字文本相对的存在。文学人类学的"文化文本"观念，可以说是存在论意义上的田野：既是"田野中"，也是"田野在"。后现象学中的"让事物说话"[③]，让田野呈现并言说。

如果我没有在陕西省凤翔县做田野考察的话，对《西游记》的理解很难进入"田野中"。可以这样说：《西游记》这部书里几乎所有的情节，所有的人物，都是有来源的。换句话说，《西游记》就像一个魔方，它的每一个格子都散布在中国文化传统里的各个角落，然后在明中叶被缀合起来。如果把《西游记》看成一个整体，一下打散的话，它的每一部分都会回到原来的地方。这里我举一个弼马温的例子：弼马温是当时玉皇大帝听了太白金星的话给初上天宫的孙悟空封的官，请注意《西游记》里边"弼马温"三个字。在做田野的时候，我就发现陕西凤翔有叫"槽头猴"的版画，这种版

---

① 杨周翰：《攻玉集：镜子和七巧板》，上海人民出版社，2016年，第94页。
② 该书新译本书名为《撒马尔罕的金桃：唐代的舶来品研究》(薛爱华著，吴玉贵译，社会科学文献出版社，2016年)。
③ 〔美〕唐伊德：《让事物说话——后现象学与技术科学》，韩连庆译，北京大学出版社，2008年，第121页。

画贴在马等大牲畜的槽上方,版画上印有"庇马瘟"三个字。槽头猴实际上就是"弼马温"。这三个字就包含了弼马温的文化文本,也就是文化"底片"。文学是虚构的,而生活是非虚构的,虚构的东西在我看来几乎就没有虚构,而都是从生活中捡拾而来的。"槽头猴"——"庇马瘟"的意义就是——猴能让马避开瘟疫。

是《西游记》中的"弼马温"的观念影响形成了槽头猴的民俗,还是相反? 换句话说,为什么《西游记》里边的太白金星让孙悟空去养马?《西游记》后边专门有一大段描述:意思就是"那些天马见了他,泯耳攒蹄,都养得肉肥膘满"[1]。孙悟空和马就特别匹配,养马养得特别好,因为猴子能让马不生瘟疫。这个观念如果往前追溯,在中国就追溯到汉代。从汉代一直到明代中叶,一下子过去了一千多年。换句话说,这种观念进入到《西游记》之前,已经存在很久了,只是到了明中叶的时候,写进了《西游记》。那其他地方有没有? 古代个别典籍里也提到这种观念,但是没有《西游记》写得这么形象生动。

文化文本注重文本的形成和表达,在社交氛围和这些人亲身交往的事实当中把握文化,每个表达(utterance)都是一种行动,一种共享的氛围和交流的现实。语言和表达及表达方式是文化文本,文化文本是存在的家园。相对附属于某个语言共同体的个人,语言具有一种独立的存在,如果这个人是在这种语言中成长起来的,则语言就会把他同时引入一种确定的世界关系和世界行为之中。[2] 人类讲故事的模式非常复杂,一方面受制于大传统,这些大传统,包括特定族裔的、不同性别的群体讲故事的时间、表达特点,比如是流俗时间和日常时间的比例,对人表达是模式化还是个体的等等。同时受制于小传统,即时代特点、特定群体、讲述模式等。明清小说的讲述模式已经成熟,他们更倾向是空间的把握,而非时间的掌握。从这个意义上来说,叙述议程,包括文本性表述议程、表演议程和仪式性议程同样是小

---

[1] (明)吴承恩:《西游记》,人民文学出版社,1990年,第25页。
[2] 〔德〕汉斯-格奥尔格·伽达默尔:《真理与方法——哲学诠释学的基本特征》上卷,洪汉鼎译,上海译文出版社,1999年,第446—447页。

说生产的小传统。

4."文化文本"理论以解决问题为导向、聚焦解决当代问题。学科的常理并不受学科边界限制,问题到哪里,知识即到哪里。我举例《桃花源记》的志怪传统。我们都知道《桃花源记》是陶渊明的作品。这里有几个问题,第一个问题就是《桃花源记》到底是小说还是散文?我们的中学教材有一些说散文,当然更多说是小说。我认为《桃花源记》是"半部志怪小说",为什么这样讲?每一部作品的作者都摆脱不了他所处的时代,陶渊明所处的时代是志怪特别流行的时代。陶渊明还主编过《搜神后记》,当然有的人说这是假托陶渊明的,但近年来好多考证就是陶渊明编撰的。通过比对,我们发现在《搜神记》和《搜神后记》中都有类似故事:一个人(有的是采药,有的是打鱼,有的是打猎)走失了,走到一个自己非常陌生的空间,回来以后发现时间流速不一致。所以,我曾经写过一篇文章,就是把这类小说和相对论进行比较,主人公跑到神仙世界停留了几天,后经神仙提醒,就回去了,回去之后时间就出问题了。小说《西游记》第四回和第五回分别记述孙悟空从天宫回到花果山后的一段对话。群猴都道:"恭喜大王,上界去十数年,想必得意荣归也!"猴王:"我才半月有余,那里有十数年?"众猴道:"大王,你在天上,不觉时辰,天上一日,就是下界一年。"(第四回)[1] "俱道:'大圣在天这百十年,实受何职?'大圣笑道:'我记得才半年光景,怎么就说百十年话?'健将道:'在天一日,即在下方一年也。'"(第五回)[2]《西游记》有两次讲到这个事。显然,花果山众猴的时间和孙悟空的时间流速不一样,志怪小说里边写的时间相差最大的是主人公回来后遇到他的第七代孙子。

第二个问题,陶渊明《桃花源记》为什么说是"半部"仙乡淹留小说呢?因为它后边没讲时间流速。南阳刘子骥非常好奇,一听桃花源的事情,就想去看看,但是最后没去成。如果用爱因斯坦的"虫洞"理论来解释,不是你想进到"虫洞"里就能随便进去的,只能"虫洞"找你,你却不能找

---

[1] (明)吴承恩:《西游记》,人民出版社,1990年,第26页。
[2] (明)吴承恩:《西游记》,人民出版社,1990年,第34页。

"虫洞",如果你能找"虫洞",那就不得了了! 今天的研究者认为,这部作品寄托了作者的社会理想等,但从结构上看,它没有摆脱志怪小说的结构框架。在道教故事中,很多故事中的洞内有一片神奇的小树林。陶渊明《桃花源记》中,洞窟入口处有一片桃树。在中国,桃子是传统的长寿象征。在中国南方的道教传统中,整个洞窟世界都位于山脉底下,与阴间互相连接,并延伸到整个中国。这些神话学构造源于一种广为人知的关于世界构成的信仰,它的出现比道教还要早,所以《桃花源记》中包含了一些更为古老的传统。①

魏晋南北朝的志怪小说中,主人公在时空中能够来回穿梭,时间流速不一样。而时间流速不一样,有时要靠"药"来掌控。刚才讲的《搜神记》和《搜神后记》中许多志怪小说都是主人公进入特殊时空实现的,其中最典型的一个故事是:有一个人,他在仙境待了一阵子,这个人走的时候,那些仙女们给了他一个包裹,并且叮嘱他把这个包裹带上,但是千万不要打开。这个人感到很奇怪,回去以后,他把这个包裹给了他的妻子,然后到地里干活去了。他的妻子由于好奇就打开了那个包裹。包裹是一层一层的,总共有七层,最后一层里边飞出一只小鸟。当时她没意识到问题的严重性,后来给地里干活的丈夫送饭,结果她在地里看到有个人在那地方一动不动,原来她的丈夫已经变成了干尸。②这个包裹实际上就是时间按钮。换句话说,那个男子遇到的仙境线性时间太快,这个包裹能够保持两种时间的一致性,让他回去可以见到妻子。妻子打开以后,时间瞬间就变了,所以他必须死了很多年,变成"蝉蜕"。

三、"文化文本"是文化大传统的元秩序

元秩序就是自然秩序,由于人文学科与自然科学的学科隔离,人文学者对自然秩序的支配作用多有一些警惕,认为过分强调自然秩序会掉入决定论

---

① 〔荷〕田海:《天地会的仪式与神话:创造认同》,李恭忠译,商务印书馆,2018年,第77页。
② (晋)陶潜:《搜神后记》卷一,汪绍楹校注,中华书局,1981年,第3页。

的陷阱。但是，自然秩序对文化的支配作用不容置疑。自然秩序是人类社会活动的元秩序，文化研究活动的很多内容是由自然秩序决定的。

首先技术对文化的生产起到支配作用。比如只有科学技术发展到今天，才出现人工智能对人的挑战，虚拟技术与人文社科融合的问题，文学研究的数字化问题等。其次对文类的支配性影响。从媒介的角度研究文学，媒介是文类生产的元秩序。媒介可以将文学划分为口传文学和书写文学，文学的形态也就"一代有一代的文学"。从某种程度而言，技术载体决定了文学，历史上曾一度出现的"洛阳纸贵"，背后是简纸替代的媒介变革时代——纸张使用的数量很快压倒了竹简。

媒介技术对文学文类的支配性影响。我们所说的口传时代、文字时代、印刷时代、数字时代。在媒介文学史中，《尚书》中的诰、命、誓等是口头说—听系统中的文类，俗称语体，有别于文体，口传媒介成为一种技术秩序。

电影里面的恐怖惊悚片，核心在"大"与"小"，"看得见"与"看不见"，背后的元秩序是人身体自身。人对世界的认识是"俱身认知"，身体尺寸是大小、见与不见的自然秩序。与身体同等大小的是熟悉的阈域，相反是陌生的领域。《毒液》《侏罗纪》《生化危机》的恐怖形象塑造，离不开对自然秩序的把握。

地理环境作为元秩序，会影响早期人类文明，部分区域的人类率先学会狩猎、生产粮食，所以特定气候的地区会更早一步诞生文明，并随着技术文化的发展影响和征服其他地区。整个人类社会历史都包含这个特点。戴蒙德认为是欧亚大陆上四季分明的地理位置造成了不同民族的历史沿着不同的道路前进，欧亚大陆上更早地驯化出了适合人类发展需要的动植物，进而更早地出现了社会和国家组织，也造成了社会和国家中不同的职业分工。[1]

从自然秩序讲起，天灾、疾病、瘟疫等自然秩序参与塑造了人类文化的面貌。文化传统绝大多数并非脱胎于政治秩序，天人关系才是它背后的

---

[1] 参见〔美〕贾雷德·戴蒙德:《枪炮、病菌与钢铁:人类社会的命运》，谢延光译，上海译文出版社，2016年。

的真正法则，人类对抗灾害是元秩序。禳灾是《窦娥冤》《水浒传》书写的最重要的功能。《水浒传》核心讲的也是一个祈禳瘟疫的故事。小说第一回就告诉我们：仁宗朝的时候，天下大旱，瘟疫流行，仁宗把文武百官都召来，问怎么办？这时候有人就提议，说赶紧请张天师。洪太尉上了龙虎山以后干的事情却鬼使神差地非要把伏魔殿打开，先是要把封皮揭了。里边一个井封着那些魔，上面有个石碑，说不能挪，他挪了；青石板不能挖，他挖了。结果大家都知道，冒出一阵黑气："天摧地塌，岳撼山崩。钱塘江上，潮头浪拥出海门来；泰华山头，巨灵神一劈山峰碎。共工愤怒，去盔撞倒了不周山；力士施威，飞锤击碎了始皇辇。一风撼折千竿竹，十万军中半夜雷。"[①] 电视剧里边特别形象——从大殿的顶上穿出去了。谁走了？三十六天罡星七十二地煞星。这部小说第一回就把结构说完了。所以我觉得这个《水浒传》另外一个名字应该就叫"天罡地煞闹东京"。《水浒传》结尾处，这些"天罡地煞"都又被"降服"，收在地形跟梁山一样的地方，故事又开始循环了——重建大殿、护国佑民。荷兰学者田海的著作提到，洪太尉不是随便称呼的，背后的神话大传统是大禹治洪水。洪水区隔了我们与大禹之前的黄金时代，也以末世劫难的形式区分了当前的人类世界和未来的太平世界，所以"洪"有救劫与度劫的意义。[②]

再看《窦娥冤》，窦娥发的誓愿为什么都应验了？六月就飞了雪，楚州大旱三年，甚至血溅白练都应验了，原因就是糊涂官做的坏事太多了，惹得天怒人怨。所以《窦娥冤》这一部戏就要反复上演，扮演的功能是消冤。古代这出戏演出的时候不一定要人看，上演的目的是禳灾、是酬神！

"文化文本"的提出，它的意义到底在什么地方？我把它叫"横出"，为什么叫"横出"？与"横出"相对的就是"纵出"。这里用一个简单的比喻，大家都见过竹子，竹子长得一节一节的，如果把创新分为"纵出"和"横出"的话，一般的创新必须穿过每个竹节，从竹管内纵向穿出，必须逐级抬升，这种创新过程就叫作"纵出"。我认为，文化文本的创新就是另外一种

[①]（明）施耐庵：《水浒传》，人民文学出版社，1998年，第14页。
[②] 参见〔荷〕田海：《天地会的仪式与神话：创造认同》，李恭忠译，商务印书馆，2018年，第217页。

创新——"横出",我们独辟蹊径,直接在竹节旁打个窟窿,横着破壁而出。走自己的路,让别人去说,就像苹果汽车颠覆了汽车的观念,更类似一个移动办公室,且无人驾驶,一进去你想什么就能实现什么,是移动的家。就像中国古代科幻小说《镜花缘》里的"飞车":"可容二人,每日能行二三千里,若遇顺风,亦可行得万里。"①

"文化文本"的意蕴贯穿了整体人类学观念,我们在看文学作品的时候,看到的是人类学的整体观念。换句话说,"文化文本"观戴上了人类学的 3D 眼镜,看到的是整体对象,而且是动态的,既有在场感,又有时间感。它跳脱出了近代以来划分得越来越细的学科羁绊,以整体观、整体知觉场来思考文学问题、思考文化问题。

文化大传统和地方知识之间的关系又是什么呢?我们可以这样理解,文化大传统是形成广阔文化单元的整体"文化语境"(context of culture),地方性知识或表演情境是具体"情景语境"(context of situation)。地方性知识是构成文化大传统的单元,它夯实了文化大传统的细部,文化大传统对整体地方知识认同产生了框架性的影响,这之间的互动形成一种动态的稳定关系。

这里,我并不打算定义文化文本,只对特点进行描述:它以物质为抓手,进入到整体知觉场,还原文化和文学的情境。我曾经说过,在搜集证据时,今天的技术还没达标,将来科学发展,就会有一种设备叫"全息证据成像"设备,现场搜集各种证据,包括我们看不见的,闻所未闻、听所未听的证据。

技术能不能达到"全息证据"的水平?如果有人怀疑,就回去看科幻电影《银翼杀手:2049》。该电影本身就是对未来科学的一个寓言。文化文本观念边界扩展到田野本身——科学和艺术相濡以沫——以往的人类学思考,田野总是与文字文本相对的一种存在。文学人类学的文化观念是存

---

① 《镜花缘》里的"飞车"设计得非常豪华,用柳木制作精巧的花棂窗,还挂着窗帘。车内四角设有方位磁石盘,后部方向舵突出。下部大大小小无数个铜制推进器按纵方向和横方向设置。它们都像纸一样薄,用强韧的金属制造。操纵使用的三种杠杆为启动、飞行、停止。右旋转为操纵杆向右倾斜、左旋转向左倾斜。顺风时挂帆可提高飞行速度。〔日〕武田雅哉、林久:《中国科学幻想文学史》,李重民译,浙江大学出版社,2017 年,第 32 页。

在意义上的田野,我们所有的工作都是在田野中,包括在图书馆也是在田野——生活本身就是田野,让事实说话,让田野呈现并说话。

文化文本观念与过去文学人类学讲的大传统(每个人都活在大传统里面)、N级编码(文化都是编码编起来的,一层一层编码)都是一脉相承的。你的生活是由它编码起来的,周围的知识世界也是由它编码起来的。所以N级编码,还有多重证据,就是基于这样一种设想。

四、"文化文本"理论与中国性的学术建构

后理论时代,"文化文本"理论就是中国自己的理论。有学者说了,为什么文化文本是中国人自己的理论?这里,我有个推断、设想,中西文化传统差异比较大,西方是一神论,中国是多神论,西方特别爱讲二分,中国爱讲天地人三分,也就是全息,天、地、人都在其中。所以,西方是一分为二,中国是一分为三。

从作为方法的"文化文本"看,"文化文本"是最具中国性的方法论,这里还涉及中国性的问题。中国性就是中国自己独有的特色,"此曲只能中国有",用中国思维生产和理解更恰当。从作为国体的文化来讲,中国是一个连续性文明,西方是断裂的文明。连续性的中国文明,没有经过理性的遮蔽和压制,没有经过轴心时代的筛选和提纯;中国文化传统以神话思维、整体思维一脉贯之,草蛇灰线,伏脉千里。因此,从中华文化的今天尚能沿波讨源到人类文明的深远一端。

杜维明曾说过中国文化有三个特点,即三个基本主题,第一个叫连续性,第二个叫整体性,第三个叫动力性。"文化大传统"实际上主要讲连续性,"文化文本"主要讲整体性和动力性:存在的所有形式,从一块石头到天都是一个连续的组成部分。在这个连续体之外一无所有,存在的链子从来就没有断过。宇宙中任何一对事物之间永远可以找到连锁关系。张光直说西方文明是破裂的,中国文明是连续性的。他研究世界文明这么多年,晚年的时候专门有个手稿,说了这些话,我相信是肺腑之言,而且不假论

证。当然，这是他在研究其他文明之后说中国文明是全世界向文明演进中的主流形态、连续性形态，中国古代文明是个连续性的文明，西方是非典型的破断形态，是个非连续性的文明。所以，这样一说的话，整个"文化文本"理论就包含了整体性、连续性、动态性。①

"一带一路"与人类命运共同体，在某种意义上，改写了西方东西对立、零和博弈的思维，提倡互惠与合作。中国文化观念里有一种"鼎和五味"的说法，"合"就是尽量消除差异，形成你中有我、我中有你的第三种味道，这种味道是包容统一的文化。人类命运共同体的文化价值要体现中国文化的连续性意识、整体意识、作为方法的文化文本，正是中国文化走出去的一种路径。

反思近年来文学人类学对大传统的探求，其重心在于发现和识别在历史进程中被文字小传统所遮蔽、歪曲，甚至被遗忘的口头大传统的内容。辨析文化传统中，口传文化和书写文化的活态的、连续性及其分野，以此达到对中国历史文化根脉以及中国文学源流的重新认识，并为中国多民族国家文学、文学史、文学理论的研究奠定新的基础和思想内涵。②

笔者近年的思考发现，处于边缘状态的中国宝卷，经由美国学者伊维德、欧大年、姜士彬（David Johnson）、管佩达（Beata Grant），俄罗斯学者李福清、白若思，日本学者泽田瑞穗、吉冈义丰、仓田淳之助、小南一郎等的翻译研究，对西方世界的中国文学、文化观念的形成产生了重要影响。套用海德格尔（Martin Heidegger）的术语"世界中"（worlding），文学也存在"存在的文学""文学的周边"。海德格尔将名词"世界"动词化，提醒我们世界是一种变化的状态，一种被召唤、揭示的存在方式（being-in-the-world）。"世界中"是世界的一个复杂的、涌现的过程，持续更新现实、感知和观念，借此来实现"绽开"。"文化文本"不是一套封闭的意义体系，而是主体与种种意念、器物、符号世界相互映照表里、在时间之流中彰显的经验集合。

---

① 张光直：《美术、神话与祭祀》，郭净译，生活·读书·新知三联书店，2013年，第130—131页。
② 代云红：《论华夏神话天文学与中国多民族国家的比较文学研究》，《文艺理论研究》2017年第2期。

视觉人类学与视觉文本语法简论

〔美〕王海龙

(美国哥伦比亚大学人文学院)

一

视觉人类学是当代西方文化人类学应用学派中研究比较文化理论中影响最大的一支。它运用阐释图像、解码符号、摄影—电影和电视以及其他视觉手段对人类文化交流传通行为进行审视、破译和研究。视觉人类学重在用人类学的视觉理念对物态文化和动态文化进行共时性和历时性的再认知,从而发掘其实质内涵,揭示并阐发人类文化行为的本质。[1]

视觉人类学是一门全新但历史渊源悠久的学科。它的起源可以追溯至史前史和人类文明的萌芽时代;但是作为一门学科,它的最终定义却比较晚近。这样,它在学术史上就形成了一个悖论和矛盾的现象;这门学科近几十年来在世界范围内也受到广泛的重视且发展迅速。这种学术现象受到了关注,同时也连带造成了人类学在世界范围的一次不同寻常的复兴。[2] 人类学在西方曾经是显学,而且缘于它综合阐发西方自然科学、社会科学和人文科学的特性使它在西方高校成了一门基础课和公共课。尽管如此,虽然它一直努力争取为社会发展做新贡献,但它毕竟是一门古典学科了。因此,

---

[1] 〔美〕王海龙:《视觉人类学新编》,上海文艺出版社,2016年,第5页。
[2] Ruby, "Visual Anthropology", *Encyclopedia of Cultural Anthropology*, New York, Henry Holt and Company, vol. 4, 1996, p.1354.

近年来视觉人类学在新世纪的飞速发展甚或一枝独秀就更加引人注目了。

随着当代文化人类学理论的深入发展，视觉人类学对当代原始部族社会结构与文明起源等人类文化模式的探讨和类比研究，对城市人类学、少数族裔的文化研究、民族志的撰写乃至当代美术、建筑、摄影、广告、媒体发展和传播学等领域皆贡献良多。同时它也对人类历史上创造的物质文明和精神文明之记录、对民俗研究及田野工作等都给予了重新定位，在比较文化探讨和人类文化模式研究方面亦贡献卓著。[1]

视觉人类学的鹄的在其早期注重运用视觉手段来记录文化、抢救原始文化遗存的"活化石"。[2]继而，它不满足其原始的记录和文献功能而志在深化人类学理论研究、协助田野工作，因此在激活当代理论人类学发展上起到了突出的作用。其后，视觉人类学在能动地推陈出新、襄助当代人类学革命中做出了杰出的贡献。在其近期发展中，视觉人类学正在同认知人类学、表现主义、行为主义人类学理论、心理人类学和符号人类学理念结合在一起，引导并影响着思维革命。它在今天的哲学符号学、后结构主义理论，在艺术人类学和心理学、电影、绘画、雕塑、建筑等领域中正持续产生着深远的影响。

关于视觉人类学，近几十年它的定义一直在发展和嬗替。它在近代的滥觞跟19世纪初摄影技术的发展有着密切联系。甚至在起初，有人竟然直接把这门学科称作人类学摄影或人类学电影。[3]

在视觉人类学发展早期，人们更趋向于将人类学摄影和电影（国内更惯用的译法是"影视人类学"）这门学科界定为一种人类学的记录工具。虽然作为工具，它们的产品当然有着启发思维和启迪认识论上的飞跃功能；但是基于摄影术的发展只是在人类社会比较晚近的时期，它们源于人类学家更好

---

[1] Fadwa El Guindi, *Visual Anthropology: Essential Method and Theory*, "Preface, ix-xii", A Division of Rowman & Littlefield Publisher, 2004.

[2] Craig Calhoun, "Salvage ethnography", *Dictionary of the Social Sciences*, New York: Oxford University Press, 2002, p. 424.

[3] Asen Balikci, "Reconstructing Cultures on Film", ed. by Paul Hockings, *Principles of Visual Anthropology*, Mouton Publishers, 1975, pp. 198-199.

地纪实和存真的理念，宗旨不在理论的发掘而在于文化志收集和保存。[1]

事实上，视觉人类学的真正领域则宽广多了。它的内容应该绝不仅限于摄影术发明以后的这百多年，视觉人类学的研究对象应该延伸到整个人类文明史甚至辐射到史前时代。它甚至研究人前（pre-human）时代的生物化石学的内容；视觉人类学立体地探讨人之所以为人、人类进化、人和史前动物等古生物学及古人类学的课题。当然，它更注重的是研究人类文明史。视觉人类学通过对人类文明的巡礼来考察关于人类社会的一切，强调地球上各类文化的具象、抽象和认知、符号学的寓意。

基于这样一个宏观目的，我们认为，视觉人类学的定义应该是一个更加宏阔和开放的场阈。视觉人类学遵循的理念是"人类文化是通过可视性的系列的符号来展现的"。视觉人类学认为它的中心目的是展示文化的可视性，从而通过对这些可视的视觉材料的分析、研究、破译和阐释来揭示人类文明进展的秘密，把文化研究的目的引向深入和广远。

这里的"可视性的符号"当然不会止于摄影术发明以来的影像作品，而更是指向人类生成以来以及人类文明进化以来所有的视觉资料以及人类创造的全部写实和抽象的有形的符号、图像、物化了的表达方式，如原始洞穴绘画、岩画、堆塑、雕塑、石刻、建筑、有形的祭神的器物及工具及手工艺品、日常生活用具等全部，从而研究这些形象的符号意蕴和它们的象征意义。[2]

视觉人类学的研究对象还不仅止于此，它应该还包括一些虽然没有经过人类加工的（如山川、河流、巨石、日月等），但却被上古人类赋予了文化符号意义的"人化了的自然"的种种物体，如人类原始信仰中的那些图腾对象、神化了的物质及它们所寄寓的人类的想象和物化产品等。换句话说，视觉人类学研究的对象包括了整个人类文明史上所有可视性的"有意味的形式"，它们与整个人类的视觉发展共始终。[3]

---

[1] Karl G. Heider, *Ethnographic Film*, University of Texas Press, 1976, p. 76.
[2] Charlotte Seymour-Smith, *Dictionary of Anthropology*, G.K. Hall & Co. Totowa, New Jersey, 1986, pp. 98, 286.
[3] 参见 Bo Graslund, *The Birth of Prehistoric Chronology*, Cambridge: Cambridge University Press, 1987; Renfrew, Colin, *Prehistory: The Making of the Human Mind*, New York: Modern Library, 2008。

上述这些内容虽然在传统的人类学定义中也有涵盖，但它们却被分散在几个不同的领域。比如有的被划分在体质人类学，有的划分在考古学领域，有的则在古生物学和古人类学领域，有的被设在动物比较行为学分支；而视觉图像的另一个重要的方面却被划分在了所谓的原始艺术的研究领域。按理说，上面的分类研究本没什么原则性的错误，但是这种支离破碎的研究往往割裂并肢解了人类学的共性研究和有机化、整体化及同一性研究的性质，因而使其研究游离在细节和表象的层面上而没能从认知和象征整体方面给予整合和突破。现代视觉人类学的异军突起使这种综合和全方位（holistic）的研究成了可能和必须。[1] 本文旨在运用视觉人类学和阐释人类学及符号学的理论来重新发现和诠释人类文化生成和发展，以认知人类学（cognitive anthropology）之理念审视人类创造之物质文化和精神文化产品，特别是以视觉及符号旨意之物象为例来探讨文化积淀的深层内涵以及它们对今天文化研究及人类思维的影响。

文明发展到今天，我们传播文明的手段通常是语言。我们保存文明和传递讯息的方法是运用即时性的语言传播手段即口语，或历时性的记录传播手段即书面语来记录、输送、交流我们的文明思考、经验、创造和思维。语言作为一种符号，虽然有着很多不尽如人意的缺陷，但在当今社会，随着人们对语言解码知识的把握和外语技能的获得，它总算可以协助我们差强人意地完成今天人类文明传承和交流的任务。

那么在人类还没有发明语言之前的那漫长的时间里呢？在因为诸种原因而失去了学习和使用语言之功能的那些人群（如聋哑人）里没有"语言"交流的时候是一种什么样的情形呢？

视觉人类学试图用其对考古、当代原始部族的田野工作文化志描写和对当代文明社会的比较研究来回答这个问题。它运用记号、信号、符号等理念把人类的文化产品划分为可视性—可表现性/非可视性而必须用抽象手段来表现两大类，能用视觉形式表现的内容主要有图像和符号。符号是一个

---

[1] 参见 Jay Ruby, "Visual Anthropology" *Encyclopedia of Cultural Anthropology*, Vol. 4, David Levinson and Melvin Ember, editors, New York, Henry Holt and Company, 1996, p. 1345。

复杂的世界。①

图像作为传递信息的手段比较直接，比如今天的摄影术：纪录片可以直接说明内容原委，故事片讲故事并寄寓道德内容，艺术片表达艺术理念。即使是单张的摄影，如果处理得当，也会有很强的表现力，这是视觉的力量。

图像有写实性与写意性，写意部分则复杂多了。"意"有不同，而释意是一种专门的学问。有的"意"只可"意"会不可言传，有的"意"更是"意"在言外。我们至此讨论的还只是简单的视觉形象或曰单一的符号。其实视觉形象很少单一地去表述，它们往往是系统化地展示。②因此我们看到的通常是视觉或符号体的交织，它们用不同的排列组合和复调的形式在述说着。形象和符号不同的排列组合是一个完整的世界，特别是在文明发生的初始。

如同文字有语法、文章有构思谋篇布局和修辞，视觉图像不管在其原始功能上还是在现代意义上都在自觉和不自觉地显示其符号化语言的功能有其规律和模式可循。视觉符号有视觉符号的语法，这是一个值得深入思考和探讨的问题。

视觉是人类最原始和本能的感觉之一。眼耳鼻舌身，眼是第一，因而视觉最富原始性与感官性。人类早期的所有生命和生产（包括物种本身的生产即生殖与求生存的劳动这两种生产）活动都跟视觉有关。虽然原始人类的表达和表现能力有限，但这些生命活动的记录痕迹（包括生殖崇拜的图像、符号）我们今天仍然可以在上古文化遗存中有意或无意地大量发现，它们在述说着一个原始文化的世界。遗憾的是，由于文化符号的缺环和断链，使得这类符号大多数成了无解之谜。

文化人类学通过对当代原始部族详尽的文化对比与描写、调查以及文化志田野工作，并参征考古学资料等进行原始文化复原。现代技术手段的

---

① 参见 Hans Biedermann, *Dictionary of Symbolism, Cultural Icons and the Meanings Behind Them*, Meridian, Published by the Penguin Group, New York, 1994, pp. 135-138。

② 参见 Anne Marie (ed.), *A History of Writing: from Hieroglyph to Multimedia*, "from image to writing", Flammarion, Spain, 2002, pp. 9-14。

支持和先进方法论的指导使我们能以类比研究和平行研究之理念最大限度地在当代进入原始人的世界,来阐释人类文化的原始视觉功能并还原其本来面目。当然,也可以用这些研究成果来推导和猜测我们人类远祖的生活情形。

人类文明生成和发展的历史原因浩如烟海,而解释和还原历史的方法又有多种,视觉人类学和认知人类学的理念被科学地证明是一种历史唯物主义的方法论。"礼失而求诸野",早在春秋时代孔子就已经开始意识到社会调查和田野工作的意义,我们今天利用科学的理念和实证的方法对上古人类文化的实践和成果进行这种全方位的立体研究恰逢其时。除了应用视觉人类学及符号人类学的理论外,本文还建议参征民俗学及田野工作材料特别是利用记载人类文明的大量的成文史来考察和巡视回溯,还原透析人类原始文化的可视性。

文化符号有可视性,这是我们研究的基础和出发点。笔者通过对世界多种史前文化及民俗文化符号的考证、研究发现,人类的视觉符号犹如文字,有其原始的全球性的"词法"和"语法"的对位系统。这种系统和人类的本能记形表意标识乃至原始记忆的生成积淀有关,因此它们比文字更富有表达力和更富有交流性。原始的视觉符号永远不需要"翻译"就有全球性传通的功能。[1]

此外我们还可以举视觉为例。人类在其前语言时代虽不能言但对声音和声音的节奏有着先天性的敏感和互动性。这种本能不仅存在于人类甚至存在于动物身上,这就是原始音乐的魅力和蛊惑力。音乐能唤起一种原始的律动、心灵的交感和通感。它是一种宇宙语言,人类同样不需要翻译就能够听懂而且被它感动。

二

在人类的前语言阶段,人类经历了相当长的非语言表述(non-verbal

---

[1] 参见 Sol Worth, *Studying Visual Communication*, edited by Larry Gross, Philadelphia, University of Pennsylvania Press, 1981。

expression）阶段。这个阶段人们已然开始用肢体语言、手势、脸相、表情和声音来表达、交流生存和文化信息，这是人类最早的感官语言。感官语言有着初始意义上的宇宙语法，这种语法今天仍然在世界通用，比如微笑表示善意，流泪表示悲伤，皱眉表示痛苦和不愉快等。

虽然我们今天已经习惯于通过抽象的语言来获得信息并习得知识，但我们的信息源远不只语言，我们其实在用整个生命感知着外面的世界。只不过，随着人类近千百年来的发明和科技的便利，人类更可以依赖科技文明带来的一切来感知世界，而逐渐丧失了某些原始感官的本能。

考其原始，人类的视觉符号恰如后来发生的语言符码，有其语法系统。早期人类具象的生命认知实践活动是从视觉开始的，这是最早的生命认知语法，比语言和文字原始得多也直观得多（人类创造文字则是非常晚近的事）。①

视觉亦有其全套的语法思维，视觉语法有其符号意义上的词性、有虚实词。从上古人类有意识的记号、岩画、洞穴画、图腾符号等开始，视觉形象就产生了其功能意义上的名词、动词、形容词、副词、介词、连词、叹词等。随着人类生命活动的逐渐发展和内容渐趋复杂，视觉符号开始更加抽象并更加复杂和细化，而且有了分工。视觉形象和符号逐渐有了其功能性的主语、谓语、宾语、定语、状语和补语，也有了单句及复句表述及其语义系统。在这种意义上，原始文化持有者和初民在有限的空间里做着文化建树和传承的大文章，推动着文化的演进、等待着我们千万年后的今人去破译。②

人类学从考察原材料（raw material）入手，来检索和破译视觉语言的原始文化信息。原始文化的发展是由简入繁，视觉的语言也一样。视觉的语义材料有原始图形、图案以及图形和图案的排列组合而构成的世界。在今天，研究者往往由于审美和艺术的观照或专业、主观的思维局限而忽略了

---

① 参见 Fadwa El Guindi, Visual *Anthropology: Essential Method and Theory*, "Preface, ix-xii", A Division of Rowman & Littlefield Publisher, 2004.
② 参见〔美〕王海龙：《读图时代：视觉人类学语法和解密》，上海锦绣文章出版社，2013 年，第 214 页。

对其原始视觉文化意义的挖掘和破译而统统将其视之为一种无解的图形和图案；其实它是前文字时代原始人全部世界的表述。这些视觉材料是后来文字出现的曙光，它们的含义绝不是我们想象的那么简单。

仍以音乐为例，音乐语言有原始音符、音节，有乐段，有乐章，有音乐的语言和旋律，有复调和多声部等表达手法。我们欣赏音乐只是被其感动，但非音乐专业的听众并不知道其中这些复杂的内容和技巧。音乐直入人心但观众却不必懂作曲甚或不必会演奏任何乐器。

视觉构思也是一样。视觉作品（包括史前洞穴画、岩壁画、图腾柱、原始契刻、堆塑和各种磨痕等）展示的内容大多有着无比复杂的结构而观者往往下意识地被其传递的信息所感动、所魅惑却不必知道其内在的生理学和语源学原因。而阐释—视觉人类学要做的，就是要条分缕析地还原这种符号学的深义。[1]

如何从事这种研究、从而破译出文化的本原含义呢？我们今天大致可以从下面的角度去探讨：

（一）从上古岩画、洞穴画等素材中挖掘远古文化信息，从文化发生的终极原因去探讨。古人没有闲情逸致玩情调，他们"创作"视觉图像一为宗教原因，一为切身利益（巫术），跟劳动和社会分不开。[2]他们的"绘"就是表现生命和试图操控生命：饥者绘其食，劳者绘其事。这类原始绘画是一种公告，一种发言；后来有了文字，有了钟鼎碑彝和广告牌才代替了它们。而到了文明和技术程度化更高的时候则更发展到了以照相机、摄影摄像机以及其他的科技工具来"绘"。从史前的燧石刻具到现在的尖端数码科技成像，虽然这些工具和表达的成熟程度不同，但其绘画语言和表达的根性目的是一样的。[3]

（二）参征田野发掘资料分类检视视觉符号语法的功能意义。这种探讨

---

[1] 〔美〕参见王海龙：《视觉人类学新编》，上海文艺出版社，2016年，第99—105页。
[2] 参见 Peter J Ucko and Robert Layton, *The Archaeology and Anthropology of Landscape: Shaping Your Landscape*, London; New York: Routledge, 1999, pp. 16-22。
[3] 参见 Alexander Marshack, *The Roots of Civilization: the Cognitive Beginnings of Man's First Art, Symbol and Notation*, McGraw-Hill Book Company, New York, 1972, pp. 208-209, 260-310。

将系统考证原始生命、生产及生活之视觉符号并与当代原始部族的田野工作文化志资料以及成文史进行综合比较来阐释相关的文化主题。其内容包括从原始视觉符号表形、表义、表情功能到其仪式化功能、社会化功能的破译；从种族记忆、标识、符号到其以各种形式辐射性的升级、异变、嬗替、转型；从具象写实到抽象写意再到图案化，对图案意义及其"语法"功能的阐释等，以便力图在这种平行比较中发掘视觉语法的存现。[①]

（三）从当代视觉资料取材分析视觉文化对我们现在生存的影响。它将涉及人类学摄影、人类学电影、人类学电视及其他相关的视觉材源；同时它将关注和分析当代社会的仪式（典礼、戏剧）化行为、行政化行为以及宗教和政治化行为的社会功能，在这种综合分析中探讨视觉的语法意义和力量。[②]

（四）除对原始文化进行分析阐释外，我们还将涉猎人类视觉符号化行为及其表现的意义之功能范围，并将特别专注于艺术领域的个案分析。如世界范围内各民族、各文化的雕塑语言、绘画语言（西方绘画流派的风格及其表现手法分析、传统中国画程式化表现手法的分析等）、电影语言乃至音乐语言中的画面呈现及表意功能（其所指—能指的含义）分析、艺术史上流派叠生的视觉心理学基础和人类学表现功能的辏合以及现代视觉设计、建筑在潜意识中如何影响当代人的生活和思维等命题。

（五）分析研究视觉化行为的心理学基础和成因，特别是探讨下意识和无意识状态下视觉语法的符号化意义，比如符号的循环与变形、再生、组合，符号与心理原型重构的广告学意义，视觉符号与象征、符号的视觉潜移默化性，视觉符号与传播学，符号的神秘性及非语言表述性的心理学暗示等；探讨视觉符号的引申与程式化，通感与符号的转化；探讨这个课题和认知心理学、社会学、媒体传播学以及广告心理学、视觉政治宣传的符

[①] 参见 Clifford Geertz, "Thick Description: toward an Interpretive Theory of Culture," C. Geertz, *The Interpretation of Cultures*, New York, Basic Books, 1973, p. 5。

[②] 参见 Sol Worth, "Ethnographic Semiotics", unpublished paper, 1977, Quoted from Jay-Ruby, "The last 20 years of visual anthropology - a critical review", *Visual Studies*, October 2005, Routledge, Taylor and Francis Group。

号学相关。①

视觉文本的语法不同于语言的语法，但视觉的语法在更广迈的意义上起着更为宏观和广泛的"文化的语法"的作用。它贯穿着史前前语言时代到今天后文明时代的始终。今天我们对人类学视觉语法及其潜语法结构的研究其实是在试图掌握开启理解人类文化另一扇大门的解谜之钥，它在人类共同文明的理解和沟通方面将会起到相当积极的作用。②

三

《圣经》里有个著名的巴别塔寓言。它说的是人类远古时的一个共同的梦想：有那么一天，全人类都能够通畅地交流，人们不需要学外语，大家都只说一种共同的语言。

这种可能会不会有呢？很难。因为在这个地球上，从史前时代开始，人类生活在不同的地域，面临着不同的生境、不同的挑战，因此他们的认知系统不可能一致。人类的认知决定了他们的思维和语言表达。既然从根子上不同，蔷薇中长不出牡丹，而枣树上也绝结不出梨来。蒙昧时代人们关于人类有共同语言的幻想只能是个梦。但是，人类到底有没有可能拥有一种共同的语言来表达全人类的共同感受以及所思所想呢？有的，这种语言就是视觉语言。

视觉语言，严格意义上说，它不是一种传统意义上的"语言"，但它却赋有语言的所有功能让人类完成交际。它的本质具有直觉性和人类共通性；它无须翻译，如同手势语、脸相和哑语，是国际语言。它的表意层次和交流意义却远较我们一般意义上的"语言"深刻且广泛得多。了解这层意蕴，我们可以从人类语言交流的终极目的上开始探讨。严格地讲，人类交流其

---

① 参见 Sol Worth, *Studying Visual Communication*, edited by Larry Gross, Philadelphia, University of Pennsylvania Press, 1981, pp. 19-26。

② 参见 George A. Miller, *The Science of Words*, Scientific American Library, A Division of HPHLP, 1996, pp. 2-10。

实不仅仅靠语言，还靠语言氛围、上下文背景和服务于表达的这种"言语"（context）类的内容来完成。①

人类的交际行为中语言最重要，但交际却绝不仅止于语言。英国人类学家特伦斯·霍克斯指出：在人类交际行为中，"没有一个人只是说话。任何言语行为都包含了通过手势、姿势、服饰、发式、香味、口音、社会背景等这样的'语言'来完成信息传达，甚至还利用语言的实际含义来达到多种目的。甚至当我们不在对别人说话时，或别人不在对我们说话时，来自其他'语言'的信息也争先恐后地涌向我们：号角齐鸣、灯光闪烁、法律限制、广告宣传、香味或臭气、可口或令人厌恶的滋味，甚至连客体的'感受'也都有系统地把某种有意义的东西传达给我们……"② 这些所有语言之外而又跟语言相关的信息都可以被看作言语，它们不仅仅是气氛，有时候它们甚至比你说什么更重要。③

这样，我们从人类的言语行为开始，就应该探索到了人类的语言目的和语言目的的完成。考察人类进化发展的早期，人类交际曾经有过相当长时间的"无言人类"（Homoalalus）④时期，那时候，人类尚未完善其健全的认知思维和发音功能。那时候人类如何交流呢？其实跟人类一样古老甚至比人类本身还要古老的史上曾经有一个人类的"前语言"时代——那就是视觉人类学研究的视觉语言时代。这种人类的视觉语言跟人类本身一样古老且与人类进化共始终。今天我们仍然每日每时在贯彻着、实践并运用着这种视觉语言，不管是我们意识到了还是没有意识到。

为了便于说明这种视觉语言的道理，我们不妨先以人类表述的另一种功能即文字的进化为例来譬喻其事。众所周知，在人类进化史上，人类最早记录文明的手段不是文字而是画，画是字的起源。在人类文明史上，人类创造的最早的表意的东西是图、是符号。

---

① 〔美〕王海龙：《视觉人类学》，上海文艺出版社，2007年，第60页。
② 参见〔美〕王海龙、何勇：《文化人类学历史导引》，上海学林出版社，1992年，第340—358页；〔英〕特伦斯·霍克斯：《结构主义和符号学·符号科学》，瞿铁鹏译，上海译文出版社，1986年，第128页。
③ 参见〔美〕克劳福德·吉尔兹：《地方性知识》，王海龙、张家瑄译，中央编译出版社，2004年。
④ 参见〔美〕王海龙、何勇：《文化人类学历史导引》，上海学林出版社，1992年，第202页。

为什么是图呢？我还可以用更简单的人类表述习惯为例来解释这种现象：比如说，我们今天仍然可以看到不会写字的人跟别人解释问题时往往喜欢用画图或在纸上用圈圈道道去解释他们想表达的意思；而操不同外语的人们之间交流时虽然听不懂对方的话，可是常常也会通过比比画画的交流来传递思想。

再举一个更极端的例子，我观察过肢体表达或者视觉交流的意义：人们在打电话时，大部分时候即使看不见对方，说话人也是比比画画手舞足蹈地"以姿势助说话"，好像千里之外的对方能够看见，而没有了这些动作，某些人竟连话都说不顺了，这是为什么呢？

其实，视觉表达是人类的本能，它比语言、比文字书写系统都更古老，这种"视觉表述"更能全方位地表达一个人的内心和交流的需求。它是语言的认知内核或者可以说是语言的根。明白了这些，就了解了视觉语言的交流意义，对我们如何研究语言的起源、如何充分地利用人类学和语言学手段来破译和解读人类思维以及人类早期的"原始艺术"，乃至于人类书写的起源，都大有意义。

史前先民认为一切思想都是有形的。他们最早的思维形态应该是形象思维。特别是在原始社会，人们的思维相对简单，一切都可以用形象表述或读出来。

人们表达思维最早的形式也是用图画、用符号。后期人类抽象能力渐强，渐渐能用简化了的记号形式来进一步表达和交流。经历了千千万万年，这种记号最后进化、简单到了抽象，就形成了文字。[1]

视觉形象即画。画面，甚至最原始、最稚拙的画都是有感而发，它们永远是表达我们心声的一个有效手段。其实，画是一种心迹表述，画面里就包含着视觉语法的构筑，应该说画是心声。今天我们仍然常常以视觉形象来补充抽象文字之不足，以图文并茂的形式来表达我们的思考——更不必说我们还有这方面专门的产品如连环画、卡通、插图、电视和电影等去阐

---

[1] 参见 Jonathan Haas, *The Evolution of the Prehistoric State*, Columbia University Press, 1982, pp. 49-57; Roy-Harris, *The Origin of Writing*, LaSalle, Ill.: Open Court, 1986, pp. 62-71。

释并分享我们的思考。下面我拟以中国画为例说明中国传统国画与视觉表达之间的某种内在关系。

中国画有工笔和写意之分。按说，工笔比较精致而且工细、描摹本真追逼形象，它应该更受追捧。可是若要真正评判中国画的精神，中国传统的写意画为世世代代的中国文化人所情有独钟。可是为什么呢？这里面牵涉到了中国人的视觉认知和画与写之间的关系问题。

写意，被古人认为是中国绘画的精华。中国古人的绘画原本就是一种书写，它能"写"出作者和艺术家胸中块垒，"写"出抱负。

古人想写出他们胸中的丘壑，他们的胸中首先必须有丘壑。丘壑在他们眼里成了材料、零件，成了词汇和语段，这样的字词和语段的结合或者说是以不同形式将其进行变换的排列组合形成了构思，成了谋篇布局的"文章"即画卷而表情达意。这正是"文章"（"章"之字源本义也是跟绘画有内在关联的[①]）这个词的原始语义，也正是在这种意义上我们的祖宗可以宣称书画同源。古代文人的画很少说是画出来的而是说"写"出来的（是故，传统古人水墨画作者往往署名某某"写"而非某某"画"）；还有更潇洒的，干脆就说是某某"一挥"。

写，就有了构思，就有了语言，有其语法系统。从史前人类的岩画、洞穴画到艺术考古学家发掘出来的上古物化了的视觉材料，动辄几万年甚至几十万年。古人在用图来交流达意，这才是最早的文明的表情。那时候的人类没有那么复杂。他们生活在丛林里，把爱恨都写在脸上，没有矫情，其表情的变化也没有今人那么微妙。原始人类把他们的生活、信仰、期冀都写在浩渺的旷野和深邃的洞穴中，他们的宣言和所思所想就成了岩壁画、成了他们生命的符号和文章，让族人共享、让苍天和神知道。

过去，从事人类文明史研究的学者往往会产生这种原始的困惑：那时候的人们衣食饱暖无着、连最起码的生存都成问题，他们又从哪儿有那种闲情逸致和奢侈心情去画画呢？

[①] 《周礼·冬官考工记》："画缋之事，青与赤谓之文，赤与白谓之章。"

是的，那时，他们几乎连文字都没有，但他们已经开始用图画来表达自己的心志，来传承自己的敬畏、人生体验和思考了。他们甚至已经开始用这种斟酌的图画式的表述向他们的后代传授知识。他们今天能否吃到晚饭、明天能否醒来都不能自知，但他们仍然把自己的思想画到岩石上、洞穴里。可见他们的绘画、他们的表述欲望是多么强烈。

我思故我在，同时，在史前，也是"我画故我在"。[1] 人类的原始绘画和雕塑活动是人类之所以进化为人的第一步。同劳动一样，它是把人类和天下所有动物分离开的一个分水岭。

只有人类才能有绘画的冲动、绘画（表述、宣泄与传承）的愿望和绘画的可能。至于地球史上偶或出现的某些动物能模仿绘画的某些特殊个案，除了是人类的刻意培养某类动物模仿和一些较为罕见的例子外，它们几乎根本没有认知论的意义。从这一点上看，绘画和视觉表述是人之所以为人的一个根本。

人类绘画和视觉表述的欲望远早于语言和文字的产生，这种绘画和视觉表述的天性并不因人的智慧程度和思考能力低下以及其绘画技术、技巧能力之稚拙和原始而受限；观之于今天的儿童绘画，甚至失去正常思考能力的神经病人的绘画作品，就能反观绘画和视觉表述是人类天性和本能的组成部分这一不移的定理。[2]

视觉的语言是人类共同的语言，它不用翻译，它的语法是一种宇宙语法，这种语法是全人类的共有天性。

视觉是一种本能，是下意识的；因之它就拥有了属于人类共同的认知结构的符号系统，于是它也就形成了一些约定俗成的体系。从形象、颜色、结构，到谋篇布局，都能显示出表述者的匠心。同一个题材，同一个意象，不同的民族、不同的文化、不同的艺术家皆可赋之以不同的命意同时又展现

---

[1] 参见 Rudolf Arnheim, *Visual Thinking*, University of California Press, 1969, Berkeley, Los Angles, London, pp. 69-72。
[2] 参见 Otto Billig and B.G. Burton-Bradley, *The Painted Message*, Schenkman Publishing Company, John Willy & Sons, 1978, pp. 27-31, 201-205。

出人类的共性。绘画的形、意、色皆可以意感人、以意夺人。

综上所述，绘画，不论是在其最原始的层面还是最摩登的意义上，它的最终指归是诉诸全人类，包括这方面的知音和暂时的非知音。其最高境界是升华和唤醒人类的本能和天性，用视觉的语言启迪受众，因而它最后的目的是诉诸人、诉诸人性的。

我们画花卉、画奔马、画飞鸟、画繁花春树寒林枯藤、画断桥残雪老树昏鸦，画大海蓝天、画高楼大厦、画地铁、画高架桥工地和废墟都是在画人类文明本身。我们人类总是把自身当作一个永恒的坐标和终极目的。不管你看得懂也好，暂时看不懂也好，只要是一个真正的艺术品，这种永恒的指向性和目标应该是不变的，这就是绘画和视觉的语言超越时空、种族、宗教和文化而呼唤人类精神的意义所在。这种人类学意义上的终极下意识和潜意识有时候连艺术家本人在创作时都未必察知，但真正的艺术就是永恒自身。

世间最丰富杰出的造物是人，人类因之就把一切都赋予了人的情感的，换句话说，也就是马克思所指出"人的本质力量的对象化"[①]。古人也有："春山淡冶而如笑，夏山苍翠而如滴，秋山明净而如妆，冬山惨淡而如睡。"[②] 这里，山就是人。而我们的艺术家只是把这种人格力量用他们的画笔视觉化地表述出来了而已。

四

那么，如何领会视觉语法和我们今天的语言及文字表述之间的关系呢？笔者反对庸俗地简单化和对号入座式的实用主义方法，但是为了简明和便于理解，我们不妨把视觉的认知和视觉表述分开进行现身说法。比如说，我们可以将视觉语言的理念、表达方式、词汇、语言、基本语法、单句复句以及基本语法修辞的理念进行一番勾勒和梳理，以便于对这个课题有兴趣者将

---

① 参见马克思：《1844 年经济学哲学手稿》，《马克思恩格斯文集》（第一卷），人民出版社，2009 年。
② （宋）郭熙：《林泉高致·山水训》，山东画报出版社，2010 年，第 53 页。

这些方法应用于现实的研究和教学中去。我们可以把视觉表述划分为词法和句法两个部分。然后再谈修辞和其复杂形式。

首先我们谈谈视觉词汇。视觉词汇跟我们的抽象语言一样，在其产生伊始也应该有基本上的实词和虚词。比如说，原始的视觉语言最早出现的是视觉名词，视觉名词包括古人对形象的描绘，从身边事、草虫走兽、石头树木、劳动工具到武器等。到了新石器时代，上古的岩壁画以及洞穴画中充满了这样的词汇。当然，随着原始人抽象能力的进化和拓展，他们在视觉名词类别中后来又创设了时间词、方位—处所词、数—量词等较为精致地表述。

除了视觉名词，最为重要的另一大类是视觉动词。用视觉形象表现动作是原始人的拿手好戏。他们在常年跟动物和天地万物搏斗和交往的过程中学会了怎样描写和表达它们。先是从现实中的及物动词发展到不及物动词，后来居然发展出了抽象的视觉动词、能愿动词以及趋向动词等较为复杂的视觉语汇。

其后，原始人发展了视觉形容词。视觉形容词表达描写、夸张、强调以及事物质和量的不同。有了视觉的形容词，视觉表述的力量就强大和丰富多了。

再其后，随着视觉表述和视觉交流的日渐复杂，自然就产生了视觉的副词、视觉的代词甚至视觉的介词、连词、助词等形式。[1]

有了基本词汇，显然就有了产生视觉单句和复句表述形式的基础，形成了基本的视觉语言。我们的原始人就这样开始进行了视觉的写作和视觉对话。

上古的岩壁画和当代原始部族绘画以及视觉写作的资料证明，结束了结绳记事的时期，人类就开始了视觉写作的新时代。今天那些看上去蒙昧的原始图像其实是史前人类的史诗、日记、教科书和记叙文。[2] 其他诸如当代

---

[1] 参见〔美〕王海龙：《读图时代：视觉人类学语法和解密》，上海锦绣文章出版社，2013年，第215—256页。

[2] 参见 Lucien Lévy-Bruhl, *How Natives Think*, Translated by Lilian A. Clare, with a new introduction, "Lévy-Bruhl and the concept of cognitive relativity" by C. Scott Littleton, Princeton, N.J.: Princeton University Press, 1985; Albertine Gaur, *A History of Writing*, London: British Library, 1984, pp. 19-21.

原始部族的印第安人的树皮画、古埃及人的纸草象形文字,以及后来渐变为抽象楔形文字的巴比伦泥板等现象都是见证。而对中国人来说,有更为直接的例子,从上古的陶器图案到甲骨文乃至于以后的金文那种从图到图案再到符号的衍变过程给我们昭示了文字进化的整个过程。[①] 到了后来,真正的抽象符号——文字形成了,人类就迎来了文明的曙光,正式进入了文明时代。

综上所述,视觉表述不仅靠视觉图形即基本的视觉词素,还更需要靠遣词造句谋篇布局而形成视觉表述的句子、句群和篇章。[②] 这些犹如我们今天的创作构思。上古或者史前暨前文字时代(preliterate era)的原始人也会构思、也会创作,他们用视觉词汇写作。他们在洞穴、岩壁甚或在手边的兽骨、砾石上开始构思、设计,写出他们的所见所闻和他们的祝祷、诅咒和期冀。

这些洞穴画、岩、壁画、原始陶器上的符号和图案、图腾柱等就是我们人类最早的图画,也可以被看成是最早的视觉记叙文。当然,随着视觉表述的复杂化和其主题的不断延展,基本的视觉词句手法已经不足以全面展示其内涵的时候,自然而然地就产生了视觉修辞等更高级的表达手段。

这种视觉写作的传统被人类保存至今。它作为人类文化的一个表述分支仍然构筑着人类文明的大厦。从《溪山行旅图》《韩熙载夜宴图》《清明上河图》到《最后的晚餐》《意外的归来》《近卫军行刑的早晨》再到《拿破仑加冕》《格尔尼卡》再到今天的电影《阿凡达》《流浪地球》,人类的视觉表达、绘画和视觉叙述始终回环往复着这一不断返祖、不断反刍的宿命话语。

视觉表述是一个系统、一种语言,因此它的语法和句法系统及其内在结构值得我们去探讨、去分析。我们能够从这种分析和研究中找出它的前语法—潜语法结构,从而探讨人类的语言习得系统的视觉—认知规律,从而

---

① 参见〔美〕王海龙:《视觉人类学新编》,上海文艺出版社,2016年,第128—152页。
② 参见〔美〕王海龙:《读图时代:视觉人类学语法和解密》,上海锦绣文章出版社,2013年,第257—266页。

利用视觉语言的直觉便利来探讨文明和文化发展的痕迹和历史。

五

在研究视觉人类学语法和修辞的功能时，除了对人类视觉作品的形体暨图像的关注以外，我们也不要遗忘了对视觉背景烘托和依据上下文阐释意义的颜色认知方面的研究。众所周知，人类的视觉对颜色有极强的认知功能。这种功能有生物性基础，也有文化意义。这就产生了视觉认知方面的民族语义学及对应感知的效果。

人类对颜色的认知功能也是视觉语言的一个重要指标。一般而言，视觉语言中比较直接、直指人心的修辞表述就是使用颜色。它用颜色来表达情绪和文化符号意味几乎是诉诸人类原始生命基因密码或者说是直接诉诸人类本能的。这样，在整个世界范畴里，不管是哪一个国家，不管是持何种文化，在视觉语言或颜色语言的应用上，整个人类几乎都有着某种原始本能般契合的通感。各民族的文化持有者的视觉语义认知也有独特之处。

比如，在全人类的本能感觉中关于红颜色的象征意义和对应性等阐释理解，不同民族就有异同之处。红色通常表示火、血、生命力、太阳、热量、驱邪、愤怒；而它的引申义则与激情、性欲、生存本能、恐惧、坚强的意志或跟自信、忠诚、动机、大度、财富等相关。红色也被认为是一种与生殖系统有关的情绪型颜色。

正因为红色诉诸人类感官时有着这些原始本能性的生物—文化基因和联想，所以它在世界上很多民族文化中都有着共同的对位认同的象征意味。比如在中国和东亚民族国家中这种共同的视觉符码都会引起共同联想，红色是整个亚洲民族的吉祥色。在西方，虽然红色也有着上述的象征意味，但它又有着警示、危险、造反、制止和不能通行的意思。这些带有贬义的内容就有了另一种意义上的视觉诠释，比如对"赤色"所唤起的一些赋有否定意义上的象征意味。而这些意味在不同文化中的诠释常常引起相反相成的文化理解，起到一种强烈刺激的效果。

譬如说，看到股票新闻时有一个极为有趣的现象：股票大涨时报道是"全线飘红"；电视屏幕上表格、图像是红色的一片。起初我不明就里，替国内股民担心，因为在美国，红色代表赤字，"飘红"是股票大跌的警讯。但看到国内股民欣喜若狂的脸色方知道事实应该不是这样。后来我慢慢看出了门道：国内股市大涨是用红色表示，而表示下跌却用绿色。这跟西方证券市场的颜色标示完全相反。——对此，不单是外国人读不懂，笔者本人也对此是一头雾水。毕竟，股票是西方人发明的，怎么它的涨跌标志的颜色到了中国竟然完全相反，用"红"涨"绿"跌了呢？这件小事却能看出颜色所代表的语义功能在不同文化中居然标示出了截然相反的一个显例。

顺便说一句，视觉语言的修辞倒是更有世界性甚或宇宙性的特征：红色不仅让人的血脉贲张，甚至连动物对其都有积极的反应——众所周知西班牙的牛对红色符号性的刺激有着不同凡响的理解。否则，西班牙人流传了上千年的斗牛就没了根基。上面举例股票市场我们的"喜红"是一种文化的刻意所为。

视觉语言中，黑色的象征意味也十分醒目。一般相信，黑色象征着肃穆、死亡、典雅、冷静、严肃、神秘、性感、沉着、深邃、成熟、刚强、严峻、冷酷、残忍、恶、绝望、保守、消极；此外它也有庄重、成熟、高贵、深厚和威严感的特征。

黑色除去对人心理的消极影响外，它也有积极影响；比如黑色给人以安静和宁谧的感觉，使人得到休息和祥和之感。它启人沉思，显得严肃、庄重和坚毅。此外，黑色象征着力量、尊严和荣誉。旧时黑漆衙门和衙役的皂服，皆取此义。传统上的僧人，西方的神甫、牧师、法官、裁判等都穿黑衣，这里体现的是神圣。而在西方，作为正式场合穿着的黑色晚礼服则又有着庄重、高雅、超脱之义。西方大学里授予博士学位的袍服一般也多采用黑色，显示出一种渊博、深沉和厚重。

在古代的中国也有着相似的穿着打扮。但是，黑色在不同的朝代、不同的民族和不同的文化中有时候也代表着不吉祥的颜色，比如世界上大多数民族的葬礼和丧服的颜色都是黑色的，黑纱和黑色又是世界通用的"葬礼色"。

因之，红与黑在不同的文化中甚至即使是在同一文化中也代表着不同的文化理念和意蕴。它们释放着不同的文化信息。司汤达的《红与黑》书名就是一个富有多重寓意的字谜：即使是在同时代的法国，人们对这个书名颜色的解释就众说纷纭、莫衷一是。直到今天，这个色彩的不同象征意味仍然是一个文化公案，没有定论——这里呈现的是视觉语言的多指向性和无解性，它们有时候是矛盾的统一甚或矛盾的同一。

其实，不只是在古代，在今天，同样是红与黑，它的代表意义仍然是有同有异，红色代表喜庆也代表着赤字。而"黑色星期五"的黑色既代表着灾难和祸害又代表着机会和财富。[①] 它曾是使人惧怕和灾祸的日子，而在今天的美国"黑色星期五"乍听起来可怖，其实却是个发财和"血拼"购物的吉日。

白色也是一样。白色，象征纯洁、明亮、朴素、神圣、高雅、怡淡；但亦指空虚、无望、惨淡、肃杀等。白色也被视为是一种极端颜色，它昭

---

① 第一种说法：传说，犹太教以星期五日落到星期六日落为休息日，称为安息日。英国从前常常在星期五处决罪犯，因此星期五有时也叫"绞刑日"。正因为有上述传说，西方人就很是忌讳"13"，同时也忌讳"星期五"，要是"13日"这一天正好赶上"星期五"，则被认为更不吉利，称之为"黑色星期五"。现在"黑色星期五"的含义好像不仅仅指13日与星期五重合的日子，很多人把"最倒霉的日子"称之为"黑色星期五"，不管这一天是不是13日，也不管这一天是不是星期五。

分析家认为，问题不在这两个日子有什么魔法，而是忌讳这两个数字的人心理在作怪。以为"13日"再加上"星期五"就是最"险恶"的日子。不仅普通人，历史传说中的某些名人也惧怕"13日"和"星期五"。每当这时，歌德总是睡大觉；拿破仑绝不用兵；俾斯麦不签署任何条约，即使是不触动任何人根本利益的文件他也不愿签字。

其实，并非所有"13"都是不祥之兆。有的欧洲人就很喜欢13：以色列曾被分成13部分；救世主恰恰就是13日降临的；欧洲神秘的占卜术中有许多13，比如说，有13眼天泉、13座天门、信奉上帝的人希望得到13种神药。而在古埃及、玛雅人的心目中，13象征着上帝的青睐。有人认为13不仅不晦气，而且会给人带来运气。第一位飞越大西洋的驾驶员林德伯格前12次都以失败告终，却在第13次飞越时获得成功……

长期以来，人们为克服迷信、崇尚科学做了许多工作。例如，1791年，英国一家造船厂准备制造一艘大船。厂家特意选择13日开工，这一天正是星期五，而且这条船的名字也叫"星期五"。大船第一次下水航行的日子还是星期五。

第二种说法：美国的圣诞节大采购季一般是从感恩节之后开始的。感恩节是每个11月的最后一个星期四。因此它的第二天，也就是11月的最后一个星期五是美国人大采购的第一天。在这一天，美国的商场都会推出大量的打折和优惠活动，以在年底进行最后一次大规模的促销。因为美国的商场一般以红笔记录赤字，以黑笔记录盈利，而感恩节后的这个星期五人们疯狂的抢购使得商场利润大增，因此被商家们称作"黑色星期五"。商家期望通过这一天开始的圣诞大采购为这一年获得最多的盈利。

示着存在与开始之前、出生之前。正所谓白色为始，黑色为末。基督教中复活的耶稣在画面中总是穿着白色的衣服；而在佛教中白色的莲花也是复活的象征。正因为白色是复活的颜色，所以复活者常穿着白色衣服出现在上帝面前。现代社会中也把白色服装视为高品位的审美象征。

白色被认为飘溢着一种圣洁、不容妥协、难以侵犯的气韵。白色的西服体现出华丽而高雅的品质，白色的裘衣显得雍容华贵。西方的婚礼中新娘常常穿着一袭清纯曼妙的婚纱，佩以白色的耳环、白色项链、白色皮鞋、白色头饰、再加上手中白色的鲜花，这些纯净白色饰品与白色的礼服、白色的婚礼仪式装潢、白色餐桌、白色清纯高雅的气氛、纯洁晶莹的水晶灯等的组合营造出一种冰清玉洁的色彩氛围，象征着一个圣洁的起点；表现出对纯真、神圣、幸福美好生活的向往和追求。在西方文化中白色与其他具有强烈个性的色彩搭配可增强青春活跃的魅力，表现出不同的情感效果。

但毋庸讳言，白色在中华民族的传统理念上跟西方文化的理解和视觉符号指向性之对位榫合是有差异的。在某种意义上，中西在白色使用上的符号语义截然相反。中国人过去视白色为凶色，红色为吉色。俗称"红白喜（丧）事"就是一个对比。这里红色指婚礼，白色指什么，不言而喻。旧时的传统中国婚礼新娘一定要穿红色的衣服、红色的盖头、大红的花轿，新房的布置和装潢也是以红色的基调为主，旧时的婚礼忌讳白色。

但自 20 世纪初西风东渐，新派的中国式婚礼也开始了以白为美和崇尚西式的潮流。但即使一百多年了，这种对西方颜色的引进仍然受到中国传统的抵制。追求时髦的年轻人穿婚纱要学习西方，但遵循传统的长辈却要奉行中国人求吉利的古训。这样，就产生了中国式婚礼上中西结合的折中主义。中国新娘在婚礼穿衣上白红妥协。她们在婚礼进行时穿着西式的纯白婚纱，而在婚宴时则穿着中国传统的喜兴的吉祥色——红色的旗袍，并向长辈敬酒，获得祝福。

颜色是一种宣言、一种取舍、一道命令、一种声明和禁忌。颜色的意义绝不是开玩笑，它暗含着一种仪式甚而权威的象征，不尊重或不执行这些规矩甚至有时候会引来灾难和祸患。

比如在我国古代，明黄色是皇色和皇帝专用的颜色，非常排他，连皇族的近亲都不得使用，否则就会招来杀身之祸。在末代皇帝溥仪的《我的前半生》中记载了少年溥仪看到胞弟溥杰穿黄色内衣时的警觉，吓得溥杰立马下跪求饶。而在另一个故事里，"黄袍加身"就意味着篡权和造反，这是路人皆知的。黄色是金子的颜色，象征着崇高和富贵。黄色在中国的五行学说中又是土的象征。

黄色在中国传统中是如此之高贵，但在西方的传媒中它却是不受好评的颜色。黄色小报、黄色杂志乃至于黄色电影和电视，颠覆和糟蹋了黄色应有的高贵和皇家余绪。纵然是在今天，各类上述黄色传媒乃至于黄色笑话、黄色段子等也是庸俗和精神以及伦理上不健康的标志。

其实，颜色就是颜色，它本身无所谓意义。它的其他功能和符号意义都是这个地球上不同的种族、不同的文化给附加上去的，但是一经附会，它就有了定向性思维和对号入座的引导功能，就成了一种文化积淀和常识，它的这种力量就不容小看了。

其他各类颜色在不同文化中的象征意义等内容不胜枚举，有心的读者不难察知，我们就不再赘述了。

上述关于颜色的民族语义溯源及符号意义、表意的功能之讨论乍看上去都有些太较真、太拘泥甚或太斤斤计较，但究其实，这并不是什么吹毛求疵。因为色彩代表着一个民族的种族记忆和文化原型思维，代表着某种禁忌和避讳，这种传统和习惯的存在往往有着几千年甚或几万年的历史，它早已熔铸在一个民族的文化中，人们很难在一个简短的时间内将其改造或消除。

除了颜色，形状也是视觉语言和视觉思维修辞中常见的母题。

比如在原始洞穴画和岩壁画中常常呈现的圆形、三角形、锥形的代表意义；在后来的视觉作品中经常出现的椭圆形、菱形的象征意味；及至到了后来更为成熟的视觉作品中出现的鱼、马、龙、凤，以及中国上古时期出现的阴阳及四灵（青龙、白虎、朱雀、玄武）等的图案和图像都有着确定的指代意义。这些视觉资料除了寓意外，也在有意识地利用视觉修辞的谐音与谐义的混搭来造成更加奇幻和繁复神秘的效果。这样的视觉修辞就不再简单地仅仅服务于视觉语汇的片语和句子了，有时候它加强的是整幅画面、整个视觉篇章的宏观气势，它润色的是视觉史诗宏观的整体性效果。

经历了无数世代，这种视觉修辞在好多文化中都有了固定思维和锁定的意义。如龙在中国、象在印度、鹰在美国、羽蛇在玛雅文化中，等等。一旦形成传统就携带了更多的文化讯息，它就变成了一种凝固结构的符号，有了不问可知的文化参数甚至变成了民族认同的依据。比如说在中国文化中诬蔑龙常被认为是对中国的侮辱，这种古老的视觉图腾甚至演变成了今天的禁忌。

视觉符号和视觉修辞可以引发视觉联想。如在美国人们见到烤火鸡想到圣诞节和感恩节，在中国见到大红双喜便想到婚礼、见到舞龙舞狮会想到节庆和中国新年等。这些联想渐渐构成了对位思维定式，最后这种视觉修辞上"借代"就变成了实物本身或成了实物的代码。

在今天，这种视觉象征和寓意的力量并没有因其历史久远式微，而是更加强化了，只不过这种视觉符号却由原始的图腾被赋予了新的内涵和现代政治的外衣。这样，一个国家的国旗国徽往往就被视作这个国家和民族的象征。如果损毁或侮辱了这些被视为神圣的视觉符号就会引起公愤，甚至在大多数国家的宪法中被认为是犯罪。由此引申，一些著名的富有符号性的视觉形象（如天安门、白宫、长城等）也就被赋予了这种特殊的文化象征的意味。但是，即使是在同一视觉修辞的语境里，各民族文化中的这些视觉形象的符号意义仍然可以通过不同形式的处理来表达。比如在美国，国旗图案可以被变换形式地用于政治或商业性的宣传，甚至美国国旗图案可以被做成内衣裤的形式出售、穿着表示"爱国"；但在中国这类做法是被严格禁止的。这些符号是否被应用、如何被应用是要遵循一定的文化规则和民俗尺度的。

从视觉修辞角度生发开去，在现代工业化的社会，不只是政治、民族和有伦理意味的视觉形象有这类的功能，工业或商业品牌亦有着同样的功能。比如说，一些著名产品或品牌的符号、图案、颜色、字样等都有着其视觉形象的专利和展示功能,已经注册或公示申请获得特权,这些也是赋有法律效力的视觉形象了。

由此类推,在民俗中,在不同文化中,各种约定俗成的视觉形象也有了特定的文化意味,这些也属于视觉修辞的范畴。比如说,对着别人的脸伸出中指,明显表示一种侮辱和挑战的意味;用手掌在脖子上横拉则表示杀人;瞪眼吐舌表示惊讶、轻蔑和愤怒;等等。

但是,并非所有的民族和文化都遵循着固定的、具有普世承认性的视觉表述和修辞模式。比如说在一般的社会文化中公认点头表示赞成和同意,摇头表示反对或不满,但是在俄国和印度民俗中这类的动作符号所携带的意义却是相反。同样,我们前面引述瞪眼吐舌往往表示愤怒和惊讶、轻蔑之意,但在新西兰的毛利人那儿这样的动作则表示尊敬和爱戴。

由此,我们可知人类的文化意蕴是多元的和多种多样的,任何主观性的评判和想当然的定论都是会被误读或引起歧义理解的。因之,我们知道,视觉符号和视觉修辞本身在具体个案中也有其普遍性和特殊性的矛盾在。

这样,我们就理解了人类不同的种族、不同的文化中对视觉符号物往往有着不同的借代需求。一种动物或植物形象在一个民族中代表着一个固定的文化形象,而在另一个民族和文化中却可能代表着不同的形象(比如,龙在东西方的文化形象意义截然不同)。一种动物或植物在一个民族特定历史时期中代表着一定的形象,也有可能在同一个民族和文化的另外特定历史时期中代表着另一个不同的形象。我们绝不能望图生义对之进行简单化的处理。因为,人类文化是个复杂的综合体,人类的交流方式又是多种多样的。视觉和符号的形式有时候是明示的,而有时候却是暗示的。同一个形象,明示和暗示的意义也会有所不同;而在不同的场合,不同的时间、地点,其内蕴也有变化。这样一排列组合,真的就是变幻莫测了。

这种变化,如果我们稍一疏忽就会出现"读得懂"和"读不懂"的问题。甚至我们通常以为读得懂的视觉形象或符号在一个特定时空和特定意义下会有转义和附加义的可能。那么,我们的视觉理解就有了表错情和会错意的"搭错车"现象,就会出现误读、误解和误导的危险。

同样的错误也会出现在对视觉的肢体语言的误读上面。人类是一个多么复杂的统一体！而人类的姿态、动作、表情更是充满含混、诱惑和不可解的玄妙暗示。譬如说，阿Q调戏吴妈时的会错意和莫泊桑的小说《莫兰这只公猪》的题旨就有着这类的异曲同工之妙。不会解读而缺乏情趣的小商人莫兰和善于察言观色、体察人意的小镇记者拉巴尔布在美女亨利埃特·博内尔那里有着相同的冲动和企图，却得到了不同的遭遇和下场，这个事件给我们上了对视觉语言和肢体语言如何解读以及如何回应的生动的一课。①

因之，可以说，人类的姿态语言应该是一种最为生动的视觉语言。正是在这种意义上，视觉的艺术特别是仰赖于视觉表述的绘画、雕塑、舞蹈等都集中了人类形象语言与肢体动作最富符号化的展现和象征意义，而编舞学（choreography）正是视觉语言展示的最为典型的范本。②

除了我们人类本身的肢体语言，我们人类也善于借助不同的客体来展示我们人类的情感表述。我们前面论述举例中提到的从画家用花的语言及其排列组合所暗含的复杂寓意，到人类利用自然界的其他形象来展示我们的内心，以及我们看到的视觉艺术品及电影电视中利用视觉画面烘托气氛，"借他人的酒杯，浇自己心中的块垒"突出主题的表述都是显例。

在人类的笔下，整个大自然都是我们表情达意的工具。"春山如笑，夏山如滴，秋山如妆，冬山如睡。"人类调动了自然界的一切来为我们做宣言，我们把自然变成了人——人化了的自然，这样就有了更深层意义上的自然。从"看山是山，看水是水"到"看山不是山，看水不是水"，再回到"看山仍是山，看水仍是水"；经过盘旋型的提升，物我合一、天人合一。到最后观者把自我最终投射到了形象本身，这就是视觉认识论和视觉认知论对我们思维启迪的全部。

有了上述的基础，熟悉且能动地掌握视觉语言应该是一种利器。有了视觉构思和修辞的概念，我们就不难理解世界上不同文化、不同民族在其视

---

① 参见〔法〕莫泊桑：《莫兰那只公猪》，《莫泊桑中短篇小说选》上册，李青崖译，新文艺出版社，1962年。
② 参见 Lynne-Anne-Blom and L. Tarin Chaplin, *The Intimate Act of Choreography*, "Introduction", Dance Books, 1989.

觉表述符号、图案和构图表述模式中为什么有着千差万别的内涵，为什么会有误解，为什么需要诠解和阐释、再阐释。有时候，一个民族的视觉象征符号在另一个民族却表述着完全不同的内容。这些，都是我们在做视觉人类学阐释和视觉人类学修辞剖析时所必须留心的。

新"文化文本"观：文学人类学方法论整体主义与个体主义的分野与弥合

李 菲

（四川大学中国俗文化研究所、文学与新闻学院）

引言——问题的提出

在以全新"文化文本"观所开启的文学人类学学术范式新一轮探索过程中，叶舒宪教授以此提出对结构主义—符号学理论和方法的批判与超越，但"文化文本"观内在包含的核心维度——包括语言文字和非语言文字的"符号系统及其意义生成规则"，以及其所涉及的研究方法——包括大小传统、四重证据、N级编码，内在的同时既是文化阐释，亦体现出强烈的文化整体主义色彩。"文化文本"研究本身不可避免地关注人作为"群体"和文化作为"整体"的意义，在相当程度上依循方法论整体主义。另一方面，当前文学人类学研究与"文化文本"观念的创新充分地借鉴和吸收了阐释人类学的思想资源。在以格尔茨为代表的阐释人类学中，实际上非常强调个体的地位和作用——包括两个维度：作为社会行动者的个体以及作为研究者主体的个体，在阐释人类学所面对的社会文化文本对象与社会文化文本研究过程中都极其强调个体的重要方法论意义。也就是说，不仅社会文化文本内部个体"行动者"的行为、动机、情绪、意义应该成为研究焦点；在研究这样的社会文化文本过程中，研究者本身在场的体验、感受、情感，乃至于极具个人性、天才式的想象力也具有不可忽视的重要意义。正因为如此，或许可以说，没有格尔茨也就没有阐释人类学的辉煌;"熊图腾"与"玉石之路"的再发现,也与叶舒宪教授个人深刻独到的田野体悟、人文思辨乃至才情有关。换言之,阐释人类学天然而内在地包含有方法论个体主义的维度在其中。

在西方人文社会科学界,个体主义与整体主义的对立由来已久,并成为一对最为基本的研究范式,同时又与研究方法上的其他二元对立范式,如微观与宏观、行动主义与结构主义等有着密切的关联。[1] 本文探讨的问题起点就在于,文学人类学"文化文本"的研究道路如何将方法论个人主义纳入观照之中,又如何面对方法论整体主义与个体主义的分野与界限?

一、"文化文本"作为方法

(一)"文本"类比

"文化文本"观念的产生基础之一,是以"文本"概念打破文字—书写中心主义的桎梏,从传统"文学"研究领域中释放出来,进而成为当代人文社会科学研究发展与转向的一个重要标志。格尔茨曾在《模糊的世俗画:社会思想的再建》一文中指出,过去受科学主义影响,西方的人文社会科学研究者们为了解释人类行为,不得不从自然科学或生命科学中去借用相关类比,以追求获得理解人类社会文化现象的通则或规律。20世纪以来,人文社会科学领域开始逐渐摆脱科学主义的影响,力图形成自身新的研究范式,由此形成了一些比较成熟的新的类比模型,比如"游戏类比"(game analogy)、"戏剧类比"(drama analogy)、"文本类比"(text analogy)和"话语类比"(discourse analogy)等等。这些类比具有非常显著的共性,即都是将人类自己创造出来的活动作为理解的参照,强调人的行为具有的有意义的象征性,并且在通则和规律之外力求了解人类的经验、情感和认知世界。[2]

倘若与"游戏"类比——如布迪厄的游戏—场域—博弈理论;"戏剧"

---

[1] 参见王宁:《个体主义与整体主义对立的新思考——社会研究方法论的基本问题之一》,《中山大学学报》2002年第2期。

[2] 参见石奕龙:《克利福德·格尔茨和他的解释人类学》,《世界民族》1996年第3期。

类比——如格尔茨的巴厘剧场国家；"话语"类比——如巴赫金先锋性的复调与狂欢理论以及实验民族志的多声部话语分析相比，"文本"类比在概念上恰如其名，就并非以揭示某种社会文化运作的特定模式为重点，而是更为宽泛地强调社会和文化现象如"文本"（打开的或尚未打开的）一般，具有（1）可指认和把握的较为明确的边界或类别；（2）可视、可识、可读性；（3）内部意义相对自治等一系列特征。因而，"文本"也不仅是对人文社会科学研究对象特质的又一种理解方式，更提供了一种思考"文本作为方法"的基础和可能。

（二）格尔茨阐释人类学的"文本"观

格尔茨说自己的研究取向是"阐释学"的，在理论上深受海德格尔、加达默尔等阐释学大师的影响。在相当程度上，格尔茨阐释人类学的有效性及其显著成就，与其对"文本"的理解有关，而"文本"正是现代阐释学的核心概念之一。

现代阐释学的前身与中世纪解释学有着深厚的历史纠葛。解释学是旨在正确理解《圣经》及古典文献而进行的研究，因此，"文本"一词历来就含有通过可以共同认知的象征符号去理解符号意义结构的含义。在经过19世纪德国哲学家施莱尔马赫和狄尔泰的发展和改造之后，阐释学的研究对象逐步扩大到整个人类社会生活和历史过程，再经由20世纪阐释学大师海德格尔和加达默尔的进一步发展，"文本"所指也进一步扩大至一切可据以解释人类行为意义的社会生活及其产物。这种阐释学路径为格尔茨对文化的理解提供了基础。[1]

格尔茨将文化视为是具有公开性、象征性和系统性的意义结构，实际上就是将文化视为文本（text）来理解和揭示。他曾说过，一个民族的文化就是各种文本的组合，而这些文本本身又是另外一些文本的组合。这些文本并非是由文字写成的，而是由人们变化无常的行动写成的[2]，"它断断续续，

---

[1] 参见石奕龙：《克利福德·格尔茨和他的解释人类学》，《世界民族》1996年第3期。
[2] Clifford Geertz, *The Interpretation of Culture: Selected Essays*, New York: Basic Books, 1973, p.10.

充满佚文、可疑的勘误与带有偏见的译注，不过这篇手稿不是用通常的声音符号写成的，而是用一瞬即逝的具体有形的行动写成的"。人类学家的职责就是解读这些文本——并且是越过这批文本的所属者去解读文本。①

换句话说，格尔茨主张当代的人类学研究可以运用包括"文本类比"在内的以上几种类比去研究人类的行为或社会人文现象，有助于将杂乱无章的社会人文现象"看成"有秩序的东西，从人文社会的文化脉络中解读人类行为的密码——一种存在于无意识结构中，并通过象征性行动表现出来的意义。②进而，"深描"（thick / deep description）这一为学术界所熟知的阐释人类学术语，也在本质上体现了格尔茨对"作为文本的文化"之独特理解的方法回应。

（三）文学人类学新"文化文本"观

当代中国文学人类学研究吸取了西方人类学由科学向人文学转向的前沿成果，也从格尔茨的阐释人类学中获了诸多灵感。正如叶舒宪教授在《文化文本：一场认知革命》中指出：

> 这样，文化，就从类似生物学实验室里的可分析和可归纳的模型或标本，转变成为承载独有意义信息的"文化文本"，犹如需要解读的诗歌或小说。用一个比方来说，这就好像原来的科学的人类学经历一场脱胎换骨，变成了文学的人类学。

同样，叶舒宪教授将引领文学人类学学术范式革新的"文化文本"给出了三层次界定：

> 文化文本，指由特定文化所支配的符号系统及其意义生成规则。
> 文化文本，不等于"文化的文本"（cultural text），而等于说"作为文

---

① Clifford Geertz, *The Interpretation of Culture: Selected Essays*, New York: Basic Books, 1973, p.452.
② 参见石奕龙：《克利福德·格尔茨和他的解释人类学》，《世界民族》1996 年第 3 期。

本的文化"（culture as text）。

　　文化文本，是大于"文字文本"或"语言文本"的概念，它将语言文字符号和非语言文字符号统统包括在内。

　　前一阶段叶教授重点倡导"四重证据"、"N级编码"等研究方法，相比而言，目前其提出"文化文本"，也潜在地体现出一种方法论层面上"科学"向"人文"的转向，再次强调文学人类学在文化阐释上的重要意义。叶教授尤其指出，"文化文本"不等于"文化的文本"（cultural text），而更准确地说应该是"作为文本的文化"（culture as text）。从更深层次上说，也正是力图时刻提醒研究者警惕"文化的文本（cultural text）"这样的术语以相对紧密而稳定的构词法，使人们面对"文化文本"的理解和阐释可能生出某种理所当然、不假反思的态度，以为文化会如翻开的"文本"一般一目了然地从中涌现出某种直观透明的意涵。事实上，"如其所是"的"文化的文本"终是幻象，"作为文本的文化"以一种非稳定的构词法来凸显"文本"与"文化"之间维系着的那种非确定性、动态和辨证的关联。这样一来，在文学人类学的"文化文本"观念之中，一方面，强烈地保留了格尔茨所主张的"文本类比"作为一种方法的重要意义；另一方面，也由此将以下一系列问题带入讨论语境：

　　谁将"文化""作为文本"？

　　"文化"如何"作为文本"？

　　"文本""作为文本"的分析和研究的方法论依据？

　　本文试图沿着这些问题进一步提出"文化文本"研究及其内在的方法论整体主义与个体主义的关系问题。

二、文化文本研究：方法论整体主义传统

（一）相关研究领域的"文化文本"研究

　　随着"文本"被泛化，"文本"便从文学或纸制的承载物里向外扩延，开始成为反观"文化"的镜像。"文化文本"是对狭义的文学作品"文本"

和文字中心主义去蔽的产物,也因而自然与经典文学文本生产者,即某个或某些"作者"个体的权威话语割裂,从宏观、历史和比较的视域去考察"特定文化"。

在叶舒宪教授"文化文本"观的第一层界定中,"特定文化"具有相当的伸缩性,"可指一个部落、村社,或一个族群,也可指一个文明国家",也就是说,无论"华夏文明整体的意义生成",还是"每一个民族或族群文化的意义生成",都是超越"个体"的文本。在对"文化文本"进行了有效(正确)理解和阐释的基础之上,"特定文化中言说者和书写者,没有人能够超越文化文本的支配作用"。因而,文学人类学的"文化文本",既是特定群体性社会行为的产物,也必然是方法论整体主义的考察对象。无独有偶,就学术界而言,其他相关领域所说的"文化文本",也都主要是依循方法论整体主义的研究路线。

比如,20世纪七八十年代英国的大众文化研究,包括媒体与传播相关领域,以符号学/结构主义为主的文本分析传统已经逐渐形成体制化,托尼·本尼特不仅解构了精英主义学院派的"文本形而上学",更从理论上阐释和确立了"大众文化"的文本学研究价值和意义。[①] 霍尔的《电视论述中的编码和解码》等一系列经典著作以大众文本、读者受众和具有深刻社会文化含义的媒体符号编码系统为考察核心,使大众文化文本研究产生了巨大的学术影响。

再如,汤姆林森对全球化背景下"文化文本"的考察。他认为,面对全球化实践中极其纷繁复杂的文化意义体验,研究者必然要对这些文化产品进行学术层面的思考,并将这些文化产品符码化和文本化。汤姆林森的逻辑起点在于,首先,人们在接触这些文化产品的时候是处在阅读或听的状态,这种心理状态将文化符号化并继而译码解码,经历这一过程才完成了文化实践和体验。进而,读者或使用者的亲手操作会使其以一种想象的角色进入产品,这与人们读书时进入文本的接受逻辑相一致。对于汤姆林森而

[①] 参见周海玲:《历史中的文本——托尼·本尼特对大众文化文本的马克思主义研究》,《文艺理论与批评》2011年第3期。

言，全球化时代人们的视听阅读就是对全球化的体验，也就是凝视于人类自己面对的各式各样的文本。因此，全球化的文化实践过程也需要将文化作为文本。而"文化文本化"的另一方面，则为人们的意义阐释和体验提供了同质化的可能。[①]也就是说，在大众文化研究领域，尤其是大众文化、消费文化比较常用这个概念，强调的是其"可视性"以及全球化均质性大众消费文化所隐含的"泛化"特质。街头巨幅拉伸的广告招贴画可视为大众"文化文本"的隐喻。

在某种意义上，今天文学人类学都与上述二者有相似的地方，也借助了"文化研究"的视野来拓展自身的问题意识、研究对象和方法，体现了"文化研究"方法论整体主义路线的鲜明烙印。

（二）经典人类学研究的方法论整体主义脉络

首先，从早期西方民族学、社会学和人类学的起源来看，对"文化"和"民俗"等人类群体性社会行为及其成果的界定、考察和研究很早便被确立为学科发展的主线。如涂尔干在《原始分类》中开宗明义地批判心理学研究"把分类当成了一种个体活动的产物"，指出人类分类观念的历史及其史前史都是一种整体思想，事物的分类再现了人的群体及社会组织的分类实践及其原则。[②]列维-布留尔继承了涂尔干的思想遗产，在《低级社会中的智力机能》(1910)一书之中对集体表象作了明确、透彻的解释，认为集体表象实际上是一种社会性的信仰、道德思维方式，它不是产生于个体，而是比个体存在得更长久，并作用于个体。因此，不能试图通过个人心理、生理的研究去说明它。此外，弗雷泽的《金枝》神话—仪式研究、马林诺夫斯基的经典田野民族志范式，以及列维-斯特劳斯的结构主义人类学、英国的结构—功能学派等，无一不是延续方法论整体主义的脉络。

其次，在后现代民族志视野中，对人类学学科历史的回溯与反思本身也

---

① 参见〔英〕约翰·汤姆林森：《全球化与文化》，郭英剑译，南京大学出版社，2002年。
② 〔法〕爱弥儿·涂尔干、〔法〕马塞尔·莫斯：《原始分类》，汲喆译，渠东校，上海人民出版社，2000年，第4、12页。

将经典民族志田野作业背后的"殖民主义文本化"现象加以深刻揭示。其中最为核心的焦点问题即是民族志撰述本身即是殖民主义的文本化运作,即把对异文化的认识过程变成了文本的运作:不仅殖民统治建立的过程是以条约形式殖民确定地的归属并强制殖民地人民认同该文本,同时更将被殖民地人民自我记忆、表述的原有文本部分或者整体地加以覆盖,进行重新表述。这样,被殖民地的历史往往就被当作可有可无的东西加以"覆盖"。① 民族志"文本"不仅参与制造了"没有历史的人民",旨在重述的也是地方群体而非个人的文化文本。

(三)中国文学人类学研究的方法论整体主义

自五四新文化运动以来,歌谣研究、民俗研究与神话学研究借鉴西方人类学、民俗学理论,同时移植了西方的方法论整体主义路径。这一方面与中国本土传统社会的阶序结构、宗法制度、重群体而轻个体的社会伦理取向相契合;另一方面也与本土知识精英借用舶来的"文化"观念重新反观自身,在想象的"西方"参照下建构"东方"、"炎黄子孙"、"华夏"、"中华民族"的族群群体性自我认同和知识话语的社会政治实践相呼应。

新时期以来,文学人类学作为一个交叉学科的兴起在很大程度上借鉴了比较文学的跨文化研究的理论视野,与神话—原型批判更有着深厚的渊源关系,早期萧兵先生的楚辞文化破译、叶舒宪教授的高唐神女、诗经探秘,即是代表之作。稍后彭兆荣教授对酒神仪式和戏剧起源的研究,以及徐新建教授的文学人类学"表述"理论,叶舒宪教授所提出的中华文化探源、大小传统研究、文化基因编码解码等,也大都采取方法论整体主义的路子。尤其是叶舒宪教授提出的四重证据法与N级编码——包括原编码、再编码的破译,更加明确地将考察"文化文本"及其生成方式与价值意义的目标放在前所未有的重要位置:

---

① 参见〔英〕艾勒克·博埃默:《殖民与后殖民文学》,盛宁、韩敏中译,辽宁教育出版社,1998年,第12—25页。

文学人类学派之所以采用这个概念（文化文本）作为理论主攻方向，是要凸显中国文化的意义生成"潜规则"，这既包括华夏文明整体的意义生成，也包括每一个民族或族群文化的意义生成。

在这里，叶舒宪教授尤其强调"整体大于局部之和"。"文化文本"这个新术语的提出，就是旨在"突出文化的整体性认识，呈现大小传统之间的或隐或显的承传因革。……要用如此兼顾性的视野，去克服见木不见林的学科本位主义的短视。站在九千或一万年的文化传统大视野高度去看，什么是显性的，什么是隐性的，还有什么是万变不离其宗的"。因为"文化整体性认识，是文科目前最缺乏的东西"。

三、文化文本研究：方法论个体主义的隐含线索

总体而言，西方古典人文社会科学大都在方法论上是整体主义者。甚至有学者宣称"个人概念是社会学中……最混乱的概念之一……"[①]"个人"及"个体主义"是西方发源于文艺复兴和启蒙运动的一种传统。在人文社会科学领域，韦伯最早提出作为一种现代社会科学方法论原则的个体主义（individualism），使方法论个体主义经过哲学家波普和经济学家哈耶克的精辟论述之后在社会科学中产生了广泛的影响。在人类学学科发展历程中，韦伯从方法论个体主义立场出发，以个体为社会行动的唯一载体，强调对行动者及其社会行动（特殊的个体行动）的意义的理解——包括直接观察的理解和解释性的理解，从而建构起行动间的意义脉络来理解社会文化现象，与涂尔干对诸如社会现象、社会结构、集体表象等整体性概念及其对个体行为制约的关注形成鲜明对比，但这一脉络并非人类学历史的主流。及至后现代实验民族志视野中，作为个体的民族志研究对象——如玛乔丽笔下的昆族妇女《妮萨》，以及作为个体的民族志学者——如摩洛哥田野中的拉比

---

① Norbert Elias, *What is Sociology?*, New York: Columbia University Press, 1978, p.116.

诺、小泥屋中的巴利,更将方法论个人主义纳入到对民族志主体与客体的双向反思的脉络之中——即不仅在文本内部关注个体的观念、行动实践以作为理解社会的关键,同时,在文本外部揭露"客观""科学"的幻想,揭示民族志作者的在场。在当代人类学视野中,将个体的考察作为焦点和方法,也正是当代人类学学科对自身的"文学"本质——即田野民族志作业同时作为"写文化"(writing culture)这一文学实践过程及其文本成果——再发现之后,受到了更广泛的认同。

然而需要指出的是,"文化文本"研究作为方法,在其操作过程、原则和价值取向上,始终不可避免地隐含着方法论个体主义的线索。回到格尔茨的例子,学术界每每提及阐释主义人类学所取得的成就,常常将此归因于格尔茨非凡的个人才能,如对巴厘岛居民斗鸡场景的深度描绘和丰厚阐释、对巴厘剧场国家荣耀与辉度的象征隐喻和铺陈揭示等。对其个人才能的这种赞赏又多与天赋、才华、写作风格等一系列个人因素相联系,然而,正如徐新建教授所指出,即便是写作"风格"同时既是技术也是原则,需要与阐释主义人类学关于"文化文本"研究的个体主义方法相结合而加以深入讨论——在此,就需要对方法论个体主义的传统理解有所发展——包括文化文本之内作为研究对象的"行动者"个体意义,以及文化文本之外作为研究主体的"行动者"个体意义。

(一)"文化文本化"过程的个体方法属性

笔者在此提出"文化文本化"这一概念,是延续格尔茨对"文本类比"作为方法的讨论,强调不论其大小,"文化文本"都从来不是现成之物。而是特定研究者基于特定问题意识、学术立场和自身研究专长生产"文化文本"过程的产物。这一"文化文本化"的过程,可能是指认,也同时是选择,是制造,在具体研究中往往都是相当个体化的行为;同时,可能是一份民间流传的手稿,是某一族群的一项古老口头传统,是一场私密或公开的仪式,是某种出土的图像、器物,或者是包括以上多种文本在内的一个文化文本系统。这个过程之中内在地包含了多项理论预设:

其一，不仅是根据问题意识确定文化文本研究对象，同时也在根据自身所长确定此"文化文本"的合法边界，在统一的"文化文本"概念之下，具体什么是"文化文本"因人而异，有相当大的弹性；

其二，通过指认"文化文本"达成对原有问题或对象的"陌生化"处理，宣告与作为"常识"的问题和对象划清界限，开启创新的理解可能；

其三，作为编码与解码系统的"文化文本"提供了阐释基础，但意义并非透明显现，表层符码与深层意涵之间有遮蔽、错位等，解读成功与否，很大程度上取决于解读者个人的能力。格尔茨的例子正是如此。

换言之，"文化文本"研究在相当程度上是一种体现个人特征的研究方法。

（二）文化文本"深描"与"阐释"的个体维度

格尔茨阐释人类学中，"深描"毫无疑问是最广为人知的术语。格尔茨借自奈尔所创造的这个术语来建立一种对文化现象或文化符号的意义进行层层深入描绘的方法。需要指出的是，在"眨眼"的例子中，深度描述与浅度描述相区分，并以此揭示多层次意义，必然要深入到文化语境中意义的实践者、行动者层面，揭示出个体维度在"深描"一种社会文化文本时所具有的重要意义。

在格尔茨的"深描"之下，首先，有巴厘殉葬的皇室妇女、精致而文化强迫症的挫牙、参与斗鸡的男人、朋友、邻居。巴厘"剧场国家"作为文化文本的辉度，以及斗鸡何以是一种全社会的"沉溺性赌博"，都通过在宏观社会文化背景中不断地聚焦于具体鲜明的个体及其当下的行动才得以深刻地体现。其次，那些为人熟知的田野轶事，比如格尔茨本人如何与观察对象一起躲避警察抓捕等，充满了个人的身体、行为、情绪、动机的细节，都是使其阐释人类学的"文化文本"大获成功的重要原因。与此同时，也将本应分别待在"文化文本"边界内外的研究对象与研究者个体自我都调动成为方法论个体主义的操作对象。"深描"作为对理解的理解，也才可能从难以锚定、面目模糊的"集体的人"，转为血肉真实的人与人跨越文化的对视和互为阐发。

此外,"阐释"这个术语也需要深入检视。格尔茨对"文化阐释"和"意义"的强调,借用了索罗金的"逻辑—意义的整合"(logic-meaningful integration)和"因果—功能的整合"(causal-functional integration)来说明文化的特性。他指出,社会系统的特性更突出"因果—功能的整合",相比之下,文化的特性则是"逻辑—意义的整合",是风格、逻辑含义、意义和价值的统一体。因此"意义"不光需要"解读",更离不开与个体无法割裂的"体验"。与此相应,格尔茨在《从当事人观点出发:论人类学理解的本质》中对马林诺夫斯基提出的"移情性理解"做出了新的解释,是指人类学界在田野中接近当事人的生活世界而渐渐理解他们的文化,理解他们的理解。①

简而言之,"深描"和"阐释"都在本质上包含有格尔茨自韦伯解释社会学继承而来的个体主义方法,并为人类学开启了一个全新的视野:一个以人本主义为基础、以象征行动论为中心的解释人类学视野。②

(三)多重文本:文化的普遍性与个体性的紧张关系

另一个无法回避的问题是,文化文本的阐释旨在探索的文化普遍性经验与个体性经验之间,也就是文化的普遍性与个别性之间存在着紧张关系。此前王大桥在对"三重证据法"的反思中认为,立足于材料的拓展和坚持跨文化视野和比较的方法是其重要特色,但由于可操作性的诱惑和"可比性"论述的不足,使得多重证据(文本)间的联系与"比较"就容易转入技术层面的努力。正如吕微所指出,考据学传统和比较的文本化倾向二者一道使得多重证据法所力图进行的方法论改造(创新)存在着许多有待解决的问题。其中多重证据法对古今中外的文学(文化)经验进行人类学意义上的整合时,造成了人类性经验与个体性经验之间的紧张关系。而不同人类群体弥足珍贵的审美性因素、情感、意义等,恰恰就埋藏在这些各个不

---

① 参见石奕龙:《克利福德·格尔茨和他的解释人类学》,《世界民族》1996 年第 3 期。
② 参见马岚:《从解释社会学到解释人类学》,《广西民族研究》2007 年第 2 期。

同的个体性经验中[①]，不能，也不应该从多重文化文本和"多重证据"体系中加以剔除。

四、个体与整体主义方法：弥合的可能

总体来看，在文学人类学对"文化文本"的考察过程中，整体主义方法有助于在共时维度上构筑起跨地域、族群、文类的宏观比较与多元关联，也在历时维度上为从当下文化现象回溯历史脉络、探查华夏文明基因起到了重要作用。"N级编码"、"玉石之路"、"文明探源"等都体现出整体主义方法这种兼顾共时和历时维度的开阔视野。另一方面，个体主义的分析维度和方法则能够对上述整体主义视野和方法提供必要的补充，并在"文化文本"研究的内部和外部层次上同时发挥作用。

（一）文化文本"再语境化"

叶舒宪教授提出，之所以标出"文化文本"这个术语，一方面是强调将文化作为"文本"来解读的研究策略，同时也要引导一种前所未有的深度的文化语境化认知方略，即立足于大传统新知识的文化再语境化。文化的语境化或再语境化，成为引导"文化文本"深度诠释而非过度诠释的有效方法。关于文化文本的"再语境化"途径，叶舒宪教授指出首先以回归本土为深度阐释中国文化的新知识前提。他列举了三星堆、陶寺、喇家、石峁、凌家滩、西坡、牛河梁七处遗址，将它们放在前文字"大传统"的语境中，在无文字社会/在甲骨文、金文产生之前和之外的文化语境中加以考察，从而从三星堆到石峁到凌家滩，揭示出这些"由不熟悉的对象联结起来的"认识线索——"玉文化先统一中国"。[②]

笔者赞同叶教授上述关于"再语境化"方法的运用和阐述，但更希望以此为基础再次强调"再语境化"内在包含的方法论个体主义维度。

[①] 参见王大桥：《多重证据法及其文本化倾向》，《马克思主义美学研究》2009年第1期。
[②] 叶舒宪：《玉文化先统一中国说：石峁玉器新发现及其文明史意义》，《民族艺术》2013年第4期。

在第一个层次上，按照人类学关于方法论个体主义的经典定义，"再语境化"提示我们"文化文本"内在地包含着两个不可切分的面向：其一是可以根据"结构化"原则被归纳抽绎出来的文化文本的文化逻辑、语法规则、意义层级等静态面向；其二是社会中的人对上述深层文化语法的实践、运用的动态面向。在格尔茨看来，正是人们的社会行动在互动过程中建构出意义，行动与行动之间的连接、交换、互动形成"文化文本"。因此，对某一行动或文化现象意义的解读应以行动者为中心，并必须将它放在原来的脉络中来解读。[①] 这就是说，按照人类学关于方法论个体主义的经典定义，"再语境化"需要将"文本"、"编码"、"意义"等，都置于具体的地方历史情境和主体实践过程之中去加以考察，考察作为"行动者"的社群成员——包括群体，更重要的是具体真实的行动者个体，如何理解、实践、阐释乃至改写这些编码和意义，将充满整体主义意味的编码和意义等落实在日常生活或社会仪式的实践过程之中，从而使"文化文本"避免成为某种从田野或文献中抽象出来的东西。

在第二个层次上，倘若再对方法论个体主义进行一些延伸和拓展，会看到文化文本的"再语境化"操作，往往与文学人类学强调研究者"身体在场"的田野相关联。以叶舒宪教授为例，"玉文化先统一中国"这样极具文化整体性色彩的观念和振聋发聩的发现，恰恰是在研究者以自身之身体为工具和方法的田野考察中被激活的。在这里，研究者本身成为方法论个体主义所强调的"行动者"，由于研究者作为"行动者"的踏查体证，使包括物与词、仪式歌舞、器物图像、传世文献不再是静态并置的多重证据，而是由复杂交织互动的证据间性开启动态的意义生成空间，这个意义生成空间才是文学人类学研究勉力探求的"文化文本"。叶教授通过自创的"踏查"[②] 一词，将中国传统"格物致知"的"体知"之学引入文学人类学田野观，在实

---

① 石奕龙：《克利福德·格尔茨和他的解释人类学》，《世界民族》1996 年第 3 期。
② 参见叶舒宪：《从石峁到喇家——史前西部玉器新发现的文化史意义》，载《玉石之路踏查记》，甘肃人民出版社，2015 年，第 36 页；叶舒宪：《2006，我的熊年》，载《熊图腾——中华祖先神话探源》，上海锦绣文章出版社，2007 年，第 9 页。

证与阐释的双向补益之间体现了文学人类学之于人类学"田野"范式的补充与突破，也同时体现了历史、意义与主体的在场。"文化文本"也在研究者/行动者调动体验、感悟、反思甚至想象的历史现场，最终真正完成"语境化"和"再语境化"的过程。走出书斋走向田野的过程中，"文化作为文本"的研究才能更好地实践整体主义方法和个体主义方法的整合。

（二）"文学"的方法及其合法性

最后还需要指出的是，"文化文本"既然是将"文化作为文本"，就意味着在一般的社会科学研究方法之外采用"文学"的方法，一种充满"个体主义色彩"的研究方法——包括文学地观察、文学地细读以及文学地写作，也在文学人类学研究实践中具备了内在的合法性和必要性。

文学地观察：20世纪文本主义力图从学理上对西方文学本质主义进行反思，不再将本质或真理作为目标，转而提出以文学的观察方式来观察世界。在文本主义者看来，不仅世界就是一个文本，甚至文本之外无物存在，因而对于世界的观察实际上也就转换为文学的观察。这意味着文学的想象、经验和个人风格重新受到重视，不仅社会科学具有文学的特质，自然科学也不过是人类所掌握的语汇之一，在想象、风格的追求等方面均与文学别无二致，只不过程度或者外在表现上有所不同。[①]

文学地细读：如前所述，"作为文本"的文化可供阐释，但这阐释从来不是理所当然，如同翻开的"文本"那样一目了然、意义自明。不论口头传统、民俗资料、出土器物还是图像，一旦重新进入"文化文本"视域，其在原先论域所具有的任何"理所当然性"都需要被搁置起来加以反思重视。正如叶舒宪教授所指出，"文化文本"的意义有待"深度阐释"，以冲破"只缘身在此山中的文字牢房"：

> 华夏传统中的知识人，自古以来就一定是不可避免地生活在由孔子孟

[①] 参见刘顺利：《文本研究》，中国社会科学院研究生院博士学位论文，2002年，第12页。

子司马迁班固们所建构起来的知识谱系中，难逃汉字书写的知识系统的宰制。以传统经学为主的国学系统，向来号称博大精深，实际上却是被权力话语所筛选和压缩后的一种人为的文化建构的话语产品，其认知效果，与曾经存在过的现实世界相比，可以说犹如盲人摸象一般。

与"深描"相对应，"细读"这个源自于文学理论"新批评"学派的概念或许有助于"文化文本"的分析。福柯改造并发展了新批评"文本细读"的方法，在坚持社会文化现象可识读的同时，更运用知识谱系学的方法强调对一般性"常识"的去蔽。使之成为一种观念反思、话语批判的武器。[1]如他对于词与物、圆形监狱、凝视等的考察，均从全新的角度揭示了权力的社会运作机制与文化逻辑。

正如王明珂教授所指出，"文化文本"的研究在本质上必然是一种反思性研究。反思性研究本身是一种非常强烈的个体经验和方法——在西方关于反思性研究的诸多定义中，有一个就是 self-reference，就是将研究者自身作为一个方法的参照。[2]将文化现象、行为、符号等"作为文本"，有助于激活文学人类学的跨学科视野，读出只有作为"文本"才能细读出的深层/批判/创新的内容。

文学地写作：对"文化文本化"的研究不仅是解码，更是研究者在解码的过程中生成文本；是文化历史生成意义上的个体创造，而不是文化本质主义的发现。重新恢复个人情感风格、想象，表述在文字中的理论位置。

结　语

对方法论个人主义多有研究的霍利斯指出：个体主义不是一个简单的题目，广义上说，个体主义方法把分析的优先性赋予单个代理人（或他们的状态），这种优先性可以是本体论的、认知论的或者形而上的，也可以是伦理

---

[1] 参见杨大春：《文本的世界》，中国社会科学出版社，1998年，第127页。
[2] 参见王明珂：《"文本"与"情境"对应下的文化表述》，《社会科学家》2013年第2期。

的、政治的或社会的。[①] 文学人类学倡导的"文化文本"观及其研究在承继深厚扎实的人类学整体主义方法路径的同时，也应该对个体主义方法的人本主义本体论、主体经验认知论和跨文化理解与互释的文化伦理有更深入的认识理解，并有所借鉴和吸收。

---

① 参见段培君:《方法论个体主义的三种诠释及其合理性》,《自然辩证法研究》2002 年第 9 期。

文化文本：为非文本的表述形式制作新文本[*]

胡建升

（上海交通大学人文学院）

引　言

20世纪90年代中期，中国文学人类学接受文化人类学的影响，提出了"文化与文本"的最初关联。当时，提出"文化与文本"，是为了彰显"文学的研究已不再局限于传统的语文学范围，它正成为具有整合性的文化研究的有机组成部分"[①]。在《文化与文本》的书名中，"文化"指代"文化研究"的理路方法，"文本"指代"文学文本"的研究对象，"文化与文本"意味着将"文学文本"放置在"文化视野"中进行拓展性的学术研究。随着文本文化研究的实践积累，以及理论建构的逐渐成熟，文学人类学研究者深深感受到文化与文本互相融通的巨大理论潜力与研究前景，二十多年后，他们立足于跨学科的研究经验，重新改造"文化与文本"（Culture and text）的结构关系，提出"文化文本"（Culture as text）的新型范式，突破了"文字文本"（written text）的形式局限，凸显"文化文本"的引领可能和编码意义，重新梳理和总结"文化文本"的理论建构、文化精神和文本价值，可以明确学科未来的建设方向与理论转型。

---

[*] 胡建升，上海交通大学人文学院副教授。
[①] 叶舒宪：《文学人类学研究的世纪性潮流》，载叶舒宪主编：《文化与文本》，陕西师范大学出版社，2018年，第1页。

一、时代呼唤新文本

关于文本的传统定义是极为狭隘的，通常是指书写文本。"在最通常的意义上，文本是指任何书写或印刷的文件。"[①] 这种书写文本，包括各种文化书写的承载形式，如甲骨文、金文、简牍、帛书、碑石、玉版、抄本、稿本、雕版、印刷、书籍等。从文本的传世情况，可以分为传世文献与出土文献，包含一切文字书写的形式载体。

文字文本是书写文化的形式载体，其所指意义强调直接从文字文本的释读上获取。阅读文字文本，直接明了，清晰易懂，但这种翻译文字文本的局限也是不言而喻的。首先，文字是固态的，如何才能让文本翻译获得鲜活的意义而不落入言筌之中？庄子"得意妄言"的警醒，依旧可以为我们反思文字文本的翻译阅读提供借镜。其次，文字叙事是部分意义的叙事，所以文字的历史叙事总是残缺不全的，我们不能抱着部分意义的叙事，而自以为获得了齐全的意义。再次，文字永远都是作为替代之物而存在，其所指之物与替代之物之间是一种不均衡的文化关系，作为替代之物的文字具有一定的优先性，这种优先的条件性对所指之物是有所遮蔽的，因此，文字与它所承载的意义事实之间，永远都是有你无我、有我无你的吊诡关系，文字优先是所指遮蔽的不可避免存在。最后，文字叙事是人为叙事的表达方式。在人为的言说之中，不可避免存在很多人为修辞的需要，诸如权力制度、意识形态、话语权力等诸多欲求就渗透其中，各种文字的掩饰与曲解就难以避免。

另外，自人类诞生以来，其表述的形式是极为丰富的，文字文本只是人类自身表述的主要形式之一。以文字文本为中心而形成的文化霸权，使得现代人只见文字文本，而忽视甚至鄙夷人类其他的各种表述形式，造成极为严重的文字自癖与自大。鉴于文字文本的多重性和诡异性，重新发现人类

[①] 汪民安主编：《文化研究关键词》，江苏人民出版社，2007年，第339页。

自身诸多丰厚的表述形式，成为文学、历史、神话、哲学、古典学等诸多学科的共同需要。

同时，考古出土的文物层出不穷，也在改变着我们对世界历史与文明起源的认知，不断刷新我们对文化意义的沉思遐想。由此而产生了对文字文本表述的各种疑虑，以及对出土新事物的好奇追问，相对于文字旧文本，文化新文本的提倡，就是应时而出的事了。

作为新文本的文化文本，是相对于作为旧文本的书写文本、文字文本而言的。新文本的发明有着特定的学术需求。

文化新文本的出现有着特殊的历史叙事诉求。考古出土的良渚古国、"石峁"古国、三星堆文化等，在现存的历史文本中，都没有文字记载，是文字文本缺场的地方。这些新发现的古代文明，在文字书写之中没有记录，不见踪迹，现在得以重见天日，一方面彰显了文字书写的不足与遗漏，另一方面又给我们带来了审视认知这些文明模式的新型符号形式，如良渚玉器神徽，石峁城墙玉刀，三星堆的金面铜头等，它们都在向世人讲述着古老文明的辉煌存在及文化精义。二十世纪以前，考古学还没有出现，那些没有文字记载的东西，就被认为是不存在的东西，文字记录成了存在是否的判定标准。现如今像良渚、石峁、三星堆这样的文明存在，尽管文字书写是缺场的，但并不意味着这些文明在历史上就是不存在的，因为这些出土之物就成了最好的证据，它们就在讲述着文字之外的历史存在与文明发展的先民故事。

良渚玉器神徽

自从良渚玉器神徽、石峁城墙玉刀以及三星堆的金面铜头等出土以来，这些器物图像就在讲述着古老文明的神奇故事，它们是一种以非文字文本的方式，讲述着鲜活的历史故事，这也成为先民叙事的独特表述形式。它们带着无形的历史在场的声音，在今天的历史中出场了，它们都在召唤一种有别于文字文本的新文本形式。

　　新文本的提出带来了人类先民对自身存在意义、社会权力秩序的特殊表述方式。作为一种物质图像的符号形式，玉器、青铜器、金银器在各个历史时期的文化遗址中大量出土。作为华夏文明独有的文化符号——玉器，也给学术界呈现一种独特的文化意味与精神面貌。在传世文献中，儒家有"比德与玉"的君子向往，道家有"被褐怀玉"的圣人憧憬，只有将儒道两家关于圣人、君子的美玉比喻，放置在早期大传统的玉器文化中，才能获得文化意义的原初编码，才能看到上古文明与后世文明之间的精神贯通与文化传承。叶舒宪教授长期研究华夏早期的玉器文化，将早期华夏文化精神概括为玉教信仰或玉石神话信仰，彰显了玉器在华夏大传统文化中的精神信仰与文化基因，揭示了早期华夏居民利用玉器之物，建构了部落民族的文化信仰与精神价值。玉器符号作为一种文化新文本，成为揭开华夏文明起源与精神气韵的重要符号形式，它可以说出文字还没有出现以前华夏早期先民的精神底蕴与存在趣味，是一种无文字时代的特殊文本形式。

石峁城墙嵌有玉刀

三星堆金面铜头

　　文化新文本的提出，其文化意义是不可估量的，其文化功能在随时扩大。随着文化文本研究的推移，将会越来越显示出其无穷的表述活力与阐释能量，将会为未来的学术革新带来可能的范式革命。

二、作为非文本的新文本

文化文本原初形式的最大特征就是非文本。所谓非文本，是指原本找不到文字书写的文本形式，是一种无文字、前文字的表述方式。新文本的原初存在形态不是文字书写的，也可以说，只要不是文字书写的文化表述方式，都可以看成是新文本的形式范畴。

诸如眼睛能够看到的文化之物。文化之物与自然状态的万物是有区别的。能够讲述人类故事的万物，都是文化之物，不能讲述人类故事的万物，就是自然状态的万物。文化之物不是书面文字，但文化之物是可以有名的，这种有名不是书写下来的文字之名。书写文字可以替代文化之物，但不等于其所替代的物体。文化之物的文本包括图像文本与物质文本。当然，在文化之物中，大传统时期的文化之物，由于那时还没有出现文字，在文化表意方面，具有一定的优先意义，是承载的是原初一级编码。小传统时期的文化之物，由于文字已经大量涌现，其文化表意功能尽管相对弱小，但其辅助表意功能依旧是不可忽略的。文学人类学将物质图像的文化表述，当成是第四重证据，但其证据效果却是初级编码的文化功能。

诸如耳朵可以听到的口传之音。活态的声音可以分为日常的生活叙事以及传世的口传声音。在这里，活态口传主要指代传世的口传声音，尤其指代无文字少数民族的口传文化，是世代口耳相传的活态文化，与早期大传统文化具有息息相通之处。文学人类学将活态的口传文化作为重要的新文本形式，并将其当成第三重证据，彰显了口传文化的稳定性和神圣性。

诸如综合视听的仪式文本。无论是古代的仪式活动，还是现在存留下来的各种仪式活动，都是一个综合的表意系统，诸如音乐、器物、舞蹈、程序、对话、歌唱、举止、仪态等诸多表述方式，都成为综合表意系统的有机组成元素。仪式文本体现了新文本的互文性与综合性。文学人类学强调综合运用各种文化形式，进行整体阐释，从而获得一种贯通齐全的文化理解。

当然，还有其他味觉、触觉、身体等方面的表述形式，也都可以纳入到新文本的范畴之中。

文化文本是一个开放动态的表述体系，是一种挖掘文化基底的知识考古学式的认知范型，也是一个可以不断发现与不断充实的表述形式，只要不是文字书写的表述形式，都可以逐渐纳入到文化文本的范围之内。可见，新文本的外延极为广阔，只要是没有书写文本形式的表述形式，都可以看成是文化新文本的经验范围。

站在历史发展的角度看，新文本一点也不新，甚至比旧的文字文本还要古老。之所以要冠以新文本的原因，在于文化新文本是一种新发现、新发明的非文字文本形式。以前的学者对这种表述形式的存在是视而不见、听而不闻，他们只关心文字文本的证据考辨与文字欣赏。文学人类学重视提倡文化新文本，彰显文化文本对文字文本的引领和架构作用，将新文本看成是揭开文字文本编码的金钥匙。

三、制作有效的文化文本

文化文本的原初状态是没有文字文本的，现在却要以无文字的文化文本来阐释文明起源、文字编码，最重要的文化程序就是要将没有文字文本的新文本重新制作，重新建构成一个有效的文化文本。因此，文化文本的制作需要展开一定的文化建构。

文化文本的建构是一种文化发明，也是一种特殊的文化翻译。说它是文化发明，就是要将各种文化表述形式，如物质图像的、活态口传的、身体仪式的等等形式，用语言符号的方式，揭示出文化的元语言或文化基因。说它是特殊的文化翻译，任何文化文本都是由此种表述形式转换为彼种表述形式，转译行为成为文化文本建构的必然过程。

由原初的表述形式转译成建构的文化文本是否可靠？历来存在两种看法，一种声音认为，文化文本是一种无文字的活态文本，一旦转译成文字文本，就可能成为一种无效的固态文本。这种声音尤其表现在研究口传文化的学者中，如美国休斯顿·史密斯《人的宗教》云："我们不能了解到原初口述性的特殊之处，直到我们面对其排他性，它视书写不是说话的辅助而是其敌人。因为书写一旦被引进来，就无法不影响口述性的效力，并在重要的地方削减了这些效力。"[①]文字文本天然就会给文化文本带来无法修复的遮蔽，文化转译就成为意义丢失的开端。

另一种声音认为，文化文本的制作其实是一种文化抢救的工作，因为很多出土之物就很难以出土语境的样式保存，很容易受到后人破坏，出土语境很快被博物馆化，因此，急需要用一种鲜活的文字文本对这种原装语境进行保护，加以保全。另外，口传文化是会逐渐消亡的，如果不将其转换为文本形式，也很可能会丢失一大笔文化文本。美国詹姆斯·克利福德《论民族志寓言》云："他者在瓦解中的时间和空间里消失了，但在文本里被保全下来。"[②]凡是没有文本化的文化文本，很可能就会随时消逝，再难恢复，所以文化文本的制作是刻不容缓。这两种关于文化文本制作的意见，可谓智者见智，各有道理。

怎样才能保证文化文本的制成与翻译是客观有效的呢？而不至于受到各种人为因素的影响，使文化文本在从无入有的制作过程中，既获得文本化的表述形式，又能够成为关于历史故事的新文本。

文学人类学提出了一个制作文化文本的实证办法，即四重证据与五重叙事。只有综合利用四重证据，才能让文化文本的制作行为能够建构的文化真实，保证文化翻译的可信性，能够在众多文化的表述形式中，透过纷繁的文化现象，抵达中心的真谛意义，提炼出文化的元语言或语法规则。其具体表现有二：

第一，综合运用多重证据，全方位建构文化文本。文学人类学的文化文本建构行为，不但要重视文化文本的符号意义，形式传承，文化链条，而且重视文字文本（传世文本与出土文献）的有效参与，让文化新文本成为一个综合的文化表述物，不至于顾此失彼。

---

① 〔美〕休斯顿·史密斯：《人的宗教》，刘安云译，海南出版社，2001年，第397页。
② 〔美〕詹姆斯·克利福德、乔治·E. 马库斯编：《写文化》，高丙中等译，商务印书馆，2006年，第153页。

第二，提倡整体释古。文化元语言是一切表述形式的原初驱动力，文字形式、物质形式、图像形式、口传活态等诸多表述样式，尽管表述形式上存在的差异很多，但同时都成为神话原型的元符号形式之一，只有在神话原型的文化意义中，才能整体把握纷繁的表述现象，神话原型成为进行文化文本综合统一的核心价值。

总之，文学人类学的文化文本制作是一种深耕细作的文化行为，不是一种人为拼图的语言游戏。彰显出土物质图像的原型意义，同时充分利用活态口传的史诗故事，结合各种文献的相关记载，顺藤摸瓜，小心求证，用科学实证的方式建构起神话原型的文化新文本。这样才能避免无文字文本的意义空洞，同时，由于运用了新发明的各种综合表述形式，实现从元意义到众多形式的全程创造。

四、重述物：知识考古学的新转向

在文字文本中，文化之物作为一个历史故事的见证者与参与者，始终是处于被忽略的迷失状态。文字文本重视文字书写的符号形式，用语言符号来标记文化之物，与此同时，使得原本用来表象文化之物的标记符号，现在变成了一个可以脱离指称对象而单独表达意义的语言能指，文字文本的话语化使得语言符号成为一个可以脱离指称之物而独立表达意义的生产者，语言能指成为话语意义的中心主词，语法规则成为主词的谓词，文字文本就彻底成了一个封闭霸权的话语体系，文化之物自然就被完全遗弃了，而物的原初标记成了一个随时等待内容填充的话语形式。

文化文本重视物的文化存在，将物由被遗忘的边缘状态，重新将其放置在文化表意的中心位置，物作为历史文化的参与者与见证者，第一次摆脱了被忽视被遗弃的文化待遇，显示出作为历史参与者与建构者的新姿态。这种物的新话语与新姿态是由物质自身实体的特殊质性所保留和传递出来的。如在世界的原初文化中，玉石、金属等特殊物质形态，不是纯粹地上所产之物，而都是从天上降落到人间的特殊物质，是一种大地之中所藏有的天上之物，其物质素材的珍贵与力量都是地上泥土、草木难以比拟的，玉石、金属成了人类早期文化的神圣信仰与文化载体。这些原初神圣的物质素材，成为文化文本揭开人类精神世界的重要符号传递者，而且这种神圣物质的言说活动，不是依靠一种理性分析与学术推理来完成，而是一种见物开朗、据物开天的神话言说，是一种类比连譬的喻言方式，这种特殊神圣物质的文化言说将直接展示出人类文明之初的神性之光与物质信仰，为揭开早期人类文明起源的文化动力与精神实质提供新的证据线索，具有很大的指引功能。叶舒宪在《中华文明探源的神话学研究》中云："美玉梦与黄金梦，是怎样作为一种驱动历史事件的神话观念动力，分别在东西方文明之间展开并发挥作用的，对照阅读中国古书《穆天子传》，和西方荷马史诗的考古学新解释之书《特洛伊的黄金》，就会多少感同身受地体认到东西方古代帝王们梦想中的圣物追求的文化差异性。"[1] 原初神圣物质的神话意象成为重述人类原初文化意义的重要途径。各种早期的玉石意象与金属意象，极为纷繁离奇，也极具视觉冲击，以前的学者只是在艺术意象、考古技艺等形式方面进行研究探究，但忽略了这些物质神话意象的文化功能与基因编码，也就遮蔽了原初物质意象作为人类早期重要表述方式的言说作用。由于早期的物质意象远离现代世界，其文化意义显得扑朔迷离，难以理解。现代人拘囿于现代自我意识的认知功能，利用意识思维的方式，不仅未能揭开神圣物质的意蕴面纱，反而增添了认识早期意象的难度，也直接导致这些神圣意象的文化解读陷入困顿境遇。

　　文化文本要重述文化之物，尤其是要重述早期特殊物质的神话意象，想要翻译神圣之物自身的神话语言，就不能仅仅拘泥于各种文字文本、训诂考据、科技手段来实现，而需要在全球文化的宏大视野中，展开文化之物的知识考古学研究，让本土的神话意象获得全球化考古学知识的呼应与实证。在人类之初，特殊物质的文化编码活动在世界范围内成为一种普遍的文化表述行为，这种文化表述形式的相似性在各种民族志中表现得极为明显，也为

---

[1] 叶舒宪：《中华文明探源的神话学研究》，社会科学文献出版社，2015年，第43页。

文学人类学的神圣物质的知识考古学研究提供了全新视野，也为福柯知识考古学在新世纪开拓了新的格局。全球范围内的物质图像考古学成为文化文本的新方法论。叶舒宪在《中华文明探源的神话学研究》中云："神话学与考古学、艺术史、文化人类学的文化传播研究及物质文化研究诸领域的打通与互动，所带来的知识拓展与学术研究格局变化，都是前所未有的。"[1] 全球视野，全球传播，全球比较，全球文化地图志，成为当前物质图像神话学研究的根本动力，也成为文化文本展开全新叙事的立足点。

重述物，不是一种文化补充的诠释行为，而是一种文化中心的悄然转换，可以将其视为在二十世纪语言转向之后，由中国学术界提出来的物质转向。这种物质转向不是西方学术界一般意义上的物质文化研究，而是由日常生活中的物，由边缘化、被忽略的物，转变为让物成为人类文化的研究中心，让物以物的方式讲述人类文化的基因编码。重述物，尤其是重述大传统时代的物、神圣之物，成了无文字时代的符号解密活动，物成为揭开史前历史文化的精神动力与基本价值。

五、从破译到重译

中国文学人类学在中国文化的阐释方面，是从"文化破译"开始的。二十多年前，叶舒宪、萧兵在"中国文化的人类学破译系列的说明"中云："我们认为，当代人类学的模式研究方法，对于中国古代文化的研究具有重大借鉴意义。从具有相对普遍适应性的原型、象征等模式出发，能够使以微观考释见长的国学传统向'文化破译'的方向转化，使长期以来仅限于单一文化范围内的训诂——文献学研究在世界范围内重新寻找自己的位置，借人类学的普遍模式的演绎功能使传统考据学所不能彻底认知的远古文化'密码'在跨文化的比较分析和透视下得到破解。"[2] 此前的文化破译，是针对国内传统文献学的训诂研究与文史研究，借鉴人类学的研究模式，重点破解

---

[1] 叶舒宪：《中华文明探源的神话学研究》，社会科学文献出版社，2015年，第45页。
[2] 萧兵：《楚辞的文化破译》，湖北人民出版社，1991年，第2页。

"传统考据学所不能彻底认知的远古文化'密码'"。在文化"破译"之初，文学人类学研究者仅仅获得了一种破译快感，即解开了别人难以认知的"密码"，但还没有形成要揭开中国文化的"文化基因"、"原型编码"、"文化底牌"的学术底气和宏伟抱负。

经历二十多年的破译实践与理论建构，文学人类学研究者进一步拓展了"文化破译"的学术任务，提出文化文本的新型理论，其目的就是达到"文化重译"的整体效果。叶舒宪《文化大传统》一文中云："在现在'夏商周断代工程'和'中华文明探源工程'两项著名的国家工程中，偏重于考古学的发掘以及天文学数据的测年方面，未能有效地包容文化人类学、民俗学、神话学等学科，对于上古史的神话问题缺乏足够的认识，不能有效地打通文史哲、宗教、心理诸学科的界限，使得大批出土文物只有年代，却缺乏文化解读的深度，限制了对中国古代大传统的整体性理解，也未能自觉地关注到大小传统之间的演进和变化关系问题。……只有将考古文物、口头传统、古代神话等元素综合起来，才可能真正抹去那些布满在'神秘'上的厚厚灰尘。……整合多学科知识的方法论——四重证据法。其研究功效，可概括为十个字——还原大传统，重解小传统。"[①] 以文化文本为重心的四重证据法，其研究功效，就不仅仅是为了"破译"别人看不懂的"密码"，而是为了建构"大传统"的文化基因，在这个文化建构工程的基础上，重新回到"文字文本"，以最终达到"重解"、"重译"文字小传统的文化效果。

以早期文化文本的编码作为原初编码，后来出现的文字文本就是在文化文本的原初编码基础上，进行承传延续，属于次级编码。建构了文化文本的原初编码，历史中逐次出现的文字文本，诸如甲骨文、金文、《诗经》、《尚书》等，都可以在原初编码的意义中，获得一种原初意义的文化传承与贯通。这些最初的文字文本，由于远离现代世界，其字形玄奥，意义难明，现代学者做了很多开拓性的工作，但由于不谙早期文化文本的原初编码，带着现代文明人的文化眼光与人文价值，其所理解的早期文字的文化意义，

---

① 叶舒宪：《图说中华文明发生史》，南方日报出版社，2015年，第17—19页。

就难免会出现误解与误读的现象。因此，文化新文本的出现与新意义的解码就可以为文字释读提供一种来自前文字时代的新可能。如鸱鸮（猫头鹰）在今天是一种负面的意象，利用这种现代世传的鸱鸮意象，去理解《诗经·鸱鸮》、贾谊《鵩鸟赋》文本，就会感到极端困惑，难以理解。可见以今释古，是举步维艰的。可是，通过考察文化文本，总结文化文本的神圣意义，就可以让鸱鸮的文化意象摆脱现代人的文明盲点。

红山文化出土了玉鸮，青铜时代出土了鸮卣、鸮尊等，从玉器意象到青铜神像，大传统时期的鸱鸮图像符号都展示了早期女神的文化变形意象，表明鸱鸮意象是一种神圣之物的人文化身。利用早期鸱鸮的神圣图像与文化编码，重新透视传世文本之中的鸱鸮形象，就可以重新解读传世文本的文化意义。可见，文化新文本的建构，不仅可以建构人类早期文化的神话信仰，而且可以帮助重译、重读早期文本中古奥难懂之处，甚至可以利用早期出土的物质形象，来重新解释甲骨文、金文中不可识别的早期文字。

红山玉鸮　黑龙江红辽古玉博物馆藏 　　商青铜鸮卣　河南博物院藏 　　商鸮尊　泉屋博古馆藏

"文化破译"是对文字文本中心主义的修订补充，还没有完全突破文字文本的形式霸权，只是适度纠偏了在文字训诂中存在被误读的部分，还没有真正超越文字文本的中心地位。

"文化重译"的基础工程是"建构文化大传统"。"文化大传统"不仅解构了文字文本的中心位置，而且确立了文化文本的核心地位，使得文化文本由边缘状态变为中心话语，成为承载原初文化基因的表述形式与可靠文本。在建构了文化大传统的文化原型与基因编码的基础上，利用早期大传统的文化编码，重译、重解传世的各级文字文本，使得文字文本从根部被重新建构，可以实现对中国文化、早期文字文本的整体性译读。

从"文化破译"到"文化重译"，中国文学人类学已经找到了揭开华夏文化精神的学术方法与本土路径，不再是机械地跟随西方人类学、考古学亦步亦趋，仅仅做一些对中国文化的修修补补、查缺补漏的破译工作，而是要立足于华夏文化的大传统之物，综合利用大传统的文化文本与文化编码，从头开始，全面建构与重译华夏精神的传承延续。这是一项本土文化理论与精神价值的新型工程，其学术气魄与宏伟气度是超凡的，也是值得期待的。

二 文明探微

夏源于西北说

易 华

(中国社会科学院民族学与人类学研究所)

引 言

夏有三义：夏王朝、夏民族、夏文化，均与西北中国密切相关。司马迁早就指出："夫做事者必于东南，收其功实者常在西北。"傅斯年《夷夏东西说》论证夏与西方有关，但西到何处没有明言。玉振金声二里头，扑朔迷离夏王朝；夏代之有无仍在激烈争论之中。[①] 我们假定商朝之前有一个夏王朝或 X 朝，其准确年代和具体世系不清楚，其民族和文化亦是正在探索的对象。夏王朝、夏民族、夏文化可循环论证：夏民族很可能兴起于西北，入主中原，建立夏王朝，其先进文化大体来自中亚或西亚；西北是上古中国文化交流的前沿阵地。

一、夏王朝与西北

先秦古籍中有关于夏王朝的零星记载。《史记》将夏代当作第一个王朝，始于启而亡于桀。《尚书·甘誓》载夏启与有扈大战于甘，乃召六卿："有扈氏威侮五行，怠弃三正，天用剿绝其命，今予惟恭行天之罚。"[②]《尚书·汤

[①] 参见许宏：《最早的中国》，科学出版社，2009 年，第 44—48 页。
[②] 顾颉刚、刘起釪：《尚书·甘誓校释译论》，《中国史研究》1979 年第 1 期。

誓》载商汤伐夏桀："非台小子，敢行称乱！有夏多罪，天命殛之……夏氏有罪，予畏上帝，不敢不正。"《诗·大雅·荡》："殷鉴不远，在夏后之世。"春秋时期青铜器叔夷钟铭文："尃受天命，翦伐夏祀。"《史记·夏本纪》云："孔子正夏时，学者多传《夏小正》。"《大戴礼记》中有《夏小正》，现代天文学研究表明其记录的天象在夏代纪年范围之内。①

甲骨文证实《史记·殷本纪》大体正确，不少学者认为可佐证夏王朝的存在。但夏不见于甲骨文②，陈梦家认为夏史乃商史中分出，主张夏世即商世。③ 杨宽认为夏史大部为周人依据东西神话辗转演述而成。④ 西方学者普遍不相信夏王朝的存在，认为商朝才是中国历史上第一个王朝。⑤ 夏朝仅见于周代文献，周人虚构的可能性不能排除。商代都城已发现多处，确凿无疑的夏代都城还没有发现。二里头遗址可能是夏代末都，亦可能是商代首都。夏王朝即使存在，也会与商王朝有较大差异。

《史记·夏本纪》既非信史，也不是纯粹杜撰，是有待证实的传说。夏王朝的直接继承者是商，商人并不崇尚夏。周以夏王朝的间接继承者自居。武王伐纣，封夏人后裔于杞。"夏"见于《尚书·周书·召诰》："相古先民有夏，天迪从子保，面稽天若；今时既坠厥命。今相有殷，天迪格保，面稽天若；今时既坠厥命。……我不可不监于有夏，亦不可不监于有殷。我不敢知曰，有夏服天命，惟有历年；我不敢知曰，不其延。惟不敬厥德，乃早坠厥命。我不敢知曰，有殷受天命，惟有历年；我不敢知曰，不其延。惟不敬厥德，乃早坠厥命。"《多士》《多方》《立政》等篇也不止一处提到"有夏"或"夏"，周公将"夏"、"殷"相提并论，称"有夏"或"夏"为"先民"、"古之人"。

遥继夏王朝的是巴克特利亚大夏国、赫连勃勃大夏国和李元昊大夏国

---

① 参见潘鼐：《中国恒星观测史》，学林出版社，1989年，第6—8页。
② 参见陈梦家：《殷墟卜辞综述》，中华书局，1988年。
③ 陈梦家：《商代的神话与巫术》，《燕京学报》第二十期，1936年，第338页。
④ 参见杨宽：《说夏》，原刊《禹贡》七卷六、七合期，收入《古史辨》第七册，上海古籍出版社，1982年，第281页。
⑤ 参见 D.N.Keightley, "The Shang: China's First Historical Dynasty", *The Cambridge History of Ancient China*, ed by M.Loewe and E.L.Shaughnessy, Cambridge, 1997.

等。公元前6世纪夏人到达阿姆河流域,在巴克特里亚(Bactria)建立大夏国。公元前2世纪中叶,大夏被西迁的大月氏人征服,兴起了贵霜帝国。大夏人与大月氏人、波斯人、希腊人等逐渐融合于当地的伊朗人之中。斯特拉波《地理志》记载夺取了巴克特里亚的是Asii、Gasiani、Tochari和Sacarauli四部。Tochari可与"大夏"勘同[①],"大夏"汉文献中可指称吐火罗人,原居晋南大夏之墟,后经河西迁往伊犁河、楚河流域。[②]

赫连勃勃为匈奴右贤王之玄孙,以轩辕自比,自称天子、大单于,建国号为大夏。《晋书·载记》勃勃曰:"卿徒知其一,未知其二。吾大业草创,众旅未多,姚兴亦一时之雄,关中未可图也。……昔轩辕氏亦迁居无常二十余年,岂独我乎!"[③]赫连勃勃发岭北夷夏十万人营造都城:"朕方统一天下,君临万邦,可以统万为名。"朔方之"统万城"留存至今。

"西夏""东夏"亦有类似的因由。《山海经·大荒东经》:"有夏州之国。"党项人活跃在夏州及附近地区,990年,李继迁被辽帝册封为"夏国王"。[④]1002年,建都灵州,逐渐走上了独立建国的道路。元昊以天子(兀卒)自居,1038年正式即位,称大夏皇帝,追谥父、祖帝号和庙号。夏国认为:"藩汉各异,国土迥殊,幸非僭逆,嫉妒何深!况元昊为众所推,盖循拓跋之远裔,为帝图皇,有何不可?"[⑤]夏与辽、宋鼎足而立,自称大夏。西夏是他称或后人的称谓。宋人亦径称"夏",洪皓《松漠纪闻》:"多为商贾于燕,载以橐驼,过夏地,夏人率十而指一,必得其最上品者,贾人苦之。"

商代之前东亚可能有夏王朝,但其地望还难以确定,试图继承或恢复夏王朝的是周人、匈奴、党项等西北民族。秦人兴起于西北,始皇入主中原,

---

[①] 王静如:《论吐火罗及吐火罗语》,《中德学志》第5卷第1、2期合刊,1943年。
[②] 余太山:《古族新考》,商务印书馆,2012年,第62页。
[③] 《晋书·载记》勃勃曰:"朕大禹之后,世居幽、朔。祖宗重晖,常与汉、魏为敌国。中世不竞,受制于人。逮朕不肖,不能绍隆先构,国破家亡,流离漂虏。今将应运而兴,复大禹之业,卿以为何如?"下书曰:"朕之皇祖,自北迁幽、朔,姓改姒氏,音殊中国,故从母氏为刘。子而从母之姓,非礼也。古人氏族无常,或以因生为氏,或以王父之名。朕将以义易之。帝王者,系天为子,是为赫实与天连,今改姓曰赫连氏,庶协皇天之意,永享无疆大庆。"
[④] (元)脱脱等:《辽史》卷115。
[⑤] (宋)李焘:《续资治通鉴长编》卷125。

建立了秦帝国；周人兴起于西北，武王入主中原，建立了周王朝。依此类推，夏人兴起于西北，启入主中原，建立夏王朝，十分可能。夏民族史和夏文化研究亦支持这一推理。

二、夏民族与西北

炎黄传说是周人的故事，黄帝是夏民族传说中的始祖。有关炎黄的传说始见于战国文献，司马迁《史记》有较系统记述："轩辕之时，神农氏世衰，诸侯相侵伐，暴虐百姓，而神农氏弗能征，于是轩辕乃习用干戈，以征不享，诸侯咸来宾从。"黄帝被认为是五帝之首、人文始祖、帝王典范，且具有超然神性。[1] 征服相代说中黄帝是主要的征服者，五行说中居中制四方，亦是虞、夏、商、周的共祖。[2]

黄帝入主中原，其来源与西北有关。《庄子·天下篇》："黄帝游乎赤水之北，登乎昆仑之丘。"《庄子·至乐篇》："昆仑之虚，黄帝之所休。"《山海经·西次三经》谓："西南四百里，曰昆仑之丘，是实惟帝之下都。"昆仑是仙山，也是黄帝住的地方。王菉友《侍行记》："考昆仑者当衡以理，勿求诸语。上古地名多用方言，昆仑乃胡人语，译声者无定字。""昆仑"、"祁连"可能是汉语中最早的印欧语借词[3]。青铜等重要事物从西方传入中国，随之而来的还有黄帝与昆仑神话。

黄帝来自西方，与戎的关系自然密切。《山海经·大荒北经》中说："大荒之中，有山名曰融父山，顺水入焉。有人名曰犬戎。黄帝生苗龙，苗龙生融吾，融吾生弄明，弄明生白犬，白犬有牝牡，是为犬戎，肉食。"犬戎或西戎是黄帝的直系子孙，兴于西戎的秦人也就成了黄帝后裔。《史记·秦本纪》："秦之先，帝颛顼之苗裔孙，曰女修……其玄孙费昌，子孙或在中

---

[1] C. Le Blanc, "A Re-examination of the Myth of Huang-ti", *Journal of Chinese Religions* 13\14, 1985-1986, pp.45-63.

[2] 王明珂：《论攀附》，《"中央研究院"历史语言所集刊》第七十三本第三分，2002年。

[3] 林梅村：《祁连与昆仑》，《敦煌研究》1994年第4期。

国，或在夷狄。"夏与戎关系密切，而戎与月氏、吐火罗、大夏相关。《史记·大宛列传》："大月氏在大宛西可二三千里，居妫水北。其南则大夏，西则安息，北则康居。行国也，随畜移徙，与匈奴同俗。"巴比伦楔形文字中多次提到的"库提人"（Guti/Kuti）可以对应"龟兹"、"月氏"，"图克里"（Tukri）可以与"吐火罗"、"敦煌"等对应。① 公元前30世纪至前20世纪两大吐火罗部落长途迁徙，从近东伊朗到河西走廊广阔区域留下了痕迹。② 伊朗和中国之间先秦时期文化交流的中介者正是印欧人——吐火罗人。③ 商周青铜器上的双马族徽和新疆天山、内蒙古阴山古代岩画上的双马神像以及中国北方草原和农牧交界地带的双马纹艺术品，是吐火罗双马神偶像。④

殷商甲骨文中有"马方"、"龙方"、"卢方"等部落名，这些可能与吐火罗人有关。马方可能是义渠，龙方可能是焉耆的龙部落，卢方则与卢水胡有关。吐火罗人曾在河西地区深有影响，汉武帝击败匈奴，设立河西四郡武威、张掖、酒泉、敦煌。"张掖"为"昭武"的同名异译，阿姆河流域大月氏人至唐朝时仍以"昭武"为姓。"敦煌"则与"吐火罗"或"大夏"一名有关。武威又名"姑臧"，也出自吐火罗语。月氏、吐火罗均大体属于印欧人，这意味着公元前不止一批印欧人进出过东亚。他们来回迁徙过程中留下与"夏"有关的地名，如夏墟、夏县、宁夏、临夏、夏河等。"夏"是吐火罗为主的混合部落。夏、大夏与吐火罗音近似，马迦特、王国维等推测来源于印欧语。⑤

黄帝亦被认为是北狄的宗神。⑥《山海经·大荒西经》："有北狄之国。黄帝之孙曰始均，始均生北狄。"黄帝为北狄之祖十分可能，故司马迁有匈

---

① Henning W.B, "The First Indo-Europeans in History", *Society and History Essay in Honor of Karl August Wittfogel*, ed by G.L. Ulmen, Hague, 1978. 徐文堪译：《历史上最初的印欧人》，《西北民族研究》1992年第2期。
② 〔俄〕T.V. 加姆克列利等：《历史上最初的印欧人：吐火罗人在古代中东的祖先》，《西北民族研究》1998年第1期。
③ 林梅村：《开拓丝绸之路的先驱——吐火罗人》，《文物》1989年第1期。
④ 林梅村：《吐火罗神祇考》，《古道西风——考古新发现所见中西文化交流》，生活·读书·新知三联书店，2002年，第32页。
⑤ 王国维：《西胡考》，《观堂集林》卷十三，中华书局，2004年。
⑥ 参见田昌五：《华夏文明的起源》，新华出版社，1993年，第47页。

奴为夏后氏苗裔之说。鲜卑等北方游牧民族追认黄帝为始祖。《魏书·序记》云："黄帝以土德王，北俗谓土为托，谓后为跋，故以为氏。其裔始均，入仕尧世，逐女魃于弱水之北，民赖其勤，帝舜嘉之，命为田祖。爰历三代，以及秦汉，獯鬻、猃狁、山戎、匈奴之属，累代残暴，作害中州；而始均之裔，不交南夏，是以载籍无闻焉。"

夏与狄或土方、鬼方、匈奴、大夏相关。土方为商王劲敌，武丁、妇好曾统兵征伐。郭沫若早已指出"所谓土方即是夏民族，夏字古音亦在鱼部，夏、土、朔、驭一也"①。胡厚宣从甲骨卜辞断定土方是山西南部河南西部夏遗民之未服商朝的方国："土通杜，杜通雅，雅通夏，是土即夏也。"②土方大多与商融合，部分往北成为匈奴人。龙崇拜等文化特征在匈奴人中流传，大概与夏人遗裔土方加入匈奴有关。③《左传·定公四年》："分唐叔以大路、密须之鼓，阙巩、沽洗、怀姓九宗，职官五正。命以唐诰而封于夏墟，启以夏政，疆以戎索。""怀姓"即鬼方之媿姓。④西周早期铜器《小盂鼎》记述两次对鬼方战争，第一次俘虏"万三千八百十一人"，"执兽三人"。《诗·小雅·采薇》："靡室靡家，猃狁之故……岂不见戒，猃狁孔棘。"《孟子·梁惠王》："太王事獯鬻，文王事昆夷。"乐彦《括地谱》云："夏桀无道，汤放之鸣条，三年而死。其子獯粥妻桀之众妾，避居北野，随畜移徙，中国谓之匈奴。其言夏后苗裔，或当然也。"司马迁相信匈奴为夏后氏之苗裔。王国维论证了鬼方与匈奴的关系："故鬼方、昆夷、薰育、猃狁，自系一语之变，亦即一族之称。"⑤梁启超亦认为"古代所谓獯鬻、猃狁、鬼方、昆夷、犬戎，皆同族异名。"⑥土方、舌方、鬼方、匈奴一脉相承⑦，和夏、狄、黄帝关系密切。匈奴并非完全东方土著，亦可能西来。⑧伯希和说：

---

① 郭沫若：《夏禹的问题》，《郭沫若全集·历史编》第一卷，人民出版社，1982 年，第 309 页。
② 胡厚宣：《甲骨文土方为夏民族考》，《殷墟博物院院刊》1989 年创刊号。
③ 陈立柱：《夏文化北播及其与匈奴关系的初步考察》，《历史研究》1997 年第 4 期。
④ 陈公柔：《说媿氏即怀姓九宗》，《古文字研究》第 16 辑，中华书局，1989 年。
⑤ 王国维：《鬼方昆夷猃狁考》，《观堂集林》卷十三，中华书局，1959 年，第 301 页。
⑥ 梁启超：《中国历史上民族之观察（附史记匈奴传戎狄名义考）》，《饮冰室合集·合集》第八册，中华书局，1989 年。
⑦ 余太山：《犬方、鬼方、工方与猃狁、匈奴同源说》，《欧亚学刊》第 1 辑，中华书局，1999 年。
⑧ 岑仲勉：《伊兰之胡与匈奴之胡》，《真理杂志》第 1 卷第 3 期，1944 年。

"据说这个匈奴名称古读若 kung-nu，应该是含有'犬'的意义的一种别号，应该是从吐鲁番一带古印度欧罗巴语而经世人时常名曰吐火罗语中假借而来的。因为在这类语言里面，ku 一字的从格 kun 即训为'犬'。"①

中原亦有夏裔杞与鄫。"杞"见于甲骨卜辞，但未涉及其与夏的关系。杞为夏后氏后裔见于《国语·周语》："有夏虽衰，杞、鄫犹在。"《左传·僖公三十一年》："鬼神非其族类，不歆其祀，杞、鄫何事？"《左传·襄公四年》："杞，夏余也，而即东夷。"《管子·大匡》齐桓公："夫杞，明王之后也。"《大戴礼记·少间》："成汤卒受大命……乃放夏桀，散亡其佐，乃迁姒姓于杞。"《逸周书·王会》就称前来参与周朝廷聚会的杞国君主为"夏公"，而称宋国之君为"殷公"。《论语·八佾》也以杞与夏、宋与殷相提并论："夏礼，吾能言之，杞不足征也；殷礼，吾能言之，宋不足征也。"《世本·王侯》："殷汤封夏后于杞，周又封之。"殷封的杞国可能在山东，周封的杞国在河南；殷周动荡不安，杞国亦迁徙无常。②《史记·陈杞世家》："杞东楼公者，夏后禹之后苗裔也。殷时或封或绝。周武王克殷纣，求禹之后，得东楼公，封之于杞，以奉夏后氏祀。"鄫亦传为夏后氏苗裔，因封地名为"鄫"而得国名。鄫国从建至灭，亦多次迁国；始封于河南，终于山东。鄫国灭后，太子巫逃至鲁，其后代为纪念故国以"鄫"为姓氏"曾"。

《国语·晋语》云黄帝以姬水成，姬姓，有子二十五人，得其姓者仅两人。周朝王族姓姬，我们可以推断黄帝故事如果不是周人编造，也是周人乐闻的传说。黄帝是夏、周、戎、狄传说中的始祖。夏、周、戎、狄主要活跃于西北，涉足中原、入主中原。

三、夏文化与西北

夏王朝已进入青铜时代，夏文化和龙山文化或仰韶文化等同起来是不适当的，和其他新石器时代文化相提并论就更不合适。夏鼐认为夏文化应该

---

① 〔法〕伯希和：《库蛮》，《西域南海史地考证译丛续编》，冯承钧译，商务印书馆，1934 年。
② 参见郝导华：《杞国史地考略》，《中原文物》2006 年第 1 期。

是夏王朝时期夏民族的文化。① 梁思永在安阳后冈发现了著名的三叠层：仰韶、龙山、商文化紧密衔接。② 中间并无夏文化层，如果夏朝存在，也应该到安阳以西寻找。青铜时代古墓沟文化、四坝文化、齐家文化、朱开沟文化、夏家店下层文化、二里头文化基本上在夏代纪年之内，特别是齐家文化与夏代纪年相始终，很可能是中国境内的夏文化。新石器时代以定居农业文化为基础，玉帛古国林立，有祀无戎；青铜时代以游牧文化为特征，王国形成，战争频繁，东亚从此进入了历史时期。夏代出现的新文化因素主要有青铜、黄牛、家马、山羊、绵羊、男尊女卑、火葬以及金崇拜等。夏代东亚定居农业文化标志性的彩陶、黑陶、玉器都衰落了，中原没有孕育青铜游牧文化的可能。

青铜冶炼和铸造是高度复杂的技术活动，有一个不断完善和改进的过程。冶金术的具体起源地还难以确定，旧大陆不大可能有两个独立的起源。③ 巴尔干到安纳托利亚一带7000多年前已开始冶金实践，5000多年前已发明范铸法和失蜡法，不同比例的砷青铜、锡青铜、铅青铜或铅锡青铜也相继发明。4000年前西亚已进入青铜时代鼎盛时期，主要的青铜冶铸技术均已发明，并对周围世界产生重大影响。阿凡纳谢沃文化（Afanasievo Culture）、安德罗诺沃文化（Andronovo Culture）标志着中亚及其附近地区4000年前左右进入了青铜时代。常见的青铜器是刀子、凿、针、锥、耳环、指环、斧、剑、头盔、镞、镜、马衔等。④ 这些文化有一个特点是畜牧业和父权日益发展而种植业和母权萎缩，金芭坦丝称为库尔干文化（Kurganskaya oblast Culture），认为是原始印欧人孕育了游牧文化，并且改变了欧洲和其他地区的社会进程和文化格局。⑤

中国西北，特别是新疆地区青铜时代遗址的发掘填补了青铜冶铸技术由

---

① 参见夏鼐：《谈谈探索夏文化的几个问题》，《河南文博通讯》1978年第1期。
② 参见梁思永：《小屯、龙山与仰韶》，《中央研究院庆祝蔡元培先生六十五岁论文集》，1935年，第555—568页。
③ 参见 Wertime T. A, "The Beginning of Metallurgy: A New Look", *Science*, Vol. 182, 1973, pp. 875-887。
④ 参见 Jettmar K, "The Altai before the Turks", *BMFEA* 23, 1953, pp. 135-223。
⑤ 参见 M. Gimbutas, *Bronze Age Cultures in Central and Eastern Europe*, London: Monton, 1965。

西向东传播的空白。① 古墓沟文化遗址表明大约 4000 年前新疆部分地区已进入青铜时代，且与中亚、西亚、中原均有联系。安德罗诺沃文化对新疆青铜文化的影响是明显的②；欧亚大草原的牧羊人在青铜文化传播过程中起了关键作用。③ 四坝文化、齐家文化、朱开沟文化是青铜文化由西北向西南、东北、中原传播的中继站。三星堆、大甸子、二里头遗址的青铜器可能是本地制造的，但亦是文化传播的结果。中原，特别是夏商统治的中心地区缺铅少锡，铜锭亦来自周边；二里头、二里岗和殷墟都只是青铜的铸造中心。

从技术史的角度考察，无论红铜冶炼、范铸法、失蜡法还是砷青铜、锡青铜、铅青铜、锡铅青铜都是西亚早于东亚。而且铜以外的其他金属如金、银、铁等冶炼东亚亦不早于西亚。④ 但是从器物类型考察，青铜鼎、簋、鬲、爵、戈、戟、编钟、多珠铃、大铎、巴形器等颇具东方特色，很可能是东亚的创作，并有反向传播的可能。从乌拉尔到黄河流域在考古冶金学上已没有明显的缺环。⑤ 公元前 2000 年以后，西亚、中亚、东亚之间存在一条西东文化交流的青铜之路；传播的不只是青铜技术和青铜器，而且包括众多的物资和观念如牛、马、羊及相关技术。⑥

山羊和绵羊骨骼经常同时出现在西亚新石器时代遗址中。最近对扎格罗斯山脉南端的甘兹·达列赫（Ganj Dareh）和阿里·库什（Ali Kosh）出土的山羊骨骼进行了重新研究，进一步确证西亚大约在一万多年前已经放养山羊了。⑦ 东亚养羊与西亚相比大约晚了 5000 年。数百处经科学发掘的

---

① 参见 Victor H. Mair, ed., *The Bronze Age and Early Iron Age Peoples of Eastern Central Asia*, The Institute for the Study of Man, University of Pennsylvania Museum Publications, 1998。
② 参见 Mei Jianjun., *Copper and Bronze Metallurgy in late Prehistoric Xingjiang*, Bar International Series 865, 2000。
③ 参见 Kuzmina E.E., "Cultural Connections of the Tarim Basin People and Pastoralists of the Asian Steppes in the Bronze Age", in Mair V.M. ed., *The Bronze Age and Early Iron Age Peoples of Eastern Central Asia*, pp. 63-93。
④ 参见黄盛璋：《论中国早期（铜铁以外）的金属工艺》，《考古学报》1996 年第 2 期。
⑤ 参见 Katheryn M. Linduff ed., *Metallurgy in Ancient Eastern Eurasia from the Urals to the Yellow River*, The Edwin Mellen Press, 2004。
⑥ 参见易华：《青铜之路：上古西东文化交流概说》，《东亚古物》，文物出版社，2004 年，第 80 页。
⑦ 参见 Zeder M.A. et al, "The Initial Domestication of Goats (Capra hircus) in the Zagros Mountains 10,000 Years Ago", *Science*, Vol. 287, 2000, pp. 2254-2257。

新石器时代遗址中大约有五十处出土过羊骨或陶羊头。 西安半坡的"绵羊"标本很少，尚不能确定是家羊[1]；河姆渡出土的陶羊头可能是羚羊。[2] 青铜时代遗址中出土的山羊和绵羊骨骼才是确凿无疑的家羊。[3] 羊在东亚新石器时代混合农业经济中几乎可以忽略不计。青铜时代新疆到中原羊的数量明显增多。 齐家文化和殷墟遗址中均有完整的羊骨骼出土。 商代西北羌人以养羊为业；周代中原养羊亦蔚然成风。《诗·小雅·无羊》："谁谓尔无羊，三百维群。……尔羊来思，其角濈濈。"根据DNA，山羊可分为四系，A系很可能源于西亚，B系源于巴基斯坦；A、B两系占主流；C、D两系罕见。[4] 通过对13个品种183只山羊完整mtDNA D-loop研究表明中国山羊亦可分为四系，A系占主流，B系次之，C、D两系仅见于西藏。[5] 分子遗传学亦不支持东亚特别是中原、东北亚作为山羊或绵羊的起源地。

新石器时代羊主要是食用，青铜时代羊毛日显重要。 大约公元前1000年西亚发明了铁制羊毛剪，加速了对羊毛的开发利用。 巴比伦帝国羊毛、谷物、油并立为三大物产。 羊是财富的象征，羊毛被称之为软黄金。 东亚较早利用羊毛制品的是北方或西北游牧民。 新疆出土青铜时代毛制品，与中亚毛纺织传统一脉相承，特别是其中的斜纹织物（Twill）至今在欧洲流行。[6] 中国以丝绸和布衣著称，羊毛衫、毛裤到20世纪才在中国普及。

水牛可能起源于南亚，而黄牛很可能来自西亚。 从河姆渡到兴隆沟，东亚新石器时代遗址中出土的牛骨多为水牛骨骼，不止一种，均为野生；家养水牛很可能是公元前10世纪从南亚引进的，中国南方的水牛犁耕技术很

---

[1] 参见周本雄：《中国新石器时代的家畜》，《新中国的考古发现与研究》，文物出版社，1984年，第196页。
[2] 参见魏丰等：《浙江余姚河姆渡新石器时代遗址动物群》，海洋出版社，1990年。
[3] 参见袁靖：《中国新石器时代家畜起源的问题》，《文物》2001年第3期。
[4] 参见Luikart J. et al, "Multiple maternal origins and weak phylogeographic structure in domestic goats", *PNAS* 98, 2001, pp. 5927-5932.
[5] 参见Liu R.Y. et al, Genetic diversity and origin of Chinese Domestic goats revealed by complete mtDNA D-loop sequence variation, *Asian-Australasian Journal of Animal Sciences* 20 (2), 2007, pp. 178-183.
[6] 参见Good I., "Notes on a Bronze Age Textile Fragment from Hami, Xinjiang, with Comments on the Significance of Twill", *the Journal of Indo-European Studies*, Vol.23, No.3-4, 1995, pp. 319-345.

可能是受北方黄牛耕作技术影响所致。①黄牛与绵羊、山羊生态习性相近，是新石器时代西亚、中亚的主要家畜。到了青铜时代，黄牛才在东亚大量出现，据今约4000年的甘肃大何庄遗址、秦魏家遗址齐家文化层中出土的黄牛骨骼是典型代表。黄牛与山羊经历了大致相同的驯化和传播过程。

喝人奶是自然，喝畜奶却是文化。西亚和中亚农民新石器时代就已开始挤奶，东亚农民至今仍不习惯挤奶，这有生物学和文化上的原因。中国成年人（14—66岁）中汉族92.3%、蒙古族87.9%、哈萨克族76.4%缺乏乳糖酶。②挤奶或奶业（dairying）是谢拉特提出的"第二次产业革命"的重要内容，亦是游牧生活方式形成和普及的关键。③东亚挤奶活动的出现与羊、牛、马的东传大体同步。哈萨克族、蒙古族、汉族中成年人体内产生乳糖酶的比例依次降低，表明其与印欧人的亲缘关系或接触与交流程度相应减少。东亚游牧民大都缺乏乳糖酶，对农业的依赖较为迫切。另一方面东亚农民并不喜欢畜奶和奶制品，容易鄙视或不重视畜牧业的发展。在欧洲种植业和畜牧业的结合异常紧密，在东亚却出现了明显的分野。乳糖酶的有无不仅是中国与欧洲饮食方式差异的原因之一④，而且影响了欧亚大陆历史的进程。

家马（Equus caballus）的野生祖先主要分布于欧亚草原的西端。乌克兰和哈萨克草原新石器和青铜时代文化遗址中大量马骨的出土显示了驯化过程。波台（Botai）位于哈萨克草原北部，是一处特殊的铜石并用时代（公元前3500—前3000年）遗址，出土动物骨骼三十余万块，其中99%是马骨。安东尼等研究表明，这些马主要是用于食用、祭祀（随葬）和骑乘，至少部分是家马⑤。在东亚数百处经科学发掘的遗址中从未发现马的骨架，只有

---

① 参见刘莉等：《中国家养水牛起源初探》，《考古学报》2006年第2期。
② 参见 Wang Yongfa etc, "Prevalence of Primary Adult Lactose Malabsorption in Three Population of Northern China", *Human Genetics*, Vol. 67, 1984, pp. 103-106。
③ 参见 Sherratt A., "The Secondary Exploitation of Animals in the Old World", *World Archaeology*, Vol. 15, No. 1, 1983, pp. 90-104。
④ 参见 Huang, H.T., "Hypolactasia and Chinese Diet", *Current Anthropology*, Vol. 43, No. 5, 2002。
⑤ 参见 Brown, D. et al, "Bit Wear, Horseback Riding, and the Botai Site in Kazakstan", *Journal of Archaeological Science*, Vol. 25, 1998, pp. 331-347。

零星的马齿或马骨出土，不能确定为家马[1]，确凿无疑的家马和马车见于商代。[2] 此后3000余年的历史证明中原并不适合于养马。大量车马坑的发现表明中原确系马的"葬身之地"。[3] 对来自10个不同时代和地方的191匹马的mtDNA进行的研究展示了丰富的遗传多样性，支持家马是多地区或多次驯化的假说。[4] 内蒙古赤峰地区大山前和井沟子遗址青铜时代9匹家马mtDNA分散在现代家马聚簇中。[5] 此外家驴亦来自中亚或西亚，其源头在非洲。[6]

马车（Chariot）此处特指青铜时代流行于欧亚大陆的一种有辐两轮轻快马拉车，主要用于战争、狩猎、礼仪和比赛，也普遍用来陪葬。这类马车在西亚（主要是安纳托利亚和两河流域）、中亚（主要是哈萨克斯坦草原）和东亚（主要是商、周文化遗址）中均有出土，不仅基本形制相似，而且许多细节相同，充分表明它们有共同的起源，不太可能是独立的发明。李特尔等系统研究了车辆的起源和传播，指出无辐车和有辐车均起源于西亚，然后分别传入欧洲、非洲和亚洲的中亚、南亚和东亚。[7] 安东尼等主张马车起源于欧亚草原西端[8]，主要根据是辛塔什塔–彼德罗夫卡（Sintashta-petrovka）文化墓葬中出土的14辆车，其年代约为公元前2100—前1700年。林巳奈夫[9]、夏含夷[10]等明确主张东亚的马车来源于西亚或中亚草原。最近

---

[1] 参见 Linduff K.M., "A Walk on the Wild Side Late Shang Appropriation of Horse in China", *Late Prehistoric Exploitation of the Eurasian Steppe*, Vol. 2, 2000, pp. 214-231。

[2] 参见周本雄：《中国新石器时代的家畜》，《新中国的考古发现与研究》，文物出版社，1984年，第196页。

[3] 参见 Lu Liancheng, "Chariot and Horse Burials in Ancient China", *Antiquity,* Vol. 67, 1993。吴晓筠：《西周时期车马埋葬中的礼制意涵》，《故宫学术季刊》第22卷第4期，2005年。

[4] 参见 Carles Vila et al, "Widespread Origins of Domestic Horse Lineages", *Science*, Jan. 19, Vol. 291, 2001, pp. 474-477。

[5] 参见蔡大伟等：《内蒙古赤峰地区青铜时代古马线粒体DNA分析》，《自然科学进展》2007年第3期。

[6] 参见 Lei Chu-zhao et al, "African maternal origin and genetic diversity of Chinese domestic donkeys", *Asian-Australasian Journal of Animal Sciences*, 20（5），2007, pp. 645-652。S.Y. Chen et al, "Mitochondrial DNA diversity and population structure of four Chinese donkey breeds", *Animal Genetics*, 37, 2006, pp. 427-429。

[7] 参见 Littauer, M.A. et al., *Wheeled Vehicles and Ridden Animals in the Near East*, Leiden, 1979。

[8] 参见 Anthony, D.W. et al., "The Birth of the Chariot", *Archaeology,* Vol. 48, No. 2, 1995, pp. 36-41。

[9] 参见〔日〕林巳奈夫：《中国先秦时代的马车》，《东方学报》，1959年。

[10] E. L-Shaughnessy, "Historical Perspectives on the Introduction of the Chariot into China", *Harvard Journal Asiatic Studies*, Vol. 48, 1988, pp. 189-237。

王海城对马车进行了细致的系统考察,指出东亚不具备独立发明马车的基本条件。[1]

伴随青铜时代游牧文化的出现,好战之风刮到了东亚。印欧疯狂武士(Berserks)是尚武好战文化的有力传播者。[2] 商鞅规定斩首进爵,秦"带甲百万"顿足擦掌。爵是一种特殊的酒杯,杀敌进爵显然是游牧民杀敌饮酒的演进[3]。梁启超认为中国贫弱源自秦始皇以来扼杀了慷慨捐生的尚武精神,自黄帝开始华夏民族就是靠武力征服夷、蛮而在中国生息繁衍,"中国民族之武,其最初之天性也;中国民族之不武,则第二之天性也。"[4] 战争是"有组织的武力冲突",是社会文化现象,并不是生物自然现象。东亚最早确凿无疑的战争见于商代,真正激烈的大战出现在春秋战国时代。殷墟矢镞、戈、矛、刀削、斧斤是东亚比剑更古老的五种兵器,仅戈为中国本土之物,其他四种和剑一样来自中亚或西亚。[5] 戈可能是夏人的标志性器物[6],主要分布于中原,亦流传到了几乎整个东亚地区。

东亚新石器时代墓葬多为竖穴方形土坑墓,伴有少量瓮棺葬;到了青铜时代墓葬形式明显复杂化。齐家文化遗址男女合葬墓表明男尊女卑的父系社会正在形成:女性开始卑躬屈膝,男性拥有娶妾的权利。[7] 甘肃武威皇娘娘台墓地共发掘88座墓,其中1男2女合葬墓3座,男性仰卧居中,女性侧身俯贴于男性,下肢后屈,面皆向男性;成年男女合葬墓10座,男性仰卧直肢居左,女性侧身屈肢居右,面向男性。[8] 永靖秦魏家发掘138座墓,其

---

[1] 王海城:《中国马车的起源》,《欧亚学刊》第三辑,中华书局,2002年,第1—46页。
[2] M.P. Speidel, "Berserks: A History of Indo-European 'Mad Warriors' (1)", *Journal of World History*, Vol. 13, No. 2, 2002.
[3] 《史记·匈奴列传》:"其攻战,斩首虏赐一卮酒,而所得卤获因以予之,得人以为奴婢。"
[4] 梁启超:《中国之武士道》,《饮冰室合集》专集之二十四,中华书局,1989年。
[5] 参见李济:《殷墟铜器五种及其相关之问题》,《中央研究院历史语言研究所集刊·庆祝蔡元培先生六十五岁论文集》,1935年。Max Loehr, "Weapons and Tools from Anyang, and Siberian Analogies", *American Journal of Archaeology*, Vol. 53, No. 2, 1949, pp. 126-144.
[6] 参见曹定云:《殷代族徽"戈"与夏人后裔氏族》,《考古与文物》1989年第1期。
[7] 参见张忠培:《黄河流域史前合葬墓反映的社会制度的变迁》,《华夏考古》1989年第4期。
[8] 甘肃省博物馆:《甘肃武威皇娘娘台遗址发掘报告》,《考古学报》1960年第2期;《甘肃武威皇娘娘台遗址第四次发掘》,《考古学报》1978年第4期。

中成人男女合墓葬 16 座，男性仰卧直肢居右，女性侧身屈肢居左，面向男性。① 经科学发掘显示均为一次葬，不仅体现了男尊女卑，而且表明妻妾陪葬已成风气。②

《墨子》《列子》等提到羌人实行火葬，而火葬源自印欧人。齐家文化已见火葬，目前东亚最早的火葬墓见于约 4000 年前的宗日遗址③，稍晚的火葬遗迹在中国西南、东北和中原均有发现。④ 中亚或东欧的青铜时代印欧人创造火葬文化，到青铜时代晚期演变为独特的骨灰瓮（场）文化（urnfield culture）。⑤ 氐、羌文化遗存如寺洼文化、辛店文化位于河西走廊，发现了装骨灰的陶罐。周之先人可能实行火葬⑥；周人亦实行火葬。⑦ 岑仲勉认为周人可能是祆教徒，信仰阴阳，《易经》也源于祆教，与印欧语系民族有关。⑧

金之美者为黄金。黄金是金属文化的象征。古埃及金碧辉煌令人叹为观止，大夏黄金宝藏令人目不暇接，斯基泰被认为是草原黄金的主人。环黑海地区（Circumpontic Metallurgical Province）收集到的七万八千余件史前金属制品中有五万五千余件是黄金制品。⑨ 金羊毛、金苹果的故事流传久远，西亚似乎有一个黄金时代，可与东亚玉器时代交相辉映。东亚黄金制品不早于青铜器。中国早期金器见于齐家文化、夏家店下层文化和三星堆等商、周时代文化遗址，大体而言与青铜相伴而来。金沙遗址出土太阳神鸟是绝世精品，已被指定为中国文化遗产标志。夏、商、周金器主要是装饰品和祭祀或礼仪用品⑩，不难在中亚、西亚找到对应的原型。

---

① 中国科学院考古研究所甘肃队：《甘肃永靖秦魏家齐家文化墓地》，《考古学报》1975 年第 2 期。
② 黄展岳：《中国史前期人性人殉遗存的考察》，《文物》1987 年第 11 期。
③ 李锦山：《论宗日火葬墓及其相关问题》，《考古》2002 年第 11 期。
④ 姜仁求：《中国地域火葬墓研究》，《震旦学报》第 46、47 期，1979 年。
⑤ H. Fokkens, "The Genesis of Urnfields: Economic Crisis or Ideological Change", *Antiquity*, 1997.
⑥ 张平辙：《周之先人火葬说》，《西北师大学报》1994 年第 5 期。
⑦ 王志友：《关中地区发现的西周火葬墓》，《西北大学学报》2005 年第 5 期。
⑧ 参见岑仲勉：《两周文史论丛》，中华书局，2004 年，第 75 页。
⑨ E.V. Chernykh et al., "Ancient Metallurgy in Northeast Asia: Form the Urals to the Saiano-Altai", *Metallurgy in Ancient Eastern Eurasia from the Urals to the Yellow River*, ed. by Katheryn M. Linduff, The Edwin Mellen Press, 2004.
⑩ 参见白黎璠：《夏商西周金器研究》，《中原文物》2006 年第 5 期；齐东方：《中国早期金银器研究》，《华夏考古》1999 年第 4 期。

以上是夏王朝时代东亚出现的一些新的文化因素，可概称为青铜时代游牧文化，其东传与吐火罗人、羌或戎、氐有关。① 前面我们论证了夏人或周人与戎、氐的关系，可以推断是夏人或戎、氐引进了青铜时代游牧文化。东亚各国有选择地吸收了其中的部分内容并加以发扬光大。 中国引进青铜技术后不仅能生产与中亚同样的武器、工具和装饰品，还生产大型容器作礼器和一些特殊的工艺品。 尚武之风和黄金崇拜风靡东亚，玉器崇拜和礼仪之风尚存。

四、讨论与结语

尧舜的主要事迹与定居农业有关，而炎黄与青铜游牧文化关系密切。炎帝的失败代表着一个时代的结束，即传说中尧舜时代的结束；而黄帝的胜利则意味着一个新的时代的开始，从考古学的角度来说就是青铜时代的到来。《山海经·大荒南经》记述了游牧生活方式："不绩不经服也，不稼不穑食也。"黄帝以师兵为营卫，迁徙往来无常处，游牧作风明显。 黄帝置左右大监，监于万国；匈奴等游牧帝国又称百蛮大国，置左右贤王，继承了黄帝的传统。《物原》："轩辕始作带。"《风俗义·皇霸》："黄帝始制冠冕。"金冠从古埃及、巴比伦到斯基泰、大夏、匈奴一脉相承；而带是游牧民族男子汉的必备。 天子或天之骄子亦是游牧民族喜欢的称呼。《汉书·匈奴传》："南有大汉，北有强胡。 胡者，天之骄子也！"从匈奴到突厥，再到蒙古，腾格里崇拜和天子这一称号来自上古时期的西北游牧民族。 黄帝代表崇拜天的游牧部落集团。"习用干戈"，黄帝无疑已进入战争时代。《淮南子·兵略》："兵之所由来者远矣，黄帝尝与炎帝战矣，颛顼尝与共工争矣。"蚩尤、黄帝均被传为"战神"。《鹖冠子》："上德已衰矣，兵知俱起；黄帝百战，蚩尤七十二。"新石器时代是相对和平的时代，战争是青铜时代开始流行的文化现象。《商君书》云黄帝时代"内行刀锯，外用甲兵"。 黄帝开创了武

---

① 徐仲舒：《北狄在前殷文化上之贡献：论殷墟青铜器与两轮大车之由来》，《古今论衡》1999 年第 3 期。本文为徐仲舒先生遗稿，写作年代是 1948 年。

装夺取政权的先例,秦始皇以黄帝为榜样,用暴力统一中国,率先称皇帝。黄帝崇拜在秦汉时达到了第一个高潮。① 炎黄之战不断重演,禅让逐渐成为遥远的传说。人民在相信"正义必胜"的同时不得不接受"胜者有理"的现实。

生物学上有隔代遗传法则,文化上有隔代相亲现象,哲学上有否定之否定规律。夏崇拜始于周人。② 周灭商之后,以夏自居,自称"有夏",称其同盟为"诸夏",以此区别于其原来的祖先戎狄与蛮夷。周人兴于戎狄,他们强调自己是"自窜于戎狄之间"的夏人。周朝败于犬戎,戎狄日盛,诸夏意识渐兴。管仲提出"诸夏亲昵,不可弃也"。齐桓公率先"尊王攘夷","葵丘之会"强化了诸夏意识。晋文公继起称霸,城濮之战亦有尊王攘夷之意。齐、晋是周朝的重要封国,仿周尊夏,理所当然。多数带铭文的西周铜器出于渭水流域,征发夷蛮有功而受赏之事是主题,而先秦文献中北方戎、氐是西周始终的敌人。这说明铭文多出于周人或戎、狄之手,而文献多出于夷人之笔。

秦、楚是夷狄的代表。《史记·秦本纪》:"秦僻在雍州,不与中国会盟,夷翟遇之。"《春秋公羊传·僖公四十一年》:"楚,夷国也。"正是这两个夷蛮大国后来主宰了中国的历史。楚国问鼎中原,秦穆公以"中国"自居。秦人的族源异常复杂,嬴政不分夷夏,灭六国,武力统一中国,称始皇帝。楚虽三户,亡秦必楚。楚人刘邦亦夷人之后,建立汉朝。秦汉之际黄帝崇拜达到了高潮,秦皇汉武成了黄帝子孙,夏代传人。

华夷五方格局形成于春秋战国时代。《论语》中未出现"东夷"、"南蛮"等配有方位的民族称谓。《左传·昭公十七年》孔子云:"吾闻之,'天子失官,学在四夷',犹信。"《孟子·梁惠王上》:"莅中国而抚四夷。"《孟子·尽心下》云:"君好仁,天下无敌焉。南面而征北夷怨,东面征而西夷怨,奚为后我!"中国、东夷、南蛮、西戎、北狄五方之民及其习性、语言、衣服、器用等与方位整齐配合的观念见于《管子·小匡》和《礼记·王制》,是战国秦汉大一统思想的体现。《春秋·公羊传》:"内其国而外诸夏,

---

① 黄帝、秦始皇与尧舜之道背道而驰,在儒家看来是大逆不道,焚书坑儒也就在所难免。
② 李民:《释〈尚书〉"周人尊夏"说》,《中国史研究》1982年第2期。

内诸夏而外夷狄。"

　　傅斯年曾感慨究竟谁是诸夏，谁是戎狄："云周之号称出于后稷，一如匈奴之号称出于夏氏；与其信周之先世曾窜于戎氏之间，毋宁谓周之先世本出于戎狄之间。"[①]周人与羌、戎、吐火罗的关系非常密切；四者交叠混合，不易区分，在东亚上古史上起了特殊作用。从西周的以夏自居到春秋的包容诸夏是夏崇拜的普及过程。三代之前尽是夷，三代之后都成夏，夷、夏消长大致如此。齐兴于东夷，晋兴于北狄，楚兴于南蛮，秦兴于西戎，号称诸夏。夏由第三人称变为第一人称，夷由"人"变为了"他人"，夷、夏完成了人称和时空的转换。

　　秦汉以降，褒夏贬夷成为风气，并逐渐忘记了夷、夏转变的历史。夏为何物，对古人今人来说都是未知数，只能从夷蛮戎狄来推断其存在。夏王朝、夏民族、夏文化均与西北密不可分：夏文化是上古三代先进的青铜游牧文化，夏民族是先进文化的引进者，夏王朝是在东亚定居农业基础上建立的王朝。单纯的定居农业古国可能稳定，鸡犬之声相闻，民至老死不相往来。单纯游牧国家可以强大，其兴如暴风骤雨，其亡似烟消云散。游牧与定居农业相结合的国家才能稳定而强大。炎黄传说或夏人来自西北，青铜游牧文化来自西北，掌握了先进文化的夏民族入主中原，建立夏王朝十分可能；后来被推翻或驱逐亦不难理解。上古中国西北地区是文化交流的前沿阵地，夏、周或戎、氐起了关键作用。

[①] 傅斯年：《与顾颉刚论古史书》，《傅斯年全集》，载欧阳哲生主编：《傅斯年全集》（第 1 卷），湖南教育出版社，2003 年，第 467 页。

大地湾陶符的性质及史前陶符研究方法

黄亚平

（中国海洋大学文学与新闻传播学院）

一、大地湾陶符性质研究综述

甘肃秦安大地湾遗址共出土了两批史前陶符：属于大地湾一期的彩绘符号有 13 种，属于大地湾二期的刻画符号有 16 种。对这两批史前陶符的性质和含意，《一九八〇年秦安大地湾一期文化遗存发掘简报》（下称《发掘简报》，执笔者阎渭清先生）首先做了初步判定："在灰坑、房基和文化层中出土的 20 多件钵形器和部分陶片的内壁上，还发现有 10 余种不同纹样的彩绘，这些纹样大体可分为两类。第一类是类似水波状的〜〜形、〰形纹，具有一定的连续性。类似生长的植物⿻形、⿻形纹，连续性不强，皆属于装饰性的图案花纹。第二类是以直线或曲线并列或相交的彩绘纹样，如↑、↑、§、〉〉等，无连续性，可能含有记事的意义，应属于一种记事符号。这批彩绘图案和符号，无疑是研究我国彩陶和文字起源的重要资料。"至于大地湾一期彩绘符号与仰韶文化遗址半坡类型刻画符号之间的关联，以及部分一期彩绘符号与二期刻画符号的关系，该文也指出："其中，钵形器内壁的彩绘有一些同半坡类型如西安半坡、临潼姜寨和本遗址二期遗存陶器上所见刻画符号，形状大小基本相同，可能是介于图画与文字之间的一种记事符号。"[①]

[①] 甘肃省博物馆、秦安县文化馆、大地湾发掘组：《一九八〇年秦安大地湾一期文化遗存发掘简报》，《考古与文物》1982 年第 2 期。

相对而言，《甘肃秦安大地湾遗址1978至1982年发掘的主要收获》（以下简称《主要收获》，执笔者张朋川、郎树德）仅述了一期彩绘符号的出土情况："值得注意的是，在钵形器的内壁发现有十多种彩绘符号。"但对二期刻画符号的使用情况以及一期符号与二期符号之间的关联，《主要收获》显然比《发掘简报》讨论更加深入一些："在宽带纹上还发现十多种刻画符号，每种刻符均单独使用。""大地湾一期的彩绘符号和大地湾仰韶早期即半坡、姜寨等遗址的刻画符号非常接近，两者当有承袭关系。"[1]

经过多年来考古发掘实践的经验积累，以及自20世纪80年代以来郭沫若[2]、于省吾[3]、李孝定[4]、王志俊[5]、裘锡圭[6]、巩启明[7]、汪宁

---

[1] 甘肃省博物馆文物工作队：《甘肃秦安大地湾遗址1978至1982年发掘的主要收获》，《文物》1983年第11期。
[2] "彩陶上的那些刻画符号，可以肯定地说就是中国文字的起源，或者中国原始文字的孑遗。"郭沫若：《古代文字之辩证的发展》，《考古学报》1972年第1期。
[3] "西安半坡所发现的仰韶文化的陶器口缘外，往往刻画着简单的文字。……这种陶器上简单的文字，考古工作者以为是符号，我认为这是文字起源阶段所产生的一些简单文字。仰韶文化距今约有六千多年之久，那么，我国开始有文字的时期也就有了六千多年之久，这是可以推断的。"于省吾：《关于古代文字研究的若干问题》，《文物》1973年第2期。
[4] 李孝定认为半坡刻画符号是最早的陶文，陶文中的纪数字"可以证明它们和甲骨文字是属于完全相同的系统，那么它们是中国早期较原始的文字，应该是毫无意义的了。""……中国文字的起源，在系统上是单元的。"李孝定：《从几种史前及有史早期陶文的观察蠡测中国文字的起源》，新加坡《南洋大学学报》1969年第3期。
[5] "通过对上述这些刻符的辨识，我们认为仰韶文化的这批刻符已属文字，它就是古汉字的起源，已有了基本固定的形、音、义，和商周甲骨文、金文属一个系统，即象形文字系统。从仰韶文化到商周文化约四千年之久，中间虽有许多缺环，但是甲骨文和金文直接从刻符中吸收了大量精华，既有表示数字的符号，还有许多象形文字的符号。可以这样说：仰韶刻符和商周甲骨文、金文是一脉相承的，甲骨文、金文是仰韶刻符的发展，其中有仰韶文字深深的烙印。"王志俊：《关中地区仰韶文化刻画符号综述》，《考古与文物》1980年第3期。
[6] "考古工作者发现的跟汉字形成有关的较古资料主要有两种：一种是原始社会晚期的仰韶、马家窑、龙山和良渚等文化的记号，一种是原始社会晚期的大汶口文化的象形符号。""从总体上看，上面所举的这类记号，跟以象形符号为主要基础的古汉字显然不是一个系统的东西，但是它们对于汉字的形成还是有影响的。""上一节讨论的那种记号，虽然对汉字的形成有影响，却显然不是汉字形成的主要基础，大汶口文化象形符号跟古汉字的关系就不一样了。""把大汶口文化象形符号跟古汉字比较一下，就可以看出两者的关系是很密切的。""由此看来，大汶口文化象形符号跟古汉字的相似程度是非常高的。它们之间似乎存在着一脉相承的关系。""大汶口文化象形符号应该已经不是非文字的图形，而是原始文字了。"裘锡圭：《汉字形成问题的初步探索》，《中国语文》1978年第3期。
[7] "在姜寨发现的刻画在陶器上的记事符号，也是属于意识形态方面的重要内容。过去在西安半坡、宝鸡北首岭、长安五楼、合阳莘野、铜川李家沟、临潼零口和垣头等遗址都曾或多或少地发现过一些标本，但都没有姜寨遗址发现的数量和种类多。姜寨的标本大大地充实了这方面的研究资料，它对研究我国古文字的渊源和形成，对研究我国古代的精神文化都具有相当重要的意义。"巩启明：《姜寨遗址考古发掘的主要收获及其意义》，《人文杂志》1981年第4期。

生[1]、高明[2]等人对史前符号性质的充分讨论,近年来,大地湾考古工作者对这两批史前陶符性质和意义的认识又出现了一些微妙的变化,从总体上趋向于混同两批史前陶符而笼统解读其意义。2006年出版的《秦安大地湾:新石器时代遗址考古发掘报告》(以下简称《大地湾》)[3]对一期符号的解读基本维持了《发掘简报》"记事符号"的看法,但同时却放弃了《发掘简报》所说"装饰性的图案花纹"的观点。至于一期彩绘符号和二期刻画符号之间的关联,《大地湾》和其后的《大地湾遗址出土文物精粹》[4]都从整体上倾向于不再区分两者,而是将一期、二期符号综合起来考虑,笼统称之为可能是一种"记事符号",也有可能是"记事的文字"。

毋庸讳言,《大地湾》报告在一期、二期文化之间是否存在直接联系,二期文化属性及其与仰韶文化半坡类型的关系方面还存在一些不确定性,这些不确定因素导致《大地湾》考古报告和其后出现的相关书籍的叙述出现了相对笼统和含混解释的倾向。我们认为,就大地湾本地文化的发展序列而言,大地湾二期文化有明显的外来因素,其主体并非完全来自于本地一期文化。既然文化的演进过程如此,那么,作为文化表征的大地湾陶符,似乎一期、二期有所区别才能解释得通。为什么反而出现了前期分开论述,后期却笼统解释的现象呢?有鉴于此,在前贤研究的基础之上,本文尝试采用"符号考古"的方法,讨论大地湾两批史前陶符的性质和含义,重点讨论二

---

[1] "半坡等地出土陶器上的符号,常被人们作为汉文字起源的证据,认为某一符号就是后来的某字。还有把半坡陶器符号与彝族文字比附起来的。我们认为,这些几何形符号像其他原始记事方法一样,对后世文字发明有一定的影响,但本身绝不是文字。它不过是像西双版纳傣族制陶时那样,为标明个人所有权或制作时的某些需要而随意刻画的。当时人们并未赋予一定的含意,今天自无从解释。"汪宁生:《从原始记事到文字发明》,《考古学报》1981年第1期。

[2] "陶符产生在公元前4000年的新石器时代仰韶文化期间,一直延续到春秋战国时期。从现有资料看,不同地区和不同时代的陶符,各有特点,彼此重复的数量很少,只限于笔画简单的几种,这种重复并非由于继承或传播所至,纯属偶然。陶器上刻写的文字,据现有资料看,初见于大汶口晚期,成熟于商代中晚期,经过两周和秦汉等各个时期的发展变化,一直使用到今天,仍然是广大群众用来表达语言的工具。陶符与陶文各自产生的时代不同,社会条件也不同,不是同范畴的事物,彼此走的也不是同一道路。"高明:《论陶符兼谈汉字的起源》,《北京大学学报》1984年第6期。

[3] 甘肃省文物考古研究所:《秦安大地湾:新石器时代遗址考古发掘报告》,文物出版社,2006年,第47—48页。

[4] 甘肃大地湾文物保护研究所:《大地湾遗址出土文物精粹》,商务印书馆,2016年,第17页。

期刻画符号，以就教于方家。

本文所谓"符号考古"，包含三个方面的内容。符号内证法：考察共时平面的不同符号之间的结构关系；符号外证法：考察符号与附着器以及出土单位等广义的符号之间的关联；符号旁证法：进行历时层面的符号比对和符号演变痕迹的历史追踪。详见下文。

二、符号内证法

所谓"符号内证法"是通过符号本身考察符号性质和意义的一种方法。就大地湾二期刻画符号而言，符号内证法可使用在以下三个方面：第一，陶符所在器物位置及陶符重现率；第二，同一器物所携符号、纹饰与图案存在结构关系；第三，同期不同器物所携符号、纹饰与图案存在功能互补关系。从以上三个方面的关系，可以确定符号本身是否有意义。

（一）陶符所在器物位置及陶符重现率

据《大地湾》考古报告，大地湾遗址二期发现的16种刻画符号基本上出现在残钵口器的碎片上，刻有陶符的二期彩陶碎片共32片。《大地湾》"第二期刻画符号登记表"，提供了以上16种符号的形态以及出土单位的信息。图版七三、七四还给出了全部16种陶符中13种符号的彩陶片黑白照片，其余3种符号则未见有照片。为了行文的方便，本文按照先左后右、从上到下的顺序将以上16种符号依次编为No.1—No.16，并将《大地湾》符号彩版和黑白图片与符号登记表匹配，在每个编号的彩版和黑白图片下标明出土单位的次数，这样我们就可以比较直观地观察陶符重现率。

表 1　大地湾二期符号登记表

符号	单位号	符号	单位号
丨	G300：P47、F245：95、H334：P9、F361：P5、H3101：P1、H379：P165、G300：P37、H715：P12、TG4④：P8	丁	G300：P56
ㄴ	G300：P46、H379：P164、T327③：P6、T320③：P27	↓	T108③：P1、H15：P3
ㄴ	G300：P48、G300：P45	小	H235：P11
」	T329③：P8	个	H3110：P3
ㄏ	F202：P16、H379：P163、T327③：P27	匕	P709：P15
ㄏ	T340③：P48	氺	T314④：P2
つ	F602：P9、H7：P1	D	P7④：P5
刂	P245：P6	D	H235：P13

资料来源：甘肃省文物考古研究所：《秦安大地湾新石器时代遗址发掘报告》（上），文物出版社，2006年，第176页。

No.1在沟、灰坑、房址、探沟等考古单位中出现9例（另有完整彩陶盆1例未见《登记表》统计，据《大地湾》彩版，此例归入A型I式钵，出土于M222：1），重现率比较高，且有完整的彩陶钵出土。显然是大地湾二期比较常见的符号。No.2在沟、灰坑和探方之内出现4例，也是16种符号中重现率比较高的符号之一。No.3在沟中出现2例，《登记表》表中的符号形状与No.2近似，《大地湾》未列出No.3彩版或黑白图片，原因未知。从《登记表》所列符号形态上看，No.2竖笔与右上斜笔之间似为连笔，笔画类似楷书的"提钩"，而No.3在竖笔与右上斜笔之间似有断开，似为两笔，《大地湾》考古报告或许是因为这个原因将两者归并为两种符号的。No.4仅在探方内出土1例。No.5在房址、灰坑、探方中发现3例，重现率比较高，《大地湾》未列出彩版或黑白图片，原因未知，笔画构成为竖笔与右下斜笔，两笔之间没有断开。No.6仅在探方内出土1例。笔画构成为竖笔与右下斜笔，中间断开，这是其与No.5的唯一区别。No.7在房址和灰坑中出现2例。No.8仅在房址中出现1例。No.9仅在沟之中出现1例。No.10在探方和灰坑中出现2例。No.11仅在灰坑中发现1例。No.12仅在灰坑中发现1例。No.13仅在房址中发现1例。No.14仅在探方中发现1例。No.15仅在探方中发现1例。No.16仅在灰坑中发现1例。《大地湾》未见列出彩版或黑白图片，原因未知。

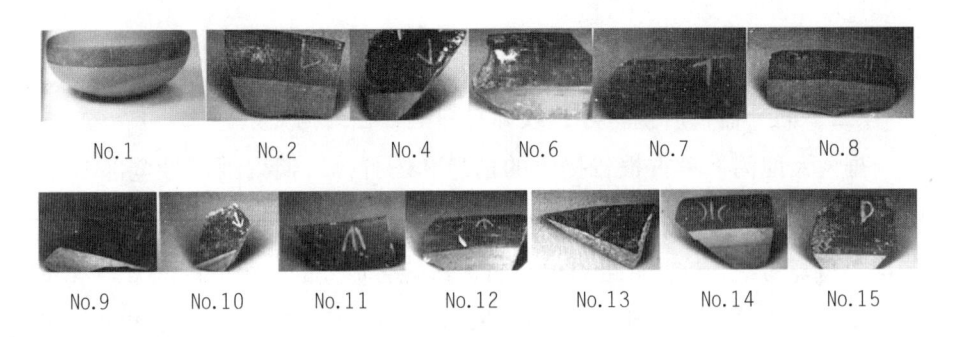

大地湾陶瓷彩版和黑白照片[①]

将《大地湾》考古报告提供的《第二期符号登记表》与同书中二期刻画符号彩版或黑白图片对照之后，我们发现：二期刻画符号全16种符号中的6种符号重现率均在二次以上，其中重现率最高的是No.1（9例），其次是No.2的4例，No.5的3例，其余的No.3、No.7和No.10都只有2例。而另外的10种符号仅出现1例，重现率为零。

符号的重现率一般被当作符号是否具有意义的判定标准而普遍使用于各史前考古遗址符号性质的判定中。如《西安半坡》推测半坡陶符为器物所有者或器物制造者使用的专门记号，列举的证据之一就是"我们发现多种类同的符号，出在同一窖穴或同一地区。"[②] 裘锡圭指出："（西安半坡、临潼

[①] No.1：甘肃大地湾文物保护研究所编《大地湾遗址出土文物精粹》，商务印书馆，2016年版，第41页；No.2：彩版一五，5，T327③：P6（又有G300：P46/H379：P164/T320③：P27三种单位）；No.4：彩版一五，3，T329③：P8；No.6：彩版一五，1，T340③：P48；No.7：彩版一五，6，F602：P9（又有H7：P1）；No.8：彩版一五，4，F245：P6；No.9：彩版一五，2，G300：P56；No.10：彩版一四，5，T108：P1；（又有H715:P3）；No.11：彩版一四，3，H235：P11；No.12：彩版一四，1，H3110：P3；No.13：彩版一四，6，F709：P15；No.14：彩版一四，4，T314④：P2；No.15：彩版一四彩，2，T7④：P5。

[②] 中国科学院考古研究所、陕西省西安半坡博物馆：《西安半坡》，文物出版社，1963年，第79页。

姜寨的记号）它们几乎全部刻在同一种陶器的同一个部位——半坡早期类型直口钵饰有宽带纹或倒三角纹的外口缘上。这充分说明它们不是任意的刻画，而是具有一定意义的记号。"① 其二，仅从符号的形似度来看，No.2 与 No.3 近似，No.5 与 No.6 近似。这也从一个侧面说明，对史前陶符的释读不能过度依赖形体的相似程度。

（二）同一器物所携符号、纹饰与图案存在结构关系

据《大地湾》考古报告提供的信息和图片，二期刻画符号全部 16 种（从图片上看，至少有 13 种）位于彩陶钵口沿部位的宽带纹之上。所以，怎样看待宽带纹，这是此处符号考古方法能否成立的一个关键因素。本文把宽带纹看成是一种特殊形式的符号。据我们所知，宽带纹最先出现在前仰韶时期的彩陶文化中，是大地湾一期文化（前仰韶文化）的典型纹饰之一。宽带纹一般位于钵形器口沿外壁之上，也有出现在葫芦瓶、细颈壶口沿部位。宽带纹呈条带状，多为黑彩，也有红彩，一般围绕器口涂绘宽 2 厘米—3 厘米条状纹。大地湾一期文化中，部分宽带纹与彩绘符号出现伴生现象，宽带纹的寓意非常丰富。蒋书庆指出："宽带纹虽形式单纯、朴实无华，但红彩早在山顶洞人的时代已被赋予了十分神秘的宗教寓意。他们有在死者尸骨旁涂撒红色矿石粉末的习俗，一些装饰品的穿孔也还残留有红色，显示了红色的运用早已超越了人们的感官刺激和装饰作用而具有了巫术礼仪的意义。……特别是宽带纹也与许多彩绘符号相伴而出，它们是宽带纹形式的一部分，也应与宽带纹的寓意有十分密切的关系，只有同时考察这些特征，方才能更深入地了解宽带纹及其寓意内涵。"②

大地湾一期彩陶钵不但在同一器物上同时出现器表口沿的彩色宽带纹和内壁的彩绘图案或符号。在钵型器的口沿部位制作出一条宽带纹，需要陶工先修去器表的绳纹，制作出一圈光面，这个过程费时费力，不会是无意为之，至少也会有装饰意义。在大地湾二期的房屋遗址中，部分房址的居住

---

① 裘锡圭：《汉字形成问题的初步探索》，《中国语文》1978 年第 3 期。
② 蒋书庆：《破译天书：远古彩陶花纹揭秘》，上海文化出版社，2001 年，第 22—23 页。

面也被涂成褐色,《大地湾》考古报告同样认为可能具有意义,这也可以作为一个旁证。如果我们承认宽带纹具有意义,把宽带纹自身也看成是人为的符号之一,那么,宽带纹之上的刻画符号就与宽带纹具有结构上的关联,构成一组"符号关系"。按照符号学和结构主义语言学的理论,在一组符号关系中,此者的意义(刻画符号的意义)在一定程度上取决于他者的意义(宽带纹符号的意义)。如果我们所说的宽带纹和其上的刻符之间的符号关系能够成立,那么,这一组符号关系同样也能排除了随手刻画、偶然为之的可能性。

(三)同期不同器物所携符号、纹饰与图案存在功能互补关系

据《大地湾》考古报告,大地湾二期出土的76件陶钵分为 A 型直口钵、B 型敛口钵和 C 型双耳钵等三型八式。其中 A 型 I 式钵型器中有两件(T3④:5;QD Ⅲ:1)宽带纹上有刻画符号,其余各式则在器腹部有圆点纹、弧边三角纹等纹饰以及各类点、横线、直线构成的几何形图案,间或也有鱼纹,但没有刻画符号。换句话说,同期同器上出现的刻画符号与彩陶纹饰或图案基本上没有共同出现在同一器物上的现象。为什么大地湾二期刻画符号所附着的彩陶钵上仅有宽带纹和刻画符号而无其他彩陶纹饰或图案? 而同期出现的数量众多的鱼纹盆上却只有纹饰和图案而没有出现刻画符号呢?

关于仰韶文化鱼纹的含意,张朋川解释为"图腾艺术"。"仰韶文化的彩陶以鱼、鸟纹为主要花纹,华山以西的泾、渭流域的彩陶纹样以鱼纹为主,华山以东的黄河中游的彩陶纹样以鸟纹为主,在华山周围一带则出现鸟和鱼相结合的纹样。……我们从以上关于周人祖先的传说和祭祀的记载中依稀能找出以鱼为图腾的痕迹。而泾、渭流域的仰韶文化彩陶图案以各种鱼、蛙等水族动物的纹样为主,并且贯穿始终,更不是偶然的现象,应该说是图腾艺术在彩陶图案中的反映。"[①] 如果我们假定大地湾二期有刻画符号的彩陶钵

---

① 张朋川:《中国彩陶图谱》,文物出版社,2005年,第193页。

和没有刻画符号的彩绘鱼纹盆构成一组符号关系,并且结合两者互补的情况加以综合考量,也许会有助于我们对二期刻画符号性质的进一步认识。从符号关系看,"鱼纹"是氏族图腾或具有审美功能的纹饰或图案,刻画符号则是制造者和使用者使用的记号或者只是一种有意义的记号,由于两种符号的功能不同,所以不会出现相互伴生的现象,而只能出现符号功能互补的现象,两种符号构成一种功能互补的符号关系。

三、符号外证法

所谓"符号外证法"是指从陶符出土时的附着器物、出土单位等外部因素考察符号性质和意义的一种方法。就大地湾二期刻画符号而言,符号外证法可使用于大地湾二期刻画符号出土时的附着器及符号与附着器的关系,以及大地湾二期刻画符号附着器出土单位与符号关系方面。

大地湾二期出土的刻画符号基本附着在圜底钵一种器形之上,未见其他器形。据《大地湾》考古报告(p126),彩陶钵是二期最常见的生活用具,二期出土完整或可复原的钵型器共76件,分为A\B\C三型八式,其中A型Ⅰ式钵型器中有两件(T3④:5;QDⅢ:1)宽带纹上有刻画符号,其余各式则在器腹部有圆点纹、弧边三角纹等纹饰以及各类点、横线、直线构成的几何形图案,间或也有鱼纹。未见同器上兼有宽带纹符号和器腹部纹饰或图案的情况,这或许暗示我们:二期钵形器中的A型Ⅰ式彩陶直口钵可能具有特别的用途,所以宽带纹及刻画符号才单独出现其上。这种情况也出现在仰韶文化半坡类型的彩陶钵上,似可作为旁证。

此外,大地湾二期刻画符号所附着的圜底钵出土于房址、灰坑、沟、探方等考古单位中,墓葬之中仅有1例。这种情况与仰韶文化半坡类型刻画符号的出土单位大体相同,而与马家窑文化马厂类型有别。这也从一个侧面说明,大地湾二期文化与仰韶文化半坡类型比较接近。据《大地湾》考古报告,二期Ⅰ段总面积约为2万平方米的史前聚落,聚落中心部位为广场和公共墓地,周围是环壕。广场一侧密集分布着功能各异、出土遗物数量和质量都有差别的大、中、小型房屋。大房子两座,每座面积约 60 平方米,推测为氏族首领的居住之处和用于氏族公共活动的建筑。其中 F229 房址内出土器物丰富,有鱼纹盆、宽带纹钵、尖底瓶、夹砂罐,以及石刀、石斧、石球、陶弹丸、陶锉、骨锥、骨簇等生产工具。[①] 中型房址每座面积 25 平方米—30 平方米之间,周围有小房址分布。中型房址松散分布在广场两边,出土遗物较为丰富,推测为家族长及未成年子女的共同居室,其中的 F17 面积达 43 平方米,室内窖穴中出土 4 件彩陶钵及带刻画符号的宽带纹钵残片。小型房址面积在 15 平方米—20 平方米之间。中、小型房址扇形分布在中心广场周围,大门均朝向中心广场,其布局与半坡、临潼姜寨基本相同。[②] 每座中型房址和围绕的小形房址构成一个大家族,整个氏族由 15 个左右的大家族组成。[③]

四、符号旁证法

除"符号内证法"和"符号外证法"之外,还可以借助历时层面的符号比对追踪符号演变和发展的痕迹,这种方法可称之为"符号旁证法"。就大地湾两批陶符而言,这种方法可使用于:第一,一期彩绘符号与二期刻画符号的比较;第二,一期 A 类彩绘符号的演变及符号性质。通过纵向的符号比对和符号演变痕迹的追踪,进一步确定符号的性质。

(一)一期彩绘符号与二期刻画符号的比较

大地湾一期出土的彩陶器及其纹饰符号反映了中国境内最早发现的彩陶文化遗迹,考古发现完整的和可复原的一期文化陶器 120 余件,主要器型是钵形器,包括圜底钵、三足钵、碗、筒状深腹罐、圈足碗、球腹

[①] 参见甘肃省文物考古研究所:《甘肃秦安大地湾遗址仰韶文化早期聚落发掘简报》,《考古》2003 年第 6 期。
[②] 参见郎树德:《甘肃秦安县大地湾遗址聚落形态及其演变》,《大地湾遗址研究文集》,敦煌文艺出版社,2016 年,第 107—117 页。
[③] 张力刚、王亚斌:《论大地湾农业发展与人口变化》,《大地湾遗址研究文集》,敦煌文艺出版社,2016 年,第 61 页。

壶、杯等。大地湾一期出土的陶器中，彩陶钵较多见，但颜色不均匀，常有深灰色斑块。部分钵型器口外修去绳纹后的一圈光面上出现彩绘红色宽带纹，但彩色宽带纹上未见彩绘符号。《大地湾》考古报告在描述一期发现的 13 种彩绘符号时这样表述："有些可能具有记事或表达某种意义的功能。大体可分两类，A 类主要是由折线、曲线构成的形似植物的符号，如 ҂、҉、҉ 等。B 类是以直线构成的符号，如 ↑、↘、+ 等。"① 仅从形体上看，大地湾一期彩绘符号中的 B 类（几何形）符号与大地湾二期刻画符号相似程度较高，但 A 类符号显然与二期刻符有较大差别。而且，大地湾一期符号和二期符号的制作工艺和制作手法完全不同，一期符号被彩绘在彩陶盆、钵等器的内壁之上，属于烧后绘制；二期符号则被刻画在彩陶钵外口沿的彩色宽带纹之上，属于烧前刻制。因此，即便从符号继承关系角度看问题，大地湾一期彩绘符号与二期刻画符号也只能有部分相同的关系，并非完全相同（B 类与二期相同，A 类则与二期不同）。这种现象似可佐证大地湾一期文化与二期文化之间的文化属性仅存在部分联系，并没有明确的直接继承关系。

任瑞波指出：《大地湾》考古报告一方面认为大地湾二期的性质与半坡文化史家期相当，同时却又把大地湾二期的年代上限提前到了半坡文化半坡期。他认为这是《大地湾》考古报告的一个问题，并指出：陇山以西老官台文化，即大地湾一期在公元前 4900 年左右结束，而该地的半坡文化最早出现在公元前 4300 年左右，两者之间尚有 600 年左右的缺环，显然，大地湾二期仰韶文化并不是从大地湾一期直接继承而来，甘肃境内的半坡文化遗存应当与史家期相当。若任瑞波的判断准确，则大地湾二期的彩陶刻画符号，与大地湾一期的彩绘符号显然不属于同一个系统。②

---

① 甘肃省文物考古研究所、秦安大地湾：《新石器时代遗址考古发掘报告》，文物出版社，2006 年，第 47—48 页。
② 参见任瑞波：《大地湾遗址第二期遗存分析——兼论陇山西侧半坡文化的若干问题》，《大地湾遗址研究文集》，敦煌文艺出版社，2016 年，第 301—317 页。

（二）一期 A 类彩绘符号的演变及符号性质

如果大地湾一期的 A 类彩绘符号与二期刻画符号性质不同，那么，大地湾一期 A 类符号的发展演变过程又是如何的呢？在这里，我们尝试给出一个研究思路：首先，大地湾一期 A 类彩绘符号使用的艺术表现手法，即用曲线、折线等线条画出植物形或动物形的物体轮廓，承担起一定的表意和记事功能的表达手法，在世界各地早期文化中比比皆是。大地湾一期 A 类彩绘符号是原始艺术家最初的图画艺术尝试，它本身就是原始绘画的一部分。其次，一期彩绘符号中的 B 类几何形符号虽然形体上比较抽象，但本质上依然是原始绘画艺术。从我们接触过的史前艺术材料来看，即便是上溯到旧石器时代晚期欧洲莫斯特文化—马格德林文化的"洞穴艺术"（距今 30000—10000 年），也同时存在具象动物岩画和抽象几何形岩画相互伴生的现象。这说明原始艺术家从一开始就不但具备涂绘具象图画的能力，同时也具备涂抹抽象图画的能力。所谓具象和抽象的区分，以及抽象艺术必然是从具象艺术演变而来的推理，从艺术发生的角度看其实是站不住脚的。岩画学家盖山林指出："写实主义和抽象主义的图像，似乎从岩画艺术诞生之日起就以孪生的形式一起出现了，这里似乎不存在所有抽象的图案都是从写实逐渐发展为抽象的，也不存在相反的过程，即一开始是抽象的图案，以后逐步向着写实发展。我们可以举出许多由写实发展为抽象的实例，然而没有根据得出抽象岩画是由写实岩画发展而来的结论。"[1] 所以，大地湾一期彩绘符号中的 A 类符号和 B 类符号虽然形体有别，但实质都是跟最初的彩陶宽带纹以及少量纹饰和图案性质相同的、仅具装饰功能的原始图画的一部分，在大地湾一期文化中，无论 A 类符号，还是 B 类符号，两者都不具备记事符号的功能，更遑论它们是"原始的文字"或"文字的萌芽"。

我们认为，彩陶器上彩绘符号的记事功能尚有待于符号加纹饰（或图案）组合关系出现，即符号的结构关系构成之后方才具足。这种情况充分地表现在大地湾二期刻画符号中，也表现在马家窑文化马厂类型彩绘符号中，

---

[1] 盖山林：《世界岩画的文化阐释》，北京图书馆出版社，2001 年，第 429 页。

虽然两者使用的艺术表现方式并不相同。大地湾二期刻画符号明显吸纳了仰韶文化的艺术表现手法，刻画符号附着在有神秘意义的彩色宽带纹之上，刻画符号与宽带纹构成结构性的组合关系符号，刻画符号的含义在彩色宽带纹的神秘含意的衬托之下，具备了特殊的记号功能（见前文列举 13 种二期刻画符号图片）。马家窑文化马厂类型中期出现了大量的彩绘符号，这些彩绘符号陶器壶几乎全部出现在墓葬中，符号多数画在饰有彩绘图案的陶壶腹下部，少数画在陶壶或其他器的底部和颈部，它们（彩绘符号）与彩陶纹饰和图案相互伴生，而不是单独出现。显然，彩绘符号与伴生的纹饰或图案同样构成了结构关系，彩绘符号与彩陶纹饰和图案组合起来，共同表达了象征意义。

有关大地湾一期文化（距今 7800—7300 年）与马家窑文化（距今 5290—4055 年）的关系问题。张强禄认为：大地湾一期文化在与东来的仰韶文化半坡类型/史前类型融合之后，约在距今 6500—5900 年形成本地的大地湾二期文化，历经大地湾三期（距今 5900—5600 年）、四期文化（距今 5600—4900 年），经仰韶文化石岭下类型（距今 5800—5400 年）中转进入甘肃西部和青海地区，与马家窑文化融合。[①] 我们以为，很可能在这一文化融合的过程中，大地湾一期 A 类彩绘符号及纹饰和图案传统西进，成为马家窑文化彩陶文化的滥觞，而中原仰韶文化向西发展的一支则与源自本地一期文化 B 类彩绘符号、纹饰和图案传统融合起来，从根本上改造了大地湾一期文化，固化了陇山以西仰韶文化——大地湾二期文化刻画符号的基本面貌。

五、结　语

大地湾一期彩绘符号与二期刻画符号是面貌不同、性质和功能也不尽相同的史前陶符。大地湾一期彩绘符号可以分为两类：A 类象形符号和 B 类几何形符号。这两类符号虽然在形体上有别，但其性质和功能却没有本质上的差异，两者都是装饰图案或纹样。分别言之，大地湾一期 A 类象形符

[①] 参见张强禄：《马家窑文化与仰韶文化的关系》，《考古》2002 年第 1 期。

号是与宽带纹、少量纹饰和图案并行的图画性的"装饰性图案花纹",仅具装饰功能,并不具备记事功能;大地湾一期 B 类几何形符号也只能是比较抽象一点的"彩绘纹样",并不具备标记功能。

大地湾一期彩绘符号及其纹饰和图案传统经漫长的岁月向西传播,经石岭下类型的中转,与甘青地区的马家窑文化融合,经过漫长的潜伏期,终于在马家窑文化马厂类型中发扬光大,从彩绘纹饰和图案中脱颖而出,成为符号和图案或彩绘纹饰的符号组合,与纹饰和图案构成新的组合符号关系,完成了结构性的改造,彩绘符号从组合结构中获取自身的意义。因此,我们可以说大地湾一期彩绘符号并非具备记事功能的符号,但这一彩绘传统的后继者——马家窑文化彩绘符号传统则应是彩陶时代具备记事功能的陶器符号的典型代表之一。

大地湾二期刻画符号不但继承了来自一期文化的宽带纹及部分纹饰和图案,而且进一步吸纳了仰韶文化半坡类型的刻画符号传统(在宽带纹上刻画符号,与鱼纹盆为代表的彩陶纹饰区别开来),因此,大地湾二期刻画符号则明显具备一定的记事功能,可称之为"记事符号",但并不具备记录语言的功能,还没有达到记录语言的文字符号的程度。

在史前时代的符号考古中,符号形态的相似程度只能是一个入门级的考察尺度,这个尺度很不完善,容易误导人们。所以必须结合符号考古的方法,运用符号内证法、符号外证法和符号旁证法加以认真比对,尤其要注意对结构性符号组合关系的深入挖掘,从中找到规律性,进一步增强史前符号释读的科学性。

东西文化摩荡中的印章及其"中国性"问题

李 川

（中国社会科学院外国文学研究所）

叶舒宪先生在《文化文本：一场认知革命》一文中将"中国性"列为其四大专题之一，其论以"文化基因"为研究前提和预设，并由此指出具有"中国性"必须具备三个条件：第一，年龄在五千岁以上（地地道道的来自大传统的元素）。第二，奠定华夏文明的核心价值或影响到其核心观念。第三，必定与神话信仰相关。叶先生根据这一判读，初步确认有三种物质材料的五个对象入选，每一个都值得做认知考古学和神话学的专题研究：（1）陶器：①彩陶图像系统；②小口尖底瓶；③陶鬲。（2）骨器：骨卜5000年前（西北）；龟卜3500年前（中原）；卦卜3000年前（渭河流域）。从史前占卜的大传统传承，看殷商甲骨文和周易的由来。（3）玉器：玉礼器符号象征系统，组合起来相当于中国人的无字圣经。此论有一理论背景，即大小传统和N级编码论。叶先生的理论乃其多年研究心得，因此为文学人类学学界所关注。此说无疑对于探究文字产生之前的"华夏"有重要的理论指导意义。对于叶先生的理论框架，我完全赞同。然于其所提出的三个条件，我略有不同看法。这三条中第二条乃是一核心条件，即"奠定华夏文明之核心价值和核心关键"，而第一、第三条乃推衍的产物。第一个条件，叶先生似乎认为，五千年乃是"华夏核心价值"及其影响的"核心观念"的奠基期，这是一种新型的"轴心"时期理论。关于此，叶先生有多年的研究心得，我想他之所以以五千年为断限，自有其依据，我不能赞一词。然是否五千年以下便不再有"核心价值"和"核心观念"的产生？我认为这其实是值得讨论的。比如，在以文字为基础的小传统视域中，佛教（禅宗）是否也充当过"核心"价值和观念？这或许应当作为一个问题提出来。因果观念并非五千年以上固有，而是来自于佛教（当然，华夏之崇因果有《易传》之"余殃余庆"说的底色）。然据我粗浅的观察，这一观念浸润到华夏生活的方方面面的，说明"小传统"亦有可能反哺"大传统"，而为核心价值观念肇基或曰重新赋义。叶先生因将华夏社会认定为"神话中国"，从而提出迥异于西方理论的、具有中国特色的理论判断。无论赞同与否，我们皆应对叶先生的理论创新勇气表达钦佩之情。"神话中国"说应当是叶先生关于"中国性"之第三条的理论源泉之一。他提出"中国性"必须与神话信仰相关，在其自身的理论体系中是自洽的。"神话"亦是我思考"中国性"的理论起点，然我不甚赞同叶先生将"神话信仰"列为"中国性"的充要条件之一。就小传统的视野来看，伦理或日常生活而非信仰或神圣生活方是文献传统的第一关注。当然，传世经典有可能被儒家圣贤重新整理过。我的问题是，不正是孔子"删述'六经'（《乐经》亡佚而乐教贯通于整个小传统）"方始改变了华夏生活方式之轨迹吗？或者说，"删述《六经》"实乃华夏"核心价值"之奠基事件。即便孔夫子的传统乃是"小传统"视域的，然而它至今仍是中国人生活方式的基础和参照，你不能将孔夫子的传统排斥在"中国性"之外。进而，我要进一步讨论孔夫子的传统是否和"神话信仰相关"。"相关"这个词我以为过于笼统，它仅仅能够揭示关系，却无力表达对事物作用、价值和意义的认知。一切日常事务皆带有神圣的面相，一切理性皆无从脱离信仰，问题在于如何认识理性与信仰、神话与日常（姑且将这两组词视为对待关系）。我应当如何就此提问呢？若说：问题在于神话与信仰何者为第一性？或曰，神话究竟奠基于日常之上还是日常奠基于神话之上？那么，提问者已经将神话或者日常预设为"第一性"，这就仍是一种决定论的反映论的思考方式，也就仍在西方"逻各斯中心主义"的思考畛域之内思考问题。如此提问题，则不免有逻辑上的吊诡。为了避免此种吊诡，是否可以问：神话与日常之间是怎样的关系？或许，这样问没有决定论的痕迹。西方学者喜欢谈逻各斯出于"秘索思",《圣经》、"荷马史诗"为其文化奠基——而这一问题对中国无效。三代之学一脉相传,《六经》殊无其他的"秘索思"之类的源头,它自身就是源头。然《六经》谈人伦多于谈鬼神,重教化甚于宣信仰,阐心性而罕说灵魂,倡天道而鲜论彼岸。《六经》不乏"怪力乱神"的内容,而其最终指向在于理性和伦常,与域外指向与宗教信仰迥然不同。如果以《六经》为核心的"小传统"乃是"大传统"滋溉的结果,则此一大传统虽"必与神话信仰相关","神话信仰"却绝不是目的,而只是伦常和教化的手段和方式。

在此,我想在叶先生提出的"中国性"之三纲之上略作补充调整。其二条乃是三纲的钤键,即奠定华夏文明的核心价值及其影响的核心观念。而第一条则由此拓展,即其断限在五千年,而似不宜排除其后继文明中汇入华夏文化的"支流"且反哺华夏文明者。第三条乃由"神话中国"而拓展,在我看来,"神话中国"乃华夏文化之表象,其内里实为"日常中国"、"伦常中国"、"心性中国"甚或"理性中国"。华夏价值应当落实于器物层面,叶先生所提出的五种物之外,或当另有其他物品亦能充任"中国性"之表征物。而我所关注的,便是作为华夏文化特绝之传统"诗书画印"中的印章。中国传统文人有所谓雅好,其极致追求者讲究诗书画印"四绝"。诗固属华夏文明之核心价值,我国有诗国之名,其朔甚久。《诗经》中之《颂》多可溯源至于商周,而从文化人类学的角度,大概其所咏多与叶先生所列举的器物相关,浸假而为楚辞、为汉乐府、为唐诗宋词、为元曲,其脉络十分清晰。书画皆可溯源于史前,也与叶先生的五千年断限相衔接。比如,河南舞阳贾湖、安徽蚌埠双墩、浙江余杭良渚等刻画符号以及海岱地区龙虬庄、丁公陶文等,皆可视为书法之滥觞,而彩陶纹饰及图绘亦多为美术史家引用。由此而言,诗书画作为"中国性"的表征形式,可与叶先生的判断融通。"四绝"之中唯有印章最为棘手。自米芾、吾丘衍、赵孟頫倡导于前,文彭、何震发煌于后,明清时乃由印章一变而为篆刻,成为与诗书画并驾齐驱的文人案头之事。然相较于诗书画而言,篆刻—印章其源却不能上溯到叶先生所说的五千年前,将其排斥在"中国性"代表形式之外,恐与事实不符。如何理解印章—篆刻之"中国性"因此成其为一个问题,而印章问题又极为复杂。传统中通常视为华夏独特之艺术,而随着对域外文化的理解日益深入,乃知印章实际为一世界性的文化现象,不为中华文化所专美。而华夏印章与域外印章独立发生还是有文化联系,这又成为华夏印章来源的悬案之一。若不对这两个问题进行解答,则无从切入印章的"中国性"问题。为此,我在下文将逐步展开对印章问题的讨论。

一、《山海经》与《冥书》之"印"字

《山海经·大荒西经》:"大荒之中,有山名曰日月山,天枢也。吴姖天门,日月所入。有神,人面无臂,两足反属于头山,名曰嘘。颛顼生老童,老童生重及黎,帝令重献上天,令黎印(原作邛,今据袁珂校注)下地。下地是生噎,处于西极,以行日月星辰之行次。"偶然读到古埃及丧葬文献《冥书》[①],其中有神曰"大地之封印者",亦有舒神"双臂印于冥界"的句子。二书皆有一"印"字,且都与"下地"相关。这是用字之偶合,还是确有一定的文化联系?

袁珂先生校"邛"为"印",指出"抑、印古本一字,印即抑也。"[②] 由此言之,这里所谓"印下地"其实是往下按压的意思,这里是关于开天辟地的动作。而所谓"献上天"之献犹如奉献之献,乃是一举案的动作。"献上天"之"献"的主角为重,这个名字如何读法乃是一个问题。重之名亦与举义相协。晚商金文有 ❦(重爵)、❦(重父丙觯)、❦(重鼎)以及 ❦(重爵)等形,有学者指出这个形象"象人负橐形"(李孝定《说文诂林读后记》卷八),其说于字形有征,或是。然甲骨文作 ❦(明 2065)、❦(佚 609、合 17949)等形,与金文字形有所差别,似难以"负橐"为训。不过考虑到古文字构件之间上下、左右常有互易的现象。上述理解似乎亦可接

[①] 关于《冥书》,参拙译:《古埃及冥灵行状:密室之书》及相关介绍《路修远以多艰,杳冥冥而东行:〈冥灵行状〉中的日舟之旅》,《世界文学》2009 年第 1 期。
[②] 袁珂:《山海经校注》,上海古籍出版社,1980 年,第 404 页。

受。该词的含义虽与献有所不同,然举、负其含义实互相补足。按《神谱》云阿特拉斯双手承托起阔远的天空(《神谱》517 行, οὐρανὸ εὐρὺν ἔχνει：他撑起阔远的天穹),关于阿特拉斯的神话,有如下几种译文：一、赫西俄德之说：站在大地尽头,以头顶天,以手擎天。二、又说,阿特拉斯在地下,撑起地球和太空。这可能系一种误传,但影响深远。Atlas 所以有"地图"的含义,便是源于这一故事。三、荷马之说：他处于海中,撑起地球上的天柱。参《奥》1.52 以下。四、阿特拉斯本身就是非洲的一座高山,乃天柱。以上四种说法,无论哪种,皆有一"支撑""上举"的意象在焉,而此一意象恰恰可以用来说明《山海经》中的"献上天"的之义。如果这一判断可以接受,献为举起,印为下按,动作相反。

然则,印、抑一字的说法本于罗振玉,《说文解字·印部》收有"印""𠄠"(即"抑")二字,许慎以印为本字,"从爪、从卩",而以抑"从反印"为后出分别文。然罗雪堂《增订殷墟书契考释》以印"从人跽",认为《说文》之"抑"为甲骨文之本字,而以"印"为其分化字。① 检甲骨文印字的写法,有 🅂(《合》21013,𠂤组)、🅃(《合》22148,子组)等形,即"爪"在"卩"左上或右上两种类型,合乎雪堂所谓"本一字"之说。究竟哪一说才更为可取呢?

第一,依据《说文·竹部》段玉裁注节"又假借为符卩字。"② 《说文》《周礼》等古代典籍,瑞、卩、信含义相通,瑞为玉信,卩则可用于统称瑞之外的一切执信。既然卩为执信之属,印章之"印"从"卩"在理据上完全可以说得通。而罗振玉据甲骨字形为据,于文献并无征验。即便卩乃人跽之形的说法可以成立,也不能据此断定,许书"从卩"之说后于"反印"之说。相较于许之符节说,跽象说略显薄弱。第二,考古实物所见印章不晚于夏商之分际,印章存在的年代不晚于甲骨文,印章的观念渊源甚早。华夏印章的考古实物,有所谓殷商七玺;夏代印章尚未发现,王蕴智、何崝等人将河南渑池郑窑遗址灰沟 H15 出土的泥质红褐陶戳形器,视为"我国

---

① 参见汤可敬：《说文解字今释》,上海古籍出版社,2018 年,第 1296 页。
② 参见(汉)许慎著,(清)段玉裁注：《说文解字注》,上海古籍出版社,1988 年,第 189 页下栏。

印章篆刻的上水之源”、“中国最早的印章”[①]。由此，不能否认印字作为印章意义的存在。

本文认为，印字本义，当如许说，乃于符节有关的“信”字。即便如罗振玉等视“抑”为印字本字，也无改于“执信”作为印字基本含义的判断。本文认为，《大荒西经》之“印下地”当读如“执信”之“印”字，而非“从反印”之“抑”字。古书印、抑二字本甚分明，如《楚辞·怀沙》“屈心而自抑”“抑心而自强”等皆作抑，未见作印者，文献甚多，不赘。说明印、抑二字之分别，古人知之甚晰。袁先生校《大荒西经》之“邛下地”为“印下地”，其功至伟。然以“抑”释“印”，本文认为尚未达于一间。“印下地”之印，当就本字为训，乃有一印章文化的背景在焉。这种文化背景，当从文学人类学角度分析之。《山海经》乃是关于天地分离的叙事，这一叙事背景当以宇宙秩序建立相关。上天乃清明的仙居之所，而下地乃恶魔杂居的世界，因此献、印的动作与《尚书》《国语》等文献所记载的“绝地天通”虽处于不同的叙事角度，却蕴含着共同主题，即以天地之隔离而达到“神人不扰”的宇宙秩序。对于印之为印信这一判定，尚可考虑《大荒西经》“后土生信，信生夸父”，信也和执信有关。[②]这就回到文章开始提出的问题，《大荒西经》之“印下地”与《冥书》之“印乎下地”、“大地封印者”既然皆有一“印”字，是否含义也相当呢？这就需引入跨文化的思考角度。

《冥书》中的用词与《山海经》究竟只是巧合，还是有一定的文化联系呢？在汤普森等人的神话母题索引中，天地之分离被视为一母题。天地分离的叙事也普遍见于各个民族的古典记载或者口承神话之中。然本文主旨并不在于分析该母题，而主要关注的是，何以《山海经》《冥书》中有关天

---

① 王蕴智：《从远古刻画符号谈汉字的起源》，《中国书法》2001年第2期；何崝：《中国文字起源研究》，巴蜀书社，2011年，第392页。

② 《山海经·海内经》有台玺之名，注家无释。《淮南子·氾论》“后世谓之耒耜耰鉏”注曰“耰，读曰优，椓块椎也，三辅谓之儓，所以覆种也”。然则台玺之台当为农具，台玺之名犹言司农也。刘文典：《淮南鸿烈集解》，中华书局，1989年，第422—423页。《康熙字典·人部》引扬雄《方言》“儓”为“西服农夫之丑称也”，则仍与农相关。

地分离的叙事中，遣词造句如此之密合无间？从年代上说，《冥书》较《山海经》的成书早一千年左右，其中内容亦多有互相印证之处，如人首蛇身、太阳神树等。心理攸同论（母题学说）或者传播论皆有其用武之地，不过我之所以关注此书，乃在于其"印"的细节。《冥书》中使用到"印"字的地方共有三处，其一为编号 82 号的神明曰"大地之封印者"，另两处为第一时次和第二时次的末尾。

《冥书》第 82 号神明"大地之封印者"出现于第一时次。该词拉丁转写为 dbꜥ t3，英文翻译为 who seals the earth[①]，t3 字形作▭，以伽丁内尔编号 N16，其上部为冲积而成的土地，下部细点为砂砾之形，可单独使用，含义为"大地、陆地"之义。[②] 与《大荒西经》"印下地"之"地"的含义并无实质差别。dbꜥ 的限定符号为▭，意为"印"。由此而论《冥书》82 号神明与《山海经》"印下地"在字面和含义两方面是完全契合的。也就是说，《山海经》之"黎"其时相当于《冥书》之 82 号神明"大地封印者"的角色。不过，埃及的神明并无天地分离的语境，尚难以确定其是否和重黎是同一层次的神明。黎从何取义？《说文·黍部》以为"黎，履粘也，从黍……作履，粘以黍米"，徐锴《系传》曰："履以糊粘之也"[③]，即纳鞋底子所用的粘米糊糊，如今农村还有这样的方式做鞋的。黎是否与"履粘"有关呢？推想起来，华夏神话叙事系统中大地之成形有一"鲧禹治水"的背景，这被视为所谓的"陆地潜水创世型"神话。若如此，则大地成形之处，其实正是黏黏糊糊的一团，与"履粘"之粘别无二致。职是之故，将"实下地"之神明命名为"黎"乃顺理成章。且"黎"还有另外一义，鞋底为层层黏合而成，大地也可能是分层的。由此而论，"印下地"的动作正是将未成形的、黏糊的大地按压成能够负载的坚实的大地。这恰恰是一天地分离的叙事，意即从黏糊的一团（混沌）中将天地剥离开来，并且打造天

[①] 参见 David Warburton（trans.）, Erik Hornung and Theodor Abt（revised & eds.）, *The Egyptian Amduat: The Book of the Hidden Chamber,* Living Human Heritage Publications, 2014（2nd edition）, p. 27。

[②] 参见 Alan H. Gardiner, *Egyptian Grammar: being an Introduction to the Study of Hieroglyphs*, Griffith Institute; Revised, 1957, pp. 506, 461。

[③] 汤可敬：《说文解字今释》，上海古籍出版社，2018 年，第 1014 页。

地各自的品性，使阳清为天，阴浊为地。类似天地分离的叙事也见于《冥书》。在最后一时次（第十二时次）"画面中"对846—856号神灵的说明中，言及大神舒的业绩，云：

> 舒开天于大地于大冥之中
> 信哉，他的双臂印乎冥界

"舒"在《冥书》中兼有《山海经》中之"重""黎"双重角色。埃及纸草文献中，地神盖布与天女努特两臂相接，呈封闭之状。在天地之间双臂上托的正是舒神。[1] 从大冥中分剖天地乃是一个开启的过程，"印乎冥界"则是一个闭藏的过程。这个叙事语境与《山海经》之"印下地"异曲同工。如此说来，"印"在遣词上的相同并非只是字面的偶合，而是叙事背景、神话理念等内在一致。在《山海经》以外的文献中，皆不采用"印下地"的说法，而使用诸如"实下地""绝地天通"等表达。《山海经》之"印下地"又刊刻讹误，如今从跨文化比较研究的角度，不唯证明袁珂先生的校改之正确，而且更揭示出《山海经》与《冥书》之间虽则隐秘却极有可能的文化联系。这种文化联系乃以印章为媒介。前考"印"之本义为印章，"抑"为"印"之孳乳字。然则《冥书》之"封印"与印章也有关吗？

考埃及印章，多取圣蜣螂之形[2]，之所以取法圣蜣螂之形，应当不是偶然的产物，而是有某种宗教的、文化的原因。在埃及字符中圣蜣螂写作形，有"显象""成形""出现""演进"等多种含义，《冥书》所形成的新王国时期用有所谓的"心形蜣螂"，以求安然通过冥间的审判。[3] 埃及圣书字印章作、等形，其上部之环取象印绶，中部之方框及下部之凸，形制上承袭西亚的滚印制度。这是其字形的来源，然蜣螂形印章在第一中间期及中王国

---

[1] 参见 Richard H. Wilkinson, *The Complete Gods and Goddesses of Ancient Egypt*, London: Thames & Hudson, Ltd, 2003, p. 18。

[2] 参见 Percy E. Newberry, *Scarab-Shaped Seals*, Archibald Constable and Co., Ltd., 1907, N. 36001-37521。

[3] 参见 Richard H. Wilkinson, *Reading Egyptian Art*, Thames & Hudson, p. 113。

时期逐渐取代滚印①，无论其字形取义于何形，印章的功能、文化内涵并不会因之有本质的改变。

前引 82 号"大地封印者"中之"大地"的圣书字 dbꜥ，异体字亦以手指 ▱ 为限定符号。也就是说，该词指的是戒指形的印章。②埃及印章制式极为繁复，大旨不外乎两种，一种是戒指类印章，一种为戳印。印信所具有的官方性、权威性，与《周礼》等文献的"节"等可互相参证。印章具有缄封的功能，这点东西文化并无二致。由于印信的缄封特点，"印章"一词引申而有"密封""关闭""约束"等含义。这一含义见于《冥书》第一时次"结语"中有句云：

你解开大地封印者的臂膀③

此处乃是对日神的赞颂之词，"解开"的拉丁转写 kfi 基本意思为"剥光、脱去、揭开"④。此处含义是，日神夜间要进入大地，大地需张开双臂，以欢迎日神进入。"解开"与"封印"正是一组相反的动作。后文拉神告诫神明要 ḫtmn q3rwt.tn "拴紧你们的门闩"使用的动词与 ḫtm "印章"实为一词⑤；后者常用于"闭门"这一义项⑥，或者用如修饰语"被禁闭的"阿克之魂。⑦印章就动作而言可按可压，密封、封锁、禁闭正是其应有之义。这对

---

① 参见〔意〕马利林纳·贝特罗：《图说古埃及象形文字》，于宥均译，枫树坊文化出版社，2013 年，第 195 页。
② 参见 E.A.Wallis Budge, *An Egyptian Hieroglyphic Dictionary*, Cosimo Classics, 2010, p.906b。
③ 参见 Alan H. Gardiner, *Egyptian Grammar:Being an Introduction to the Study of Hieroglyphs*, Griffith Institute; Revised , 1957, p.40。
④ 参见 R.V.D.Molen, *A Hieroglyphic Dictionary of Egyptian Coffin Texts*, Library of Congress Cataloging-in-Publication Data, 2000, p. 672。
⑤ Alan H. Gardiner, *Egyptian Grammar:Being an Introduction to the Study of Hieroglyphs*, Griffith Institute; Revised , 1957, p.40.
⑥ - ḫtm, "封门"，犹言"闭户"，参见 Roland Enmarch, *A World Upturned:Commentary on and Analysis of The Dialogue of Ipuwer and the Lord of All*,Oxford University Press,p. 199. rwtj wrtj tm.w "双门关闭"，The Story SinuheR 9. 参见 James P. Allen,*Middle Egyptian Literature: Eight Literary Works of the Middle Kingdom*,Cambridge:Cambridge University Press, 2015,p. 59。
⑦ 参见 R.S.Simpson, *Studies in Egyptian Syntax*,Griffith Institute Oxford, 2012,p. 163。

于理解《大荒西经》之"印下地"提供了极为重要的参照系统。至此，可顺带指出，《山海经》"后土生信"、"印下地"何以皆与土地相关。要言之，土地有归藏之义，《淮南子·时则》"以送万物之归"。高诱注："土，四方之主也，故曰万物之归"①，土地这一特质与印信之可封、可藏相似，乃着眼于其封藏、关闭等方面立说。《山海经》"印下地"、《冥书》"大地封印者"、"印乎冥界"等表达，实皆可溯源到印章制度。立足于印章文化这一背景，《楚辞·招魂》"土伯九约"这一聚讼纷纭的训诂难题，就有可能迎刃而解。所谓"约"，实际就是"节约"、"信约"，有约束、印信、封存、闭藏等诸多引申义项，乃是冥间世界幽暗、封闭等特征的写照。

由是言之，《大荒西经》之"印下地"云云，与《楚辞·招魂》"土伯九约"皆以印章制度为其文化底色。从世界范围看，它们有进一步联及于埃及《冥书》之"大地封印者"、"印乎冥界"等，然欲进一步落实该判断，还必须思考华夏印章与域外印章之间是否有关联。

二、从东西文化摩荡角度理解华夏印章

印章乃一种世界现象，西亚的平印和滚印、古埃及的蜣螂形印、赫梯的圆形印、印度河谷的方形印等的出现年代皆较中国境内出现印章为早。若以晚周印章才在中华大地上流行为限，则西方印章的（苏美尔时期）盛行早于华夏两千余年。日本学者因此主张华夏文字印乃西方影响下的产物，不过并未勾勒出明确的传播线索。近年来，中国学者逐渐意识到印章的世界性问题，逐渐抛弃了所谓华夏印章特殊论的成见，而开始着手从苏美尔—巴比伦、埃及、印度河谷各文明和东亚文明之间的关联，从跨文化语境推论印章问题。揆印章之源，仍不得不追溯到西亚。其中最重要的理论为丹尼斯·施曼特-贝瑟拉的陶筹论。所谓陶筹论，本来是为了解决文字起源问题的，然由于文字—印章问题纠缠在一起，因此该理论也同样适用于对印

---

① 刘文典：《淮南鸿烈集解》，中华书局，1999年，第186页。

章的考察。丹尼斯·施曼特-贝瑟拉做了大量的调查研究，提出文字源于陶筹之论，而批判了流行的象形文字起源论。在这个复杂的历史文化运作中，封球、印泥在由陶筹到文字的转变中作用巨大。陶筹与计数、记账和农业相关，而与商品交换无关。[1]这对建立在贸易经济基础上的文字起源论是个冲击，而贸易催生文字的观点在学界曾一度广被接受，并且也是华夏文字起源的经典理据之一。[2]但是依据陶筹论，印章和文字真正的关联是陶筹而非其他，印章则是陶筹制度下的产物，其中最典型的代表样式是苏美尔人的圆通印章，或者谓之滚印。滚印之产生又以封球和垂饰的使用为前提。印章、泥板和封球、垂饰等作为一种经济——文化运行机制，与世界范围内的封泥、印章制度有一定的文化联系。这种文化联系尽管无从知其详，然考古资料仍流露出各文化相摩相荡的蛛丝马迹。本文首要关注者乃华夏印章与其他文化印章之关联。

上文说过，夏商已有印章。商印就工艺水平而言，绝不逊色域外印章，然就出土数量而言，与西亚、北非、南亚相较仍显零星，原因可能是夏商两代印章尚未流行。至于华夏印章起源问题，则可追溯到陶印模[3]，贾湖"十"字形符号、山东潍坊龙山之草字双印红陶罍、陈簠斋所藏之"十"字形拓本皆相似。[4]印章与陶印模是否真有这等关联，尚需详论，然此说另辟蹊径，不可遽然否定。从陶筹论看，贾湖"十"符号具有世界性（楔形文字中，代表"羊"的符号）。[5]贾湖的绝对年代在公元前7000—前5000年之间，并不晚于西亚同时期的陶筹。这是一种文化上的巧合，还是东西文化摩荡所致，乃是值得思考的问题。而关键性的证据则是所谓安诺石印。

安诺石印出土于土库曼斯坦境内的安诺遗址，通谓巴克特里亚—马尔吉亚纳考古群（BMAC）的范围。石印通高1.5cm，桥型印纽高0.7cm，有

---

[1] 参见〔美〕丹尼斯·施曼特-贝瑟拉：《文字起源》，王乐洋译，商务印书馆，2015年，第21、49页。
[2] 何崝：《中国文字起源研究》，巴蜀书社，2011年，第35—62页。
[3] 那良志：《玺印通论》，台湾商务印书馆，1970年，第6页；彭适凡：《中国南方古代印纹陶》，文物出版社，1987年，第399页；徐畅：《先秦玺印图说》之"滥觞篇"，文物出版社，2009年。
[4] 徐畅：《先秦玺印图说》，文物出版社，2009年，第1—2页。
[5] 饶宗颐：《符号·初文与字母——汉字树》，上海书店出版社，2000年，第81页。

空可穿，印面边长为 1.3cm，厚度为 0.8cm，印面右边界打破字口，左下角略残，字为阴刻白文，内残留有红色颜料，印面有划痕，为长期使用所致。其年代可能为公元前 2000 年，或前 1500 年左右。① 其是否和华夏文字、印章相关，多有争论。② 然彼地印章，有两种类型，一为本地型，一为哈拉帕类型。安诺石印乃一特例③，与印度河谷渊源极深。④ 然这枚安诺石印却不能归入印度河谷印章，以其文字不类印度河谷文字，而恰恰与中国境内的陶符一致，因此极有可能为仿制印度河谷印章的华夏印。⑤ 这个说法是可以采纳的。安诺石印材质据云乃是所谓 black jet，即煤精或煤玉，《礼记·檀弓上》以为"夏后氏尚黑"，《尚书·禹贡》"禹赐玄圭"，安诺石印使用黑玉正是华夏文化的传统。红山、良渚都有黑玉作品，而以黑玉为印最著名的莫过于"独孤信"的十八面骰子印。⑥ 此说若成立，则华夏印章必须放置到东西文化摩荡的语境中阐释。安诺石印与印度河谷印章的关联已如上述，而印度河谷境内印章与西亚印章又息息相关，且亦关乎南亚。⑦ 而有人通过印章的比勘，将楔形文字中的 megan、meluhha 勘定为波斯湾、阿拉伯海附近，从而与印度河谷相联系。⑧ 从平面印的角度考察，殷商七玺、安诺石印、印度河谷方形印与西亚方形印砖皆有相似之处，比如阿卡德王纳拉姆辛（Naram-Sin，意思是"月神所护佑"，约公元前 2254—前 2218 年在位）

---

① 胡嘉麟：《从安诺石印看东亚印系的边界》，《篆物铭形：图形印与非汉字系统印章国际学术研讨会论文集》，西泠印社，2016 年，第 98 页。
② 李学勤：《安诺石印的启发》，《中国书法》2001 年第 10 期。星灿：《〈纽约时报〉关于安诺出土石印的争论》，《中国文物报》2001 年 11 月 30 日。
③ 参见何崝：《中国文字起源研究》，巴蜀书社，2011 年，第 574 页。
④ 梁释宝唱《经律异相》卷三〇"诸国王夫人部"载"王后生肉弃水遂生二儿为毗舍离人种"一则，中云波罗奈国王生肉一段，放置金器中，"以王印印之，以金箔书置器外"。根据此，则中国人早在六朝时候即知晓印度人使用印章，今书画界持论"印章为中国独特艺术"云云，多以为自古相传云然，岂非厚诬古人？
⑤ 参见《中国文字起源研究》，巴蜀书社，2011 年，第 577—578 页。
⑥ 张沛：《旬阳出土的独孤信多面体煤精组印》，《文博》1985 年第 2 期。
⑦ 拱玉书：《西亚考古史》，文物出版社，2002 年，第 175 页。Asko Parpola, *Deciphering the Indus Script*, Cambridge University Press, 1994, pp.130-133.
⑧ S. Kalyanaraman, *Indus Script Cipher: Hieroglyphs of Indian Linguistic Area*, Sarasvati Research Center, p.287. 不过，这一勘定仅备一说，有学者则认为这两地名对应于埃及和埃塞俄比亚。参见 S.K.Kramer, "The Sumerians:Their History", *Culture and Character*, The University of Chicago Press, 1963, pp.276-277.

时代的文字陶砖印。①综合考虑以上因素，东亚、南亚和西亚之间的印章或印砖有形制上的关联，华夏印章和域外之间的关联不应忽视。这其中的关键点便是印度河谷，文字符号亦其证据。②其接触的证据、路线，论者甚众，本文不赘。要之，就破除中西文化的此疆彼界来说，乃知上古华夏文明与世界本自同条共贯的一体。

从世界一体或者东西文化相摩相荡的视角，或能对《大荒西经》之"印下地"与埃及《冥书》用语之相同有新的理解。所谓摩荡云云，乃经传对天地阴阳运动规律的概括。《易·系辞上》："是故刚柔相摩，八卦相荡。"注："相切摩也，言阴阳之交感也。""相推荡也，言运化之推移。"③《礼记·乐记》："阴阳相摩，天地相荡。"注："摩，犹迫也。荡，犹动也。"疏："阴阳二气相切迫……天地之气相感动。"④经文以阴阳、天地之间的切合、交感说明摩荡二字的含义。由此申论，摩荡乃是时空两个范畴上的接触、推移、叠合、离析关系。运用到文化上，任何两种文化之间的交流皆是时空反复推移、经历若干碰撞与接触、消化与吸收、融合与反哺等错综复杂的过程。这一运动过程乃是千头万绪的，若以模型比方，如阴阳两极、天地两仪之相摩相荡。从此视角看，那种将某种文化预设为文化起点的观念并不足法。理解《冥书》和《山海经》中"印"之问题，不妨放还到中西文化摩荡的语境中来。

没有坚确的证据认为《山海经》乃域外文化传播之产物。即便《山海经》中的记载与西方文献吻合，亦不能证明这些记载受西方文化的影响，反过来亦然。不过，《山海经》中的记载与域外文献相似者所占比例甚大，其中十三处可说完全吻合。这一现象难以用神话母题说或心理攸同说来阐释。再则《山海经》多言蛇，而《冥书》亦多言蛇，对应者达23项之多。刘敦愿引冯汉骥说，以为"具有与地府有关的性质"，且"往往与女性相联

---

① Irving Finkel and Jonathan Taylor, *Cuneiform*, The British Museum Press, 2015, fig. 5.
② 何崝：《中国文字起源研究》，巴蜀书社，2011年，第557页。
③ （唐）孔颖达：《周易正义》，《十三经注疏》，上海古籍出版社，1997年，第76页上栏。
④ （唐）孔颖达：《礼记正义》，《十三经注疏》，上海古籍出版社，1997年，第1531页下栏。

系"①，此说验诸《冥书》虽不能一一贴合，大半却是可以阐释的，这能否视为一种"文化心理攸同的产物"呢？印度河谷所出土印章中，有左右有首之物，与《大荒西经》之屏蓬、《大荒南经》之"跊踢"皆相合。②《山海经》言尸者甚多③，此书中之尸并非经传尸祝之尸，而是尸体。汉语典籍中，如《山海经》这样极尽描绘之能事于尸体者，可谓凤毛麟角；甚至可说绝无仅有，而这恰恰契合埃及丧葬文献的传统。《大荒西经》曰"颛顼死则复苏"，这里的"死则复苏"与《南山经之首》所记的鯥"冬死而夏生"乃是根本不同的观，郭璞注后者曰"言其人能变化也"，注前者曰"言其蛰无所知"④。前者乃宗教构想，而后者乃生物现象。换言之，"死即复苏"乃复活的观念，这种观念不止在《山海经》中，即便在华夏传统文化中都是一个异端。⑤中国人所信奉的生命观念是长生不老或视死如生，复活的观念在埃及、犹太等西方思想体系中较为典型。《西山三经》帝江"状如黄囊，赤如丹火，六足四翼，浑敦无面目，是识歌舞"，郭璞注曰："体色黄而精色光也"，毕沅乃以"江读如鸿"，《左传》之"帝鸿不才子"比勘，以为"帝江，犹言帝江氏子也"。⑥郭说本经文而发挥，帝江形象更其鲜明；而毕沅之说，以帝江为帝江氏子，尤为谬误。此处帝江的形象，与古埃及、亚述、波斯等所崇奉之有翼日轮若合符契。揆其朔，日轮本由圣蜣螂化生，此物合乎"六足四翼"之说（四翼，内外两重），黄囊、丹火乃日出没时的颜色，拜日多以歌

---

① 刘敦愿：《马王堆西汉帛画中的若干问题》，《刘敦愿文集》上卷，科学出版社，2012年，第321—331页。
② 图版可参见 S. Kalyanaraman, *Indus Script Cipher: Hieroglyphs of Indian Linguistic Area*, Sarasvati Research Center, pp. 111-112.
③ 如明确表明"尸"者有女尸（《中次七经》）、女丑之尸（《海外西经》）、窫窳之尸（《海内西经》）、贰负之尸（《海内北经》）、据比之尸（《海内北经》）、王子夜之尸（《海内北经》）、奢比尸（一曰肝榆之尸，《海外东经》《大荒东经》）、犁䰱之尸（《大荒东经》）、祖状之尸（《大荒南经》）、黄姖之尸（《大荒西经》）、夏耕之尸（《大荒西经》）、戎宣王尸（《大荒北经》）、相顾之尸（《海内经》）以及《大荒西经》的尸虞等14处，其余未以"尸"名但实则为尸者，未能统计。
④ 袁珂：《山海经校注》，上海古籍出版社，1980年，第416页。
⑤ 《蜀王本纪》载鳖灵"其尸亡去……遂活"（袁珂：《古神话选释》，人民文学出版社，1979年，第481页）此类复活叙事究竟少数，况乎荆楚、巴蜀本来在当时华夏边陲，其与域外交往频繁，其观念或输自外域亦未可知。
⑥ 袁珂：《山海经校注》，上海古籍出版社，1980年，第56页。

舞娱神，故曰"识歌舞"。今比勘为有翼日轮之神，其何以进入《山海经》，则关乎东西文化摩荡，这既是一个历史学、考据学的问题，也是一个跨文化的理论问题。这些问题和"印下地""印乎冥界"的问题一样，既不能忽视其存在，又不能武断地主张传播论。只能从世界一体、文化摩荡的角度申述之。问题在于，如果印章是外来之物，能否作为"中国性"的代表？

三、印章的"中国性"问题

既然印章是一个世界现象，其年代又远远晚于叶先生所指出的五千年，是否就不能充当"中国性"的表征物呢？华夏文化重视风雅，若无风雅，则无所谓文化。吴昌硕有云："书画至风雅，亦必以印为重。书画至精妙者，得佳印益生色"，传世巨迹鲜有不钤印者。印章虽然在华夏文明的演进中出现较晚，然亦绝不可小觑。方寸之间实际荷载了民族的核心价值和核心观念。然则印章又与它物不同，彩陶、玉石皆从华夏文明之初即已诞生，而印章则在很大程度上可能是外来之物。尽管目前我们尚未能排列出其由域外传播而入的路线（或者这种排列乃是不可能完成的），在绝对意义上证明印章外来，无异于挟泰山以超北海。然而即便印章就其物质层面而言与域外有一定的关联，仍不改其为华夏印章，这是因为更为重要的或者更为根本的问题在于对印章的理解，意即华夏印章本身的"中国性"。印章之"中国性"的最好说明，便是独树一帜的篆刻艺术。印章与篆刻乃是源流关系，仿佛写字与书法的关系一样。写字是一世界现象，然书法却为华夏所独有（今人有所谓阿拉伯书法、日本书法云云，实乃华夏书法沾溉之故，至于英文书法等，无异于自郐而下），滥觞于华夏绵远的契刻意识和发达的书写意识。

（一）华夏—域外书写意识的分野

广义的印章对应西文 seal，此词源于拉丁语的 sigillum、signum，有图形、记号、痕迹、印记诸种含义。从词源意义上说，同根动词 signo 表示的意思是在蜡版上刻像以为凭记。这是书写理念的反映,也是西方书写和印章之间渊源深湛的证据之一。拉丁文的 sigillum、signum 其前身可追溯于希腊文的 σῆμα,赫西俄德《神谱》500 行出现此词,指一块石头,乃宙斯统治诸神和凡人的信物,如同《圣经》中上帝和人类以彩虹立约一样。彩虹也好、石头也罢,其功能就是凭信,和汉语之"印,执信也"语义若合符契。荷马史诗使用了"致死的 σήματα"(《伊》6.168),采用的是复数形式,有古典注家将其阐释为文字,似有曲说之嫌。σήματα 似乎理解为符号更为贴切,荷马时期尚无书写的证据。尽管少数激进派如凯尼恩(Kenyon,1863—1952)等主张荷马开始书写,然多揣测之词。[1] 赫西俄德此处作为一处神迹存在,类似于中国的"夸父支鼎之石"[2] 及"蚩尤血"[3] 等。这是"世之随处而附会,以为古迹"[4] 的文化现象。赫西俄德的观念中,试图通过神迹的存在,"发明神道之不诬"[5]。然此中却包含了实证精神的萌芽。σῆμα,陈中梅将其音译为"塞玛",认为其居于连接秘索思和逻各斯之中,连接古老的诗和新兴的实证。从对待"塞玛"的态度来说,印章所按压而出的印迹和笔书写于载体上的文字形式虽有不同,内在实质确实一样的。这里包含着古希腊人、古罗马人以及西方人的世界观,他们从柏拉图时代开始,即将文字视为声音的记号,文字本身没有自存的价值和意义。这种世界观一以贯之,从文字而印记,而图像,而整个现象界。这种世界观,乃是一种二分的世界观,经验和超验、现象与本质、圣与俗、肉身与精神等皆渊源于柏拉图主义,以及柏拉图主义所赖以产生的希腊传统。从文字印章的角度来说,该思想和看待文字的态度息息相关,或者乃同一事物之一体两面。《圣经》"十诫"云不可为上帝制造偶像,是否应当为上帝树立偶像甚至成为宗教派系斗争的导火索,足见二分观念对西方文化沾溉之深。盖因 seal 所匹配的乃支配论的世界观,亦即视现实世界为理念世界之倒影。这套世界观观照

---

[1] 〔英〕弗雷德里克·G. 凯尼恩:《古希腊罗马的图书与读者》,苏杰译,浙江大学出版社,2012 年,第 41 页。
[2] 〔唐〕张鷟:《朝野佥载》卷五。
[3] 〔宋〕沈括:《梦溪笔谈》卷三。
[4] 《山海经·中次三经》,"禹父之所化"。
[5] 〔晋〕干宝:《搜神记》序言。

下，符号亦仅为理念的痕迹。在语言学上，其最终定型表达为索绪尔所提出的"语音中心主义"，在哲学上，其经典表达乃德里达所谓的"逻各斯中心主义"；"语音中心"和"逻各斯中心"长期以来在西方文化居于主流地位。从德里达的角度说，世界无非乃是理念的表象，只有支配世界的逻各斯是真实的、唯一的存在，逻各斯在漫长的历史阶段中被置换为上帝、绝对精神、历史规律等，然而始终乃是一种中心—边缘的认知方式。从索绪尔的角度论，在一种有逻各斯支配的文化氛围中，文字是第二位的、次要的，怎么写、如何写并不重要，重要的问题只在于文字对声音的记录功能。这就是索绪尔所揭示的文字—声音之间的关系。由是而论，西方传统中书写意识不可能占据思想史的中心位置，相较于声音而言，书写乃是边缘化的。这个判断似乎也完全适用于西亚和北非的传统。

　　西方书写传统与印章传统通过陶筹理论而黏在一起。然而在何种意义上华夏和西方产生分野呢？进而言之，在何种意义上，作为世界现象的印章才凸显其"中国性"呢？就其世界性一面而言，印章作为标记物、痕迹之物、象征之物，首重图像传统。图形印没有什么书写意识的问题，此点不足以作为中西分野的依据。其中关键处在于书写意识是否由此产生。图形是通过刻印师雕镂刻画图章而成，是故有构思、有设计、有形象、有刀工、有技巧，就这点来说，域外印章的制作和华夏印章并无二致。然其不同在于，彼土无所谓书写意识的产生。何以言之？因印章制作更多侧重于技艺层面。这种情况楔形文字亦然，楔形文字与印章关系致密，前文陶筹论已发其覆。楔形文字保持了"印"的传统，因此即便偶尔使用木板，也将木板上打上一层蜡油，以模仿泥版的功效。[①] 要言之，压印而非书写乃是由陶筹传统所引发的系统机制，由此机制所导致的文化惯性使然，而非书写工具和介质所致，传统文化之内在运动规律远远大于外部环境的推动作用。继承苏美尔人文字传统的阿卡德人、巴比伦人、赫梯人、胡里安人、亚述人、乌加里特人、波斯人纷纷采取了其楔形文字，这些文明的借鉴更主要借音，

---

① 于殿利：《巴比伦与亚述文明》，北京师范大学出版社，2013 年，第 80 页。

偶尔借形，亦未发展出书写意识。蜡版传统传到希腊略有新变，《伊利亚特》所谓 γράψας ἐν πίνακι πτυκτῷ "写在折叠的板子上"（卷六，169 行）乃指蜡版，考古证据表明其两面以合页链在一起，故谓"折叠的"。① 亚历山大文献学家卡利马科斯（约公元前 305—前 240 年）编撰有 Πίνακες "艺文总目"，词即为 πίναξ "登记版"的复数形式，彼邦以"登记板"为书名犹如汉语以"编"（如沈德符《万历野获编》）、"卷"（书画传统中多以此为名）为名称一样，皆存书写材料之样式的痕迹。无论阿拉米、腓尼基还是希腊字母的书写，皆以金属、芦苇等硬笔刻写于蜡版之上，此种成文方式，乃是延续了楔形文字传统而来，与其谓之书写，毋宁谓之刻画。总而言之，压印也好、刻画也罢，并不能算作严格定义上的书写。逮文明演进，西方以羊皮纸和鹅毛笔等为工具，犹重技艺胜过重艺术，终究未能发展出较为发达的书写意识。在西方，能够称作书写意识的，大概当属古代埃及文明。

埃及文字的墓葬之石壁（《金字塔铭文》《冥书》）、木质棺椁（《棺椁文》）以及纸草等（《亡灵书》《辛努海的故事》《能言善辩的农夫》等），就显示出这样一些特点埃及人在木料、纸莎草上都采取书写的方式，尤其是纸莎草，初步具备了纸张的功能。纸草的使用和文字的逐渐普及乃是伴随而生的，纸草乃用植物的茎秆制作为薄片拼接而成，且功效和纸张相仿，兼之埃及的祭司体、民众体突破了圣书体的书写限制，书写过程中运笔有疾徐的节奏，略带华夏文字"行草"韵味。② 另外值得一提的是，与西亚人、欧洲人不同的是，古埃及人对笔墨有所体认，有埃及的笔墨纸砚系统。然由于埃及人书画不分，统谓之为 sš［象形文字取笔砚之形，后缀以纸草卷轴（表示概念）而成］，也影响了书写观念的独立。他们书写一如绘画，揆其朔，乃因埃及人以宗教态度看待现实生活，视文字为"神明的语言"（在《普塔霍太普的训诫》《能言善辩的农夫》中皆有体现），强调真实性，认为书写或刻绘会对事物施加实际的影响（墓葬书写文字中通常会截断动物的肢体、翅膀，其实是一种巫术观念的投射）。正因为书写受到宗教观念的极大束

---

① 〔英〕亚当·尼科尔森：《荷马三千年》，吴果锦译，江苏凤凰文艺出版社，2016 年，第 164 页。
② 林志纯：《古代世界史学史简编》，《日知文集》，高等教育出版社，2012 年，第 121 页。

缚，在其进程中一直严守图画形式，并没有催生出相应的抽象形式，即便民众体已趋于简略，然看待文字的观念却根深蒂固，并不能真正培植出书写的艺术。视文字为神秘之物为各民族之普遍文化心理，如汉之仓颉作书后天雨粟鬼夜哭，民间敬惜字纸，而道教衍化为符箓；梵文一体号曰"天城体"Devanagari 或"城体"nagari，所谓"天"实即神明；北欧之鲁尼文字（rune）词源 rún，即有"神秘"之意，玛雅人亦有专门司掌文字的神明等。然相较于埃及人的视文字为图画、图画等于世界的观念而言，仍有相当大的差距。

　　由此而言，在早期文明传统中，域外的文字系统上溯于苏美尔、阿卡德一系以及埃及一系，下衍于腓尼基、希伯来、希腊罗马以至于当代，皆不能说其催化出发达的书写意识。无疑，这些民族都有书写，然西亚一系乃以凿刻、按模为书写的主要方式，与其说是书写，毋宁谓之压印。而埃及一系由于浓烈的宗教意识，亦未能孵育出相对自由的书写精神。书写意识是否发达和成熟，恰恰是理解印章之有别于域外传统而体现其"中国性"的一大钤键。在书写意识方面，华夏与域外尽管可能接纳了共同的文化资源（比如印章、冶炼技术、车马等），然而在核心价值和观念上却体现出巨大的分歧。

　　华夏印章所以特立于世界印坛且堪为"中国性"之代表，根本原因在于其植根于浓厚的契刻和书写的传统。印章于华夏文化固属晚出，然其仅仅作为表达方式或载体被接纳，印章的核心价值和神髓体现其与传统的结合之中。这个传统与陶器、玉器和骨器的传统互为表里，且似乎更为内在和完整，它完全胚胎于"大传统"之中，就是契刻—书写的传统。华夏文化契刻—书写传统形成之早，甚或先于西亚第一批平印的出现。河南贾湖骨刻符号或为世界上最早的文字[①]，即便不为文字，亦为最早的契刻；由贾湖到双墩，及于良渚、龙山、二里头、殷墟，契刻传统一脉相沿。华夏文化之契刻传统与西亚之压印传统迥然不同。《说文·大部》"契，大约也。从大，

[①] 参见蔡运章、张居中：《中华文明的绚丽曙光——论舞阳贾湖发现的卦象文字》，《中原文物》2003 年第 3 期。

从韧。《易》曰：'后代圣人易之以书契。'"甲骨文象刻木为齿之形；从刀乃展示刻画工具。[①] 刻木为齿，两相契合，即有凭信的功能；印信功能乃由此孳乳培育。而西语之 glyph 来自于古希腊语的 γλυφή，着眼于雕镂，其动词 γλύφειν 乃以锋利的工具凸显形象，拉丁语的 glubere 含义与之一脉相承。[②] 中外合看，华夏之契刻注重的是"约"，即物与物之间的相关性，而西方重视的是物体自我之精准呈现。换言之，华夏契刻传统中表现意识更加强烈，此种表现意识与书写几乎齐头并进。从大地湾陶符地画、庙底沟的火焰纹图绘、临汝的鸟鱼石斧画以及陶寺朱书、殷墟刘家庄朱书玉璋等考古资料来看，华夏用笔历史相当久远。有理由相信，彩陶的传统就是一个用笔的传统，也就是一个书写的传统。有学者通过史前旋目纹的广泛存在，指出 6000 年前华夏大地上共同认知体系的成形。[③] 如果纹饰的共通性能够证明认知系统的存在，那么从书写意识的角度也有理由推证，共通的契刻—书写理念的形成当不晚于 5000 年前。仰韶、良渚、双墩、杨家湾、陶寺等文化的刻符即其明证。贾湖文化的走向为北辛文化、大汶口文化、龙山文化和岳石文化[④]，而这一脉之间的关联是清晰的。贾湖则为契刻的源头。甘肃秦安大地湾所出符号皆距今 9000 到 7000 年之久，其中大地湾为彩书符号[⑤]，大地湾乃书写的源头。王晖通过"酉""鬲"等文字与仰韶文化的小口尖底瓶、陶鬲等器物的比较，指出甲骨文中有一批文字作为字符的出现应当在仰韶文化时期，中国文字的正式起源时代当在 5500—5300 年前。[⑥] 由此可见书写—契刻传统之源远流长。

[①] 于省吾：《甲骨文字释林》，中华书局，2009 年，第 355 页；于省吾主编：《甲骨文字诂林》，中华书局，1996 年，第 2473 页。
[②] 〔加〕亨利·罗杰斯：《文字系统：语言学的方法》，孙亚楠译，商务印书馆，2016 年，第 6 页。
[③] 王仁湘：《史前中国的艺术浪潮：庙底沟文化彩陶研究》，文物出版社，2011 年，第 500 页。
[④] 参见逄振镐：《从图像文字到甲骨文——史前东夷文字史略》，《中原文物》2002 年第 2 期。
[⑤] 参见安徽省文物考古研究所、蚌埠市博物馆编著：《蚌埠双墩——新石器时代遗址发掘报告》，科学出版社，2008 年，第 419 页。
[⑥] 参见王晖：《从甲骨金文与考古资料的比较看汉字起源时代——并论良渚文化组此类陶文与汉字的起源》，《考古学报》2013 年第 3 期。

（二）书写—契刻观念与印章之"中国性"

印章之"中国性"恰恰体现在其书写—契刻的特征上。何以言之呢？主要在于华夏书写—契刻传统之间形成一种照应的关系。华夏的笔与域外有所不同，西亚、埃及的芦苇笔以及金属笔属于硬笔系列，继承的是苏美尔人的压印传统，硬笔和刀并无什么本质的差别。然华夏独特在其刀笔之外，另有软笔系统，唯笔软则奇怪生焉。准此以裁断域外印章，西亚固有契刻的习惯，然其契刻更多以图像为对象，文字契刻模仿压印的楔形痕迹，所谓有刀法而无笔法。埃及金字塔诸铭文用刀，追求与所形之物惟妙惟肖，玛雅文字追求整体轮廓上的方圆之象，印度河谷印章上的文字有篆籀气息，西亚楔形文字系统或如楔子，或拟实物，皆无如华夏之自如。至如书写于纸草上的文字，其上品也重视文字的精工，但芦苇笔虽然纤维可分析得极其细微，却终究不能达到毛发的程度，不能有"奇怪生焉"的效果。西亚、北非如此，其余诸邦，等于是自郐而下。

华夏书论"心画"（汉扬雄）、"心法"（元郝经）为印章之"中国性"的理论支撑。所谓"印从书出"（邓石如），印章之所以具有"中国性"乃是因为书写—契刻本身具备中国作风和中国气派，无论契刻于木石，还是书写于绢帛，其"用笔千古不易"（赵孟頫《兰亭十三跋》）。然史前符号、商周甲骨文、金文、晚周两汉简帛、六朝以及唐代碑版、宋元墨迹，皆呈现出不同的艺术风貌，何以说"用笔千古不易"呢？所"不易"者，乃"用笔"之"法"，即书写以及契刻所遵循的"道"。这不变之"道"仍当从史前文字形成的起源处、胚胎处寻找。

汉字的起源，经王晖等人的推论，当在5000多年前，已如上述。这个结论是可以接受的，然王晖的理论依据却无足取。彼文秉持一种"古文字的形体结构是远古生活的反映，是活化石"的观点，因为先民根据实物勾画轮廓，后来这些图形又被早期文字继承而赋义，此乃所谓文字起源于图画，意即书画同源。① 这个理论含混而错误。含混之处乃在于其将"书画同源"

---

① 参见王晖：《从甲骨金文与考古资料的比较看汉字起源时代——并论良渚文化组此类陶文与汉字的起源》，《考古学报》2013年第3期。

和"文字起源于图画"混为一谈；错误之处在于其秉持的反映论观点在解释文字起源方面面临诸多问题。"文字起源于图画说"为西人威廉·沃伯顿（William Warbuton）的观点，他考察埃及文字、汉字以及阿兹特克的文字之后，认为所有文字均起源于叙事性的图画，图画逐渐简化而最终发展为抽象的文字符号。这一理论经百科全书派推阐，二百年来广泛传播。然20世纪"陶筹论"的出现，对该理论进行了彻底的反驳，此说已如明日黄花。[1] 中国学者在研究汉字起源的过程中，采取对接的方式，将"书画同源"和"文字起源于图画"的观点合二为一，并且用来解释汉字的起源。然近年以来，随着大量考古资料的出土，越来越多的资料足以证明，华夏先民第一批符号并非是图画或象形文字，因此有文字起源于抽象符号说还是起源于图画说的争论。而起源于图画说的观点也遭到越来越多的抨击。至于"书画同源"，在古人使用的语境中，根本不是说文字起源的，而只是用来说明"书""画"之间的紧密关系。"同源"而不是"源""流"关系，岂能与"文字起源于图画"等量齐观？王文引用郑樵、段玉裁等人的说法，尚未能指出"书画同源"之出处。按唐张彦远《历代名画记·叙画之源流》以为"颉有四目，仰观垂象。因俪鸟龟之迹，遂定书字之形，造化不能藏其秘，故天雨粟；灵怪不能遁其形，故鬼夜哭。是时也，书画同体而未分，象制肇始而犹略。无以传其意，故有书；无以见其形，故有画"。所谓"书画同体而未分"正是解"书画同源"，显然这里的"同体"指的是文字、绘画之间的合二为一的关系；也就是说文字与图画之间并没有谁先谁后的问题。因此说王文所秉持的理论观点是错误而含混的，然而它的结论却是可以接受的，为什么呢？以甲骨、金文和史前器物互相比照的方法是可取的，之所以可取，在于古人遵循"制器尚象"的文化传统，"器"者乃"道"之流衍，与"道"不可须臾离，言道不可离器，言器不可离道。彩陶也好、玉器也罢、纹饰抑或符号也好，皆"器"也，亦都是"道"的体现。因此"制器尚象"的观念也恰恰会体现在早期文字符号中。"象"乃是理解华夏文化精髓的观

---

[1] 〔美〕丹尼斯·施曼特-贝瑟拉：《文字起源》，王乐洋译，商务印书馆，2015年，第7页。

念语汇,"制器尚象"的传统也就是《易经》之阴阳哲学的传统。① 正是由于文字乃"制器尚象"的产物,存留于后世甲骨、金文中的文字符号有可能"尚"先民之物"象",也就是"远取诸物,近取诸身",所谓"见鸟兽蹄远之迹,知分理之可相别异也,初造书……文者,物象之本;字者,言孳乳而寖多也。"(《说文解字》叙)这诸多不同的表达,皆"尚象"的意思。然"尚象"并非"制器"的目的,"立象以尽意"才是"制器"的最终意图。器—象—意乃是三位一体的圆融关系。器犹言物也,"象"因其指涉,常常与"物"气息相通。物生必有象,象乃是物之象,二者不可须臾离。物象交融,言象必及于物,说物必及于象。"象"所关涉,可谓甚大。从宇宙论和哲学立场来说,"象"恰为华夏之原始逻辑的起点。② 自道而降及于器物层面,便可进一步蠡测华夏艺术与西方之间的不同。华夏文字随物象而造型,因此并不是反映论或再现论的,不需要对事物亦步亦趋(比较上文所说埃及对待文字的态度,以及文艺复兴以来对待书画的态度),汉字在书写中不拘泥一点一画的工整,而但得其神韵而已。从贾湖刻符、双墩刻符、丁公陶文、龙虬庄陶文,可以看到这个特点。从文字"用笔"的角度来说,所谓"尚象"其实就是自由的书写意识,比如丁公和龙虬庄所出土的陶文,其运笔速度极快,其绞转勾连的笔意,令人联想到怀素草书《四十二章经》以及黄庭坚《诸上座》等唐宋名家巨迹。这种"尚象"意识不唯文字所特有,亦深刻浸润在绘画传统中,比如西方绘画中写飞行之物,必然会给其添上翅膀,而敦煌之飞天却无翅而轻举;唐宋所谓雪里芭蕉之类的典故,而水墨山水取代青绿山水、金碧山水勃兴,正是"尚象"观念哺育的结果。换言之,不重形似而重视神韵乃华夏文化有意识的自由选择的结果,绝非外铄而来。这恰恰是华夏书法同时也是华夏印章的灵魂,也是书写—契刻传统"千古不易"的"用笔"之道。赵孟頫《秀石疏林图》题云:"石如飞白木如籀,写竹还应八法通。若也有人能会此,须知书画本来同。"书画本来同

---

① 蔡运章:《大汶口陶器文字及其相关问题》,《山东师范大学学报》2013 年第 2 期;倪志云:《大汶口文化陶尊"文字"的观念内涵与〈周易〉阴阳哲学的思想渊源》,《周易研究》1988 年第 2 期。
② 拙文:《侨易释"象":现代性反思与华夏源始逻辑刍议》,《江苏大学学报》2017 年第 2 期。

者，并不在于文字起源于图画，而是二者共享相同的文化理念、文化观念，乃是一种精神表达方式上的共同选择之"同"。

华夏印章之所以和域外印章不同，正是因为其继承的是契刻和书写的传统，契刻和书写并非两个不同的传统，而是同一个传统的一体两面。契刻乃是一刻镂工具（剞劂，或刻刀）为笔的传统，这与书写并无二致。工具虽则不同，其理念却是通贯，无论用刀还是运笔，都传达出相通的精神，这便是"印从书出"而"书为心画"的艺术精神。此种精神与华夏先民的世界观息息相通。而"心画"云云连接的是"制器尚象"的宇宙观和世界观，勾连的是"立象以尽意"的艺术精神，正是这种独特的精神特质而非印章的形式或质料本身让华夏印和域外印分道扬镳。因为从质料上来说，华夏印章所采用的青铜、木石等材料亦曾为域外的印章所共同使用，而形式上虽然华夏文化没有滚印，但戳印与西亚、北非以及南亚等文化并无什么本质的不同。真正体现华夏印章"中国性"的，恰恰是其所选择的表现手法和表达方式。这种表现手法和表达方式肇始于5000多年前华夏大地上所出土的大量陶、骨和玉器之中，胚胎于数以千计的刻符和书写符号之中，经由殷周甲骨文金文体系的发扬，乃形成"立象以尽意"为其精神核心、以刀笔互用、刚柔相济为表现方式的书契传统。用一句话总结，印章之所以堪为"中国性"的代表，乃在于其接纳了源远流长的书契传统。或者说，书契传统发展到殷商时代而拓展到印章这一媒介之上。印章恰恰是华夏文化精神蓬勃发展的一个见证。一言以蔽之，印章乃"大传统"滋溉下的产物，却主要在"小传统"中得以发展。从另一角度说，只有真正进入"小传统"中，印章所负载的精神价值内涵才能得到深切的理解。只有依靠以文字为记录手段的小传统，源远流长的史前刀笔传统所赖以发展的理论根基才得以明确的表达和申说。这一"小传统"，就是"天不丧斯文"的斯文经史传统。华夏印章则是现实的、生命的展现媒介，它与域外的根本精神之不同在于它们不是神明话语或意志的体现，而是人自身的内在生命的存在。

三 田野调查

作为文化文本之"舌尖上的中国"

彭兆荣

（厦门大学人类学系）

引　言

《舌尖上的中国》第一季于2012年5月14日在中央电视台首播，第二季于2014年4月18日播出，第三季于2018年2月19日在央视综合频道和纪录频道同步播出。这一记录中国饮食的电视纪录片的播出，在华人圈掀起一股饮食热潮。

我的《饮食人类学》于2013年9月由北京大学出版社出版。完成书稿的时间是2012年1月（参见拙著后记）；而事实上，我是在2009年就开始撰写这部著作。我无意强化《舌尖上的中国》与拙著在时间上的契合，而是旨在说明，人类与饮食所包含的关系的至高性。而作为"文化文本"，中华饮食"饮誉海内外"的生养性、独特性、象征性被人们重新认识。

一个关键契机在于：在全球化的今天，人类与饮食的"共生关系"（symbiosis）比以往任何一个时期、时代都更为鲜明，特别是"食品安全"的世界性政治话题的凸显，重新将饮食提升到了一个新的高度。所谓"共生"，形象地说，是某一个生物物种的生存与进化必须建立在另一个生物物种的存在和进化的关系链条上。他们之间的关系互动取决于建立一种友好的关系和机制。这种友好的关系和机制又反映了人与自然的关系和机制。[①] 从文化文

---

① 参见 Terence McKenna, *Food of the Gods*, London: Rider, 1992, p.18。

本的角度看，今天人类与饮食的"互文"关系比历史上的任何一个时期都更为紧密。如果说，《舌尖上的中国》是一部"影像志文本"，笔者的《饮食人类学》则毋宁是一种"民族志文本"。

所以，笔者并非以电视纪录片《舌尖上的中国》为分析对象，而是以"中国饮食"为对象，并将融入其中的"中国认知、中国道理、中国知识和中国技艺"作为一个大的文化文本加以分析。

一、中华"多元一体"之"地方菜系"

无论是影像志文本《舌尖上的中国》，还是我国首部民族志文本《饮食人类学》，都旨在突出中华民族"多元一体"的实情与实况；而建立其上的是我国悠久的农耕文明传统和背景。我国古代的"国家"有"社稷"之称，其中"社"表示以"土地"（祭土）的农业伦理，而农业又以粮食生产为本。"稷"为古代一种粮食作物，指粟或黍属，为百谷之长，帝王奉祀为谷神，故有社稷之称。

有趣的是，在中华民族的宇宙观里，"天圆地方"指天地人和的"三才"关系，而"一点四方"（亦称"五方"）与"五谷"偶合。二者虽无直接联系，却以"五"将"地方"联系到了一起。所谓"五方之民，言语不通，嗜欲不同"。（《礼记·王制》）中国的区域差异在饮食上也形成了自己的一套原则，而由于中国的"地方"是按照方位律制，即东西南北中的政治地理学划分，二者的"偶合"亦非完全无意。事实上，"五谷"在古代究竟指哪几种粮食作物，学界有不同的意见，一种较有代表性意见认为，五谷指黍、稷、豆、麦、稻。[1]但这并非最为重要，重要的是，"五谷"成为"五方"的一种表述。

于是，对"人（群）"的认知与对食物的认知被置于同畴。这便是"舌尖上的中国"——"和而不同"的重要价值。在中国的饮食体系中，"五味

---

[1] 参见许倬云：《汉代农业——中国早期农业经济的形成》，程农等译，江苏人民出版社，2012年，第81页。

调和"与"和而不同"形成了互动性关系结构的写照,并在同一个文化系统中达成默契——包括自然元素、生命构造、群体差异、品味有别等,却没有妨碍"中国味道"的建构。中国的饮食体系具有一种"融化作用"。在中国,传统的农业伦理与封建等级制度紧密地结合在一起,二者却成了"和而不同"的表彰。农业伦理讲求等级秩序,讲究"不同",二者可以通过饮食得到体现。换言之,"和而不同"既强调"中国味道",又表明"地方滋味"。"中国味道"可以用《孟子·告子章句上》的经典之句解之:"口之于味,有同嗜也。"所以,"中国口味"被认为是这一现象的集体性表述,也是一种集体性认同。

以"和而不同"表述"中国味道",既说明我国饮食的多样性,又强调其独特性。中华饮食文化丰富多彩,单是汉族的饮食已是一门大学问。就像我们在饮食分类上按照不同的区域来分"菜系"。中国历史上早就有不同地方有不同口味的说法,我国民间素有"四大菜系""五大菜系""八大菜系""十大菜系""十二大菜系"之说,如川、鲁、粤、淮扬、湘、闽、徽、浙"八大菜系";川、鲁、粤、淮扬、湘、闽、徽、浙、鄂、京"十大菜系"。此外还有所谓"五大流派":京鲁派、苏沪派、巴蜀派、岭南派、秦陇派等。[1] 这些不同的"菜系"意味着饮食作为一个特殊文化的文化确认,作为"地方记忆",成为一种"选择性的历史记忆"。[2]

中国之所以有多种不同的菜系,一个重要的成因是地理、气候、土壤等的差异。比如北方吃麦食,南方吃米食,这原本并不是因为北方人爱吃面食,南方人爱吃米饭,而是因为北方生长、生产麦子,南方生长、生产稻米,这才历史性地造成了我国南北方主食差异。我们平常讲的"五谷杂粮",就全国范围来讲,也存在着地缘和区域差异,这一点在我国古代的典籍中早就有记载,《管子·地员》中讲了"五土所生"。《素问》中论到"五方之谷",《汉书·地理志》讲得更为具体:东南扬州,正南荆州,"谷宜

---

[1] 参见余世谦:《中国饮食文化的民族传统》,《复旦学报》2002 年第 5 期。
[2] D.Harrison & M. Hitchcock,eds., *The Politics of World Heritage*, Clevedon/Buffalo/Toronto: Channel View Publications, 2005, p.6.

稻";"河南曰豫州","其谷宜五种"（师古注曰："黍、稷、菽、麦、稻"）;"正东曰青州","谷宜稻麦";"河南东曰兖州","谷宜四种"（师古曰："黍、稷、稻、麦"）;"正西曰雍州","谷宜黍稷";"东北曰幽州","谷宜三种"（师古曰："黍、稷、稻"）;"河内曰冀州","谷宜黍稷";"正北曰并州","谷宜五种"。而国之征税，"任土为贡"，即"任其土地所有以定贡献之差"。① 其实，在中国，地方菜系所涉及的意义和意思远非字面那样的简单，如上所述"五土所生"很显然是以行政区划而定的。在这个"五方图"之"五方土"之"五谷粮"来看，显然只是秦汉时期很小的地理版图，粮食尚且巨细如此，若以今日国家之版图，更为复杂和多样。

不同的"地方"有不同的菜系，不同的菜系可以理解为不同地缘群所习惯的"地方口味"，包括以下几种基本内涵：

1. 文化区域的饮食表述与认同。

2. 饮食地方感的"品味话语"——经由身体品味的生成模式；如川菜、湘菜和贵州菜的辣味是不同的，这三个地方之外的人很难体会。"地方"是可以跨越的，行政区划与菜系存在着根本的差异，在同一个地方菜系中也存在诸多的次级性差异。

3. 特色性味型，包括食材、风格、模式和饮食搭配等内容。

概括地说，饮食民俗一方面最为真切地反映某一个特定历史时期的真实形貌，它构成了"地方性知识"的最生动部分，也是"民间智慧"的生动写实，甚至成为地方社会结构的构成部件。另一方面，食俗有一个与众不同的特长，即它不是通过观察、认识、分析等方式进行"推证"，而是通过品尝的方式与"地方感"（the sense of place）达成最直接的现象学契合。同时，食俗还可以带领人们进入到更深层次的社会结构。

饮食的区域划分的外在性很容易得到区别，但由于饮食的区域差异所形成的饮食区域体系上的差异，进而产生地缘人群对特定菜系的喜爱甚至

---

① 熊铁基：《秦汉文化史》，东方出版中心，2007年，第261页。

上升为情感上的依念、生理上的依念，进而产生对其特殊的、具有集体意识上的认同感，进而产生从身体、生理到心理上的忠诚。因此，在与分类相关的研究上，以某一个特定的民族、区域、宗教共同体作为完整的单位进行研究显然具有特别的优势，正如埃文斯·普里查德所指出的那样："在一个有限的而且可以明确界定的文化区域内，可以在其观念和实践脉络中考察事实，对这样的区域进行集中深入的研究，具有一种超乎寻常而又不可或缺的优势。"[①] 我们相信，人类在饮食上的分类共性和差异是可以通过不同的区域表述获得文化上的体认的。决定事物分类方式的差异性和相似性，在更大的程度上取决于情感，而不是理智。在一个社会中被认为是完全同质的东西，在另一个社会中却可能被表现为具有本质差异的事物。但是，需要指出的，区域的、地方的概念本身存在着不足，特别表现在当人们刻意突出区域"菜系"的时候，也在无意之中淡化和弱化了区域间的"边界"，可能导致对区域性菜系与菜系之间的互动关系和"差异过渡"等重要问题的漠视。

值得特别强调的是，在我国的饮食传统中，"反哺"作为中国饮食体系的特色，被认为是所有社会的饮食属性，我们在大原则上也表示认可，因为人与自然环境的关系不保持发展的可持续性，人类的饮食链条就会中断，所以，人类必须以"反哺"的原则对待自然。但是，笔者所要强调的是，中国饮食体系中的"反哺精神"与中国传统的认知哲学一脉相承。对于饮食人类学的民族志研究，什么样的民族志的方法能否准确地反映中国现实，这是一个迄今为止仍然没有完整解释的创造和实验过程。我们之所以强调中国饮食中的"反哺"特性，并无意否定其他社会缺乏这一精神，而是旨在说明其在中国文化体系中的鲜明特色。

---

① 转引自〔英〕罗德尼·尼达姆：《原始分类》英译本"导言"，见〔法〕爱弥尔·涂尔干、马塞尔·莫斯：《原始分类》"附录"（汲喆译），第118页。

二、文化认同中"味—胃"之"忠诚"

认同理论讲了很久，也讲了很多，却很少人讲到饮食中的文化认同，虽然，中国的饮食和烹饪在现代民族国家的背景下没有上升到国家政治认同的层面，却没有妨碍其作为文化认同的一个重要依据；而且，这个认同几乎是难以改变的，永远的。无怪乎张光直先生这样说："我确信，到达一个文化的核心的最好方法之一，就是通过它的肠胃。"[1] 正像法国人所说："告诉我你吃什么我就知道你是谁"；德国人所说："你吃什么你就是什么人。"[2] 食物不仅可以作为一种认同的指标，而且必定成为认同的指标。

饮食的认同靠的不是血缘、亲缘、地缘、神缘、业缘，即"五缘"线索维系，也不靠民族国家背景下国家的政治性纽带捆绑，而是靠身体表达，——"味—胃"对特定饮食的惯习性"记忆"。"食物的记忆"与一般的记忆不同，它属于一种"被沉淀于身体的记忆"。它与近期的人类学研究中的一个重要问题，即对"感"的人类学研究（anthropology of the senses）相吻合[3] 马文·哈里斯甚至认为，这种对食物的认同已然形成了具有以集体记忆为特征的"思维模式"：

> 当印度人拒绝吃牛肉，犹太人和穆斯林痛恨猪肉，还有美国人想都不敢想要吃狗肉时，人们从这些现象中可以意识到，在消化生理学的背后会有什么因素在发生作用，使人确认什么是好吃的。这种因素便是特定人群的美食传统，是他们的饮食文化。如果你在美国出生和长大，你就会接受某些美国人的饮食习惯。你学会品尝牛肉和猪肉，但不是山羊肉和马肉，更不是蚱蜢或蛆虫。你肯定也不爱吃老鼠肉。然而，马肉对于法国人和比

---

[1] 张光直：《中国文化中的饮食——人类学与历史学的透视》，郭于华译，载〔美〕尤金·N. 安德森：《中国食物》附篇一（马孆等译），江苏人民出版社，2003年，第250页。

[2] E. Messer, "Anthropological Perspective on Diet", *Annual Review of Anthropology*, Vol.13, 1984, 1 p.205.

[3] D. E. Sutton, *Remembrance of Repasts: An Anthropology of Food and Memory*, Oxford and New York: Berg, 2001, p.12.

利时人却很有吸引力；大多数地中海岸居民喜欢吃山羊肉；蛆虫和蚱蜢在更多的社会中被当作美食……古罗马人说："口味是不用争辩的。"……可以说，食物在能够进入饥饿的胃肠以前必须把营养给予集体的心灵，食物属于"人们基本的思维模式"。[①]

作为饮食传统，"味"在中国传统饮食文化中是一个核心概念，它甚至可上升到"至味—哲理"的高度；因为，所有对饮食的"认知—认同"都围绕着"体认—体味"进行，都围绕着"味"调动周转。《吕氏春秋·本味》篇中有"以味为本，至味为上"的说法，意思是说把保持食物原料的自然风味以及经过烹饪使食物达到尽善尽美的境界（至味）作为烹饪的根本目的和最高境界。在中医里，"味"通天、通气、通时、通阴阳、通命理，《黄帝内经·生气通天论篇第三》有："本在五味，阴之五宫，伤在五味"，"是故谨和五味"，"谨道如法，长有天命"。

中国的饮食讲究"美味"，而"味"却不是一个简单的概念和体验，它包含着多种饮食哲学的蕴涵。"五味调和"就是总结，它包括食物品性之酸、甜、苦、辛、咸五种味道的调理、调和，也是食物的各种味道的泛称。"五味调和"的最佳境界是"和"。[②] 中国饮食体系中的"五味调和"表现出中国人对宇宙、自然认识所谓"五行"在饮食和烹饪技术上的理解和应用，也是对人类身体所谓"五脏"的对应与配合。所以，中国的饮食体系不仅是人的身体器官的感受和体味，更是长期以来中国人民将自己独特的对自然万物的理解融会贯通在食物和烹饪之中。此外，"和"在中国传统语义中颇为讲究，它是"禾"与"口"的组合，"禾"特指"稻子"，泛指粮食；也称"耕作"。"口"指吃、食，二者合并有祥和之意之景。[③] 中国哲学历来讲求"和为贵"。

---

① 参见〔美〕马文·哈里斯：《好吃：食物与文化之谜》，叶舒宪等译，山东画报出版社，2001年，第2—4页。
② 参见〔美〕马文·哈里斯：《好吃：食物与文化之谜》，叶舒宪等译，山东画报出版社，2001年，第2119页。
③ 参见〔瑞典〕林西莉：《汉字王国》，李之义译，生活·读书·新知三联书店，2007年，第177、179页。

于是,"品味"就被提升到了一个具有认同意义的高度。从文字的考据可知,"品"与"众"无论在字的造型上还是意义上都共通;"品尝"中的"尝"与之相关,嘗(小篆"嘗")为形声字,《说文·旨部》:"嘗,口味之也,从旨尚声。"本义为辨别滋味。"旨"(甲骨文"旨")在甲骨文中就已经有之,是个会意兼形声字,从口从匕(匙),以匙入口之形象征美味。《说文·旨部》:"旨,美刀,从甘,匕声。"本意为美味,延伸为"意义"等。简言之,"品尝"成了辨别、区分(排斥/接受)的身体实践和验证。

饮食文化与任何其他文化体系不同之处在于:特别强调通过对食物的品尝过程贯彻一种社会伦理。孟子强调"口体之养"。所谓"体有大小,养其小者为小人,养其大者为大人……饮食之人,则人贱之矣,为其养小以失大也。"(《孟子·告子上》)表明中国传统饮食伦理学中"重食而无教,近于禽兽,施教于人伦,方为人禽之辨"[1]。在这里,身体是饮食伦理学的媒体、介体,也是载体、实体。在传统的儒家伦理中,身体欲望只是教化的材料,得到礼教才使人之身体与食物产生"人/禽"的区隔。这是身体伦理的基本要义。

人们所说的饮食认同其实是惯习性的身体表达。我们之所以不使用"习惯",因为在汉语中,习惯指长久形成的一种不自觉的行为,所以有说"养成习惯"。我们在此使用的"习性",除了具有习惯的特征外,还包含着一种属性和品性的因素,即体验者身体的自觉性。"口味"就有习性,英文中的"the food ways"勉强可以对译。它与布迪厄所使用的"惯习"(habitus)这一概念有相似之处,即从不同饮食差异的品尝和理解"实践"中体验和认知不同的社会价值体系。[2]

口味习性是一个很奇妙的现象,比如辣味,生活当中似乎属于区域性食物,我国有"不怕辣,辣不怕和怕不辣"的程度差异,对应者不是人,而是"地方"(江西、湖南、四川等省名列其中)。有不少人解释"辣区"是因为

---

[1] 参见龚鹏程:《饮馔丛谈》之"儒家的饮馔政治学",山东画报出版社,2010年,第153页。
[2] P. Bourdieu, *Outline of a Theory of Practice*, Cambridge: Cambridge University Press, 1977.

需要"去湿"等，这种解释显然不可靠。中国南方，包括整个东南亚地区几乎都处在潮湿浸润地区，有些国家一年只分为旱季和雨季，半年都在闷热潮湿中度过，可是未必这些国家和地方都喜辣。我国的福建、广东以及江浙的大多数地方都潮湿，总体上却并不吃辣。喜辣属于习性。习性在有的情况下可以理解为习惯，但有时却不能，它包含着某种文化自觉和认同现象，并在生理味觉上留下了印记。它类似于一种"记忆"，这种记忆已经将文化语码编列到了味觉感受中而成为习性。"口味惯习"强调在通常的情况下对食物品尝的一种忠诚。饮食作为文化表达，有一种定性和定势，形同"习性"，而"品尝"作为一种特殊的文化体验，带有强烈的文化惯习。

对饮食的"味—胃"的认同，把"品尝民族志"的身体表达加以凸显，品尝民族志的不是描述性的，亦非理论性的，而是以真实呈现唤起一种可感的东西。[①] 就饮食民族志范式而言，对"品尝民族志"作如此规定——它的可接受性和不可接受性一样鲜明。作为一种反思性民族志的实验性成果，"品尝民族志"试图以自己的方式对过于艰涩、玄奥、擅长哲学式的理论建构和分析类型的人类学家"六经注我"式民族志范式进行反叛；既可在大的范围呈现"中国品味"的文化内涵，又更加鲜明地突出了个体性品尝的"感受权利"和"身体惯习"。

三、作为文化文本中的烹饪"技艺"

老子的"治大国若烹小鲜"（《道德经》第六十章）的著名论述，字面意思简明，治理大国就像烹调美味的小菜一样；哲理意味难析，故有不同的阐释、解说。无论此说有何深义、大义、奥义、玄义，都不妨碍其最为表面上的"技艺"：这种"技艺"不独是烹饪的，而且具有政治治理的鲜明比赋和强烈隐喻。从审美上看，中国传统的治国—烹食之道宛若音乐，颇为讲究"中和"、"中庸"、"调和"。有趣的是，列维-斯特劳斯以《神话学：

---

① 参见 P. Stoller, *The Taste of Ethnographic Things: The Senses in Anthropology*, Philadelphia: University of Pennsylvania Press, 1989, p.32。

生食和熟食》为名，贯彻于音乐的不同乐章，不过多数人读起来难得其要。钱锺书对此也有过论述，读起来直接明了：

> 这个世界给人弄得混乱颠倒，到处是摩擦冲突，只有两件最和谐的事物总算是人造成的：音乐和烹调。一碗好菜仿佛一支乐曲，也是一种一贯的多元，调节器和滋味，使相反的分子相成相济，变作可分而不可离的综合。最粗浅的例子像白煮蟹和醋，烤鸭和甜酱，或如西菜烤猪肉（roast pork）和苹果泥（apple sauce）……在调味里，也有来伯尼支（Leibniz）的哲学所谓"前定的调和"（harmonia praestabilita），同时也有前定的不妥协……音乐的道理可通于烹饪，孔子早已明白，所以《论语》上记他在齐国闻《韶》，"三月不知肉味"。可惜他老先生虽然在《乡党》一章里颇讲究烧菜，还未得吃到三味，在两种和谐里，偏向音乐。譬如《中庸》讲身心修养，只说"发而中节谓之和"，养成音乐化的人格，"一以贯之"的"吾道"，统治尽善的国家，不仅要和谐得像音乐，也该把烹饪的调节器和悬为理想。在这一点上，我们不追随孔子，而愿意推崇被人忘掉的伊尹。伊尹是中国第一个哲学家厨师，在他眼里，整个人世间好比是做菜的厨房。《吕氏春秋·本味篇》记伊尹以至味说汤那一大段（"非先为天子，不可得而具，天子不可强为，必先知道。道者，止彼在己，己成而天子成，天子成则味具。"——笔者引注）把最伟大的统治哲学讲成惹人垂涎的食谱。这个观念渗透了中国古代的政治意识，所以《尚书·顾命》起，做宰相总比为"和羹调鼎"，老子也说"治大国若烹小鲜"。孟子曾赞伊尹为"圣之任者"，柳下惠为"圣之和者"，这里的文字也许有些错简。其实呢，允许人赤条条相对的柳下惠，该算是个放"任"主义者，而伊尹倒当得起"和"字——这个"和"字，当然还带些下厨上灶、调和五味的涵意。①

以这样的基调，烹调、音乐与治国貌离而神合，尤其中国的治国精神和"平天下"之手段，莫不如烹调艺术。

---

① 钱锺书：《吃饭》，《钱锺书散文》，浙江文艺出版社，1997年，第29—31页。

礼仪作为社会控制的机制和治理手段，自古以来就是社会的重要组成部分。人以群聚，人以群居。群体需要秩序，群体需要伦理。秩序和伦理依靠组织和行为来维持。那些经由组织化、制度化、伦理化的社会行为构成了礼仪实践行为和实现礼仪社会价值的有机部分。其实，从文字结构看，"礼（禮）"与饮食从一开始就在伦理中约定俗成，而礼器与饮食器（诸如"鼎"、"爵"等）的契合，更将中华文明中的"饮食文本"抬高到了"礼制"的高度。唐启翠博士对中国历史上对"礼仪"中的"礼义"做过专门考释，并对一些有代表性的观点做过梳理，东汉许慎在其《说文解字·示部》解释："禮，履也，所以事神致福也。从示从豊，豊亦声。"又《说文·豊部》："豊，行礼之器也。从豆象形。凡豊之属，皆从豊，读与禮同。"又"豐，豆之豐满者也，从豆，象形。"

许多学者不遗余力对其进行索解，见仁见智，无论对"礼"的阐释、破解有何高见，但从其构造而言，"豊"必与饮食烹饪有关。王国维认为，其初指以器皿（即豆）盛两串玉祭献神灵，后来兼指以酒祭献神灵（分化为醴），最后发展为一切祭神之统称（分化为禮）。[①] 后来的学者，包括刘师培、何炳棣、郭沫若、杨宽、金景芳、王梦鸥等大都支持这种观点。其中杨宽认为需要进一步将"醴"与"禮"的关系阐释清楚。他据《礼记·礼运》篇中"夫禮之初，始诸饮食"之论，认为古人首先在分配生活资料，特别是饮食时讲究敬献仪式，敬献用的高贵礼品就是"醴"，因而这种敬献仪式称为"醴"，后来就把各种敬献仪式一概称为"禮"。又推而广之把生产生活中需要遵循的规则以及维护贵族统治的制度和手段都称为"禮"。[②] 换言之，礼的起源，学者虽有不同的观点，作为文化文本的本义，必在饮食说。

从字形解码的角度予以破解者，包括裘锡圭、林沄、郑杰祥等，裘锡圭先生认为"豊"字应从壴从珏，本是一种鼓的名称。[③] 郑杰祥进而认为鼓是我国最早的礼器之一，禮字的初文即以鼓之形状的会意，意即古人在鼓乐声

[①] 参见王国维：《观堂集林》卷六《释礼》，中华书局，2006年，第291页。
[②] 杨宽：《古史新探》，中华书局，1965年，第307—308页。
[③] 参见裘锡圭：《甲骨文中的几种乐器名称》，《中华文史论丛》1980年第2辑。

中以玉来祭享天地鬼神之状。后世所从之"豆"乃"壴"之讹变。① 杨志刚《中国礼仪制度研究》一书则采取了综合的说法，认为不管是将玉盛在豆中敬神求福还是在鼓乐声中以玉祭享鬼神，抑或用甜酒敬献，丰都与先民的仪式活动有关。但这一说法明显过于宽泛。很显然，"礼"与饮食"原像"建立了原初的联系，并在此基础上延伸出来后续的、多样的、复杂的意义和意思。② 叶舒宪教授更进一步从原始仪式中的"玉"入手，对"醴"与"礼"进行诠释；他根据 8000 多年前葬玉、礼玉、祀玉、食玉等崇玉传统，认为"玉"是奉献给永生不死神灵世界的神圣食物，神圣礼仪的功效就在于以饮食献祭的方式来达成人神两界的沟通，"醴"与"礼"二字非常形象地暗示出献给神的美食（玉）与美酒。③

中华文明的重要特质和特征在于实用性，大凡重要的"道理"都交织在实用、实际和实践之中，"礼"亦无例外；而从字形和字义的表象上看，"煮"似乎隐约其中。"煮"作为我国传统饮食技艺，它很特别，也很奇特。安德森对此有这样的评述："食物通常要煮、蒸或者炒。煮是极为重要的。其重要性不仅因为煮饭是一种普遍而日常的方法，还因为汤（从淡而无味的清汤到稀薄的羹）也太普遍了，它实际上是每一顿膳食甚至小吃的重要部分。汤面是全中国最流行的小吃，但绝不是唯一的汤类小吃……煮饭为主食，而先炒后煮的饭则难得一见。"④ 我们当然不会以一个外国人对中国食物的观察和感觉为依据，事实上，中国有不少先炒后煮的例子；不过，安德森提示我们，中国饮食体系中的"煮"是一个值得重视的技艺，"煮"有"烹"的意义，《集韵·庚韵》释："烹，煮也。"烹煮，是调味，也是调和。

在中国的饮食文明历史上，火的应用是一个关节点。之前，并没有真正意义上的烹饪技艺；只有在应用火以后才有了真正意义上的烹饪技艺。《礼记·礼运》如是说："未有火化，食草木之实，鸟兽之肉，饮其血，茹

---

① 参见郑杰祥：《释礼·玉》，《华夏文明》第一集，北京大学出版社，1987 年。
② 参见唐启翠：《礼制文明与神话编码：〈礼记〉的文化阐释》，南方日报社，2010 年，第 8—9 页。
③ 叶舒宪：《河西走廊：西部神话与华夏源流》，云南教育出版社，2008 年，第 33—41 页。
④〔美〕尤金·N. 安德森：《中国食物》附篇一，马孆等译，江苏人民出版社，2003 年，第 108—109 页。

其毛……后圣有作，然后修火之利……以炮以燔。以亨以灸。"所以"炮、燔、亨（烹）、灸"为食物烹饪之最早的技艺方法。其中，炮是将食物包裹后放到火上烧烤；燔和灸都是将食物直接在火上烧烤。这三种都不需要借助器具，唯有烹需要借助容器来完成。最早的烹饪方法是石烹，主要方式有两种：一种以石板、石块为盛器，以火加热，直到焙熟。另一种方法是借助容器，将烧热的石子（鹅卵石）投入盛有食物的水中，使水沸腾并将食物煮熟。[1]这大抵就是"煮"之技艺的原型。至于将"煮"施之于"饭"，则是中国农业生产的实情。在《礼记·内则》中有这样的总结："饭：黍、稷、稻、粱、白黍、黄粱、稰穛。"而中国历来以前四种，即黍、稷、稻、粱为"饭"之总称。这样，"煮饭"也就自然、必然地成了食物技艺的代表类型。

毫无疑义，中国的饮食文化作为中华文明的重要组成部分，烹饪技艺不仅体现在制作方面，也体现在"吃"的方面，更表现在礼仪方面，甚至还卷入了安邦治国方略。我国的"烹饪"就是一门艺术，这不仅强调"煮"的技艺特点，也强调"饭"的农耕特色。在中国，任何重要的技艺来源都有"英雄祖先"的渊源，古代的传说中就有了"黄帝始蒸谷为饭，烹谷为粥"的说法，说明我国的米饭已经有了数千年的历史了。[2]黄帝是华夏民族的共主，五帝之首，中华"人文初祖"，也是烹饪"始祖"。

结　语

"舌尖上的中国"与其说是央视的纪录片系列的片名，不如说是一种特殊的、以中华饮食为介体的文化文本，链接着诸如生态、生命、生养、生计、生产、生业等重大问题。而中华文明传统，又可以和可能在饮食中寻找到"文化基因"。特别在当今饮食作为一种重要的"政治话题"——食品安全、转基因、反季节、生态环境等，"舌尖上的中国"也因此成为重新认知、理解、诠释"发展中的中国"的重要契机。

---

[1] 参见周海鸥：《食文化》，中国经济出版社，2011年，第5—6页。
[2] 参见周海鸥：《食文化》，中国经济出版社，2011年，第35页。

虫变母题与蚕马故事
——兼及江浙蚕花娘娘祭祀与瑶畲等族虫变盘瓠信仰之比较

夏 敏

（集美大学文学院）

神话母题中，"变身母题"十分常见。很多"变身"发生在人与动物之间。有的是动物变成人的，如虫变成犬或龙犬再变成半人半犬的盘瓠，田螺变成女人嫁给农夫的田螺娘，白蛇故事中蛇变成人的白娘子；有的是人变成动物的，如"上帝之少女"变成鸟的"精卫"，杭州白蛇故事中变成螃蟹的法海禅师；还有就是本文主要讨论的蚕马娘娘，她由人变成马头娘，再变成蚕虫。蚕马娘娘跟瑶族、畲族虫变盘瓠有接近之处，都是人与虫的变化，前者是人变成虫，后者是虫变成人，笔者将此种变身母题称作"虫变母题"。蚕马娘娘和盘瓠，两个南方的虫变神话人物，都是民间信仰的对象，彰显了神话对仪式的说明和仪式对神话的演绎等功能，它们共同的前提是，虫变想象与信仰基于民众的各种心理需要（如盘瓠信仰中分辨民族血缘的需要，蚕花娘娘信仰中祝福丰收喜悦、克服蚕虫死亡焦虑的需要），以实现群体性心理治疗目的。

一、人类推源的虫变叙事

虫变的母题，是许多民族的人类起源故事中常见的叙事单元，也是卵生神话的一种变型形式，更是中国南方许多民族中具有一定代表性的"变身母题"。中国的苗瑶畲彝等族的盘瓠故事讲的是人脱胎于狗的起源过程，而狗的前身却清一色是虫。它讲的是虫变犬，犬再变人。在瑶畲等民族中，人的最早祖先被追溯为虫。瑶族犬祖神话说，评王王后耳中的金虫→狗（盘瓠）→狗首人身（半人半兽）→十二王瑶（盘、李、赵、邓、黄、沈、冯、郑、周、祝、唐、雷）。以往的研究均忽略了狗（盘瓠）是由金虫变来的情节，其实，"金虫"对我们认识瑶族图腾信仰的演变有着很大作用。类似的传说还见于汉籍：《魏略》：高辛王之目耳中物"大如茧（玺）"。《搜神记》：高辛王之母耳中物"大如茧"。传说的蕴意是：狗以前的图腾物可能是虫。三国徐整《五运历年记》：（盘古）"身之诸虫，因风所感，化为黎氓。"看来，盘瓠、盘古都与虫有联系。今日瑶族虽不拜虫，但不能排除它是龙犬（盘瓠）的龙之前身，或者说虫图腾是狗图腾的原生或底层性质的图腾。据何新先生分析："虫"、"龙"音近形似[①]，《说文》："虫，一名蝮博"，按照清钱大昕古无轻唇音的说法，博即蝮的古读，其声组与盘王之"盘"相同。又，布努瑶《密洛陀》神话讲，密洛陀（或其九个儿子）用蜂造人，蜂（昆虫类）的古读声组也与"盘"相同。故虫既龙亦盘（犬），可以视为龙犬之前身。虫变成了龙，龙在中国人的想象中不过是长虫（蛇身）的延伸而已。虫变之后的犬变，犬变后的龙变，成为南方瑶畲等族共同的神话"变身母题"。

瑶族和南方其他少数民族皆盛拜龙，瑶族雨水节主祭龙王，有杀猪祭龙仪式，瑶族历史文献《过山榜》（即《评皇券牒》）说："瑶人根骨，即系龙犬出身。"[②]与瑶族同出一个原始族群的畲族更广泛地保留了龙犬合体合称的现象。龙变狗的例子在汉族典籍记载和畲族崇拜活动中极常见。《后汉书·孔僖传》所录故俗谚"画龙不成反成狗"，《博物志》卷八引《徐偃王志》说衔卵之狗名鹄苍，"临死生角而九尾，实黄龙也"。畲族《狗盘歌》

[①] 何新：《龙：神话与真相》，上海人民出版社，1990年，第216—217页。
[②] 蒲朝军、过竹：《中国瑶族风土志》，北京大学出版社，1992年，第339、341页。

称盘瓠为"龙狗",并言"五色花斑生得好,皇帝圣旨叫金龙"。[①] 畲民《盘瓠王画传》第六幅"龙将过番""画着盘瓠化为龙形,腾云而去"。[②] 看来,中华民族的龙图腾确是后起的,它在不同民族中有不同的生物原型(或前身)。瑶畲都以犬为图腾,而犬又都是"虫"变而来,可见二族在历史上必定是一个图腾族。在瑶畲图腾族群中,虫化犬后变身为龙,龙变是虫变的延伸。请看下边的示意图:

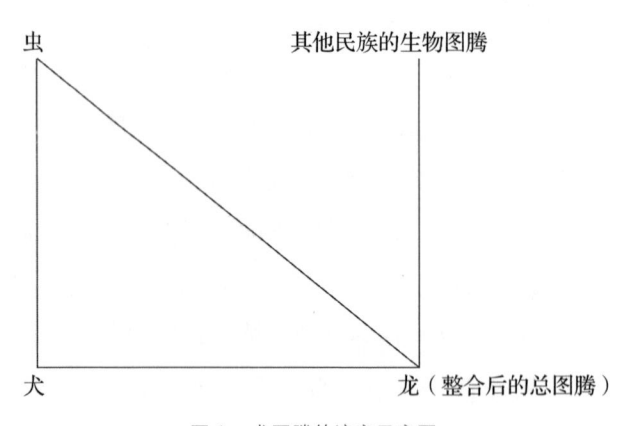

图 1　龙图腾的演变示意图

二、桑蚕业推源的虫变叙事

"虫变母题"也发生在中国的很多南方汉族农区。这里有关于"虫变"的许多口头叙事,最有代表性的就是"蚕花娘娘"的"变身叙事",不过其变身不是虫人之变,而是人虫之变。江浙一带汉族地区流行的蚕马故事,讲述的是人变马再变虫(蚕),由虫而生丝的故事,是变虫母题。在中国民间叙事中,无论瑶畲的虫变,抑或江浙的变虫,都属于"变身叙事",都围绕着"虫"展开。虫,甲骨文写作眼镜蛇状,为象形字;楷体是一形声字,取中韵;蚕为虫种,但它不是一般的虫,其中的家蚕所吐丝可做纺织原

[①] 顾颉刚:《古史辨》(七)上,上海古籍出版社,1982 年,第 171、172 页。
[②] 袁珂:《古神话选释》,人民文学出版社,1979 年,第 223 页。

料。其词义如右:"家蚕,昆虫,幼虫灰白色,吃桑叶,蜕皮四次,吐丝作茧,变成蛹,蛹变成蚕蛾。蚕蛾交尾产卵后就死去。幼虫吐的丝是重要的纺织原料。也叫桑蚕。"[1] 因为蚕可作茧吐丝,与部分人群(蚕农)生活来源密切关联,便激活与蚕有关的神奇想象,这是蚕的虫变母题得以诞生的主要原因。与虫变母题的神奇讲述相匹配,江浙蚕文化区域以仪式(吴地清明的轧蚕花庙会)的方式将蚕神信仰放在了当地实践生活中的重要位置,而蚕花神话将蚕神信仰的民俗活动给出了仪式所需要的浪漫解释。美国人类学家克莱德·克拉克洪指出:"神话与仪式在一个充满令人手足无措的变化与失望的世界中,给人们提供了一个固定的支撑点。"[2] 这种地方性的神话—仪式性信仰生活,随着桑蚕业的影响范围扩展,特别是随着历史上江浙丝绸成品远销海外,而成为闻名遐迩的"地方性知识"。在桑蚕业和蚕神信仰捆绑在一起的民间力量推动下,蚕和丝的概念也逐渐为西方所接纳,成为西方人认识中国的重要概念。汉语吴方言蚕读若 [dze],丝读若 [si],英语将蚕或蚕茧写作 silkworm,其前缀 silk 就是汉语(含吴方言)丝的音译。

蚕的虫变母题出现在江浙地区不同的蚕马故事文本中,基本情节与东晋干宝《搜神记》"白马化蚕"无异。无锡、嘉兴和湖州皆有蚕花姑娘的故事传世,但各地母题有所不同。最著名的有情节完全不同的两个故事。

虫变型蚕花故事。母题是(1)父亲远行,将马留给女儿做伴;(2)女儿思父,许下嫁给马的承诺;(3)马找回父亲,却被父亲杀掉;(4)马皮带走了女孩,使其变作马头,栖息在桑树上吐丝,成了蚕神(蚕花娘子)。

学艺型蚕花故事。说的是阿巧在深山里随白衣女子学习养蚕抽茧技术带回家乡,被尊为蚕花娘子,故事母题是(1)阿巧后母罚她割草;(2)鸟儿引阿巧在半山沟割到了草;(3)白衣女子引阿巧到家见识"天虫"作茧吐丝及养蚕抽茧技术;(4)阿巧将技术带回传授他人,被尊为"蚕花娘子"。

将上述两个故事的母题进行对比可以发现,二者的共同点在于(1)蚕花(神)皆为女性;(2)沿袭嫘祖故事原型,暗示女人是桑蚕业的主力;

---

[1] 中国社会科学院语言研究所词典编辑室编:《现代汉语词典》,商务印书馆,2003年,第605页。
[2] 史宗主编:《20世纪西方宗教人类学文选》(上册),上海三联书店出版社,1995年,第158页。

（3）都有父亲形象，父亲的婚姻都有缺憾，家庭不如意（一个是父亲丧偶外出做事，一个是父亲丧偶娶来的后母虐待姐弟）；（4）女孩神化为蚕花姑娘与长辈逼迫有关（一个是父亲杀了马，一个是后母逼迫割草）；（5）成神的蚕花都会造福人类。二者不同点在于：（1）前者强调神变，后者强调神授；（2）前者有人兽（马）婚的隐喻，带有一定的"悲剧性"色彩，类似乎瑶、畲二族高辛王女儿三公主与盘瓠（半人半犬）婚姻，有"人与异类婚配型"故事特征，后者除了介绍父亲再婚带给家庭的不幸，缺蚕花娘娘婚姻叙事；（3）前一个故事，蚕花娘娘虫变传神，有极其吸引人的虫变叙事，接近神话叙事；后一个故事，蚕花姑娘离家学艺传奇，故事性弱，不是虫变叙事，接近传说叙事；（4）前者，桑蚕技艺的获得与神奇的马有关，白马化蚕更像一则化身神话；后者，桑蚕技艺获得与鸟儿和白衣女子教导有关，阿巧学道的深山更像是一个世外桃源，而非一个神话世界；（5）前者，女孩变身蚕花娘子，有"爱情获得型"故事色彩；后者，阿巧获得桑蚕技艺，有寻宝型故事色彩；（6）前者，父亲杀马类似于高辛纠结于三公主嫁半人半犬的盘瓠，父亲与女婿相抵触，从精神分析主义视角看有厄勒克特拉（恋父）情结隐藏其间，是"厄勒克特拉型"叙事；后者，丧妻的父亲娶妻进门虐待姐弟，属于"后母虐子型"叙事，其叙事单元也出现在"灰姑娘型"故事中。

虽然都是桑蚕业的推源叙事，只有上述第一种虫变叙事更符合神话思维，因而这样的故事属于神话—仪式传统；而另外一则故事更多强调人类自身的力量，神话色彩不足，属于世俗化的传奇。

三、虫变母题的文化阐释

虫变母题不过是早期社会万物有灵观念、动植物崇拜和图腾信仰在故事当中的一种遗存，但它却以极富想象和魅力的姿态出现在人们的仪式性生活和口述传统中，成为追怀历史、认同族群的一种特殊表达。虫变母题背后若隐若现地传达了这样一些声音。

1.虫变或变虫叙事透露着图腾时代仪式的印痕。虫变叙事中，无论是虫变后再犬变的盘瓠与三公主的人兽婚，也无论是蚕马故事中女子与马的"应许"婚配，作为人类亲近的两种动物，犬马都成为与人类可能发生性关系的物种，关于他们变身与人（主要是女人）联姻的情节，表达了人类对自身起源的好奇追问，以及对族群的血缘分类的强烈意愿，这恰恰是两类推源型虫变叙事的共性所在。这些用来标识族群血缘身份的兽类（虫、犬、马），显然有族群图腾时代仪式的印痕潜隐其中。而图腾信仰的观念基础在于，人们认为被拿来与人间女子婚配的动物也像人一样有灵魂、有情感，接通它们的灵力并作为血缘亲属对待，于是，人与这些动物在形体上的互相变化被视为自然而然之事。神话讲述中的人兽性或人兽婚，便得到合理的解释。

2. 虫变叙事体现了人们对永恒的赞叹和对生命短暂的惶惑。变身，是为了活得有另一番更好的生命姿态，是为了逃离死亡获得永生。这种体现赞叹和惶惑的变身母题，是推动仪式和文学的情节发展的重要动机。有着虫变情节的族群中，首先人们通过仪式把参与者带入到"生命的获得和延续"、"生命被拯救"的精神世界。江浙蚕花娘娘的故事讲到爱上姑娘的马被女孩的父亲杀死，但是它的灵魂不死，它用自己的皮将女孩带走。湖州市德清县新市古镇一年一度的蚕花庙会以祭蚕神、摘火桑、拜火桑的方式祈求蚕宝宝远离邪祟和死亡，表面上的喜庆活动，潜藏着畏惧死亡的深深忧虑；瑶族祭虫变盘王的仪式中跳盘王舞、唱乐神歌和献祭都是入仪者对生命的给与者和拯救者的感恩以及对感恩的文化承诺，体现了人们对生命和生存的极度关怀与关注。另外，瑶族的入社（成年）礼仪——度戒中的几种基本仪式"放阴床""上刀山、下火海"和"跳云台"等都暗示了男子度过死亡的关隘而获得二度生的生存欲，从此他们进入了虫变的父系图腾族的行列，开始了宗教认可的人生。

这种对永恒生命的关切的另一面就是对死亡现象的恐惧和逃避。为祈保物阜人安是瑶族还盘王愿和江浙祭拜蚕花娘娘的又一个心理动机。它们旨在说明：人们时时处处都逃离不了死亡的威胁，正是死亡才要求人们把仪式世世代代承继下去。弗雷泽说："害怕死亡……可能是形成原始宗教的最有力的因素。"①

瑶族虫变犬祖神话传说有几处谈到死亡现象和面临死亡现象：（1）盘瓠咬下高王的头；（2）盘瓠在蒸笼里被蒸了六日而使三公主担心他会死；（3）瑶民漂洋过海时险些葬身鱼腹，危难关头幸得盘王保佑，转危为安；（4）盘王爷经历了死亡。中央民族大学所存的《过山榜》（《评皇券牒》）记曰：

> 盘护（瓠）始祖，……奈何虽受皇之身，食嗜山列（猎）之味，终朝趣也（趋野），逐日奔山。目后不觉数日外出［游猎］不归，家人男女大小，游遍山林［寻觅］，嗷嗷呼唤而无应声，盟盟寻觅而无形迹。寻遍千山万岭，［始］于山溪之畔石崖之下，见护（瓠）身披羚羊角刺身而死，［落在梓木树杈］乃善终身。男女悲泣，扛护（瓠）回家。②

上述死亡现象或面临死亡现象都与虫变犬祖盘瓠有关，要么是盘王杀死叛王而建功，要么是盘王将瑶民从死亡线上拯救出来，要么是盘王自己的死亡，这种惧死恨亡的心理不能不说是煽动起瑶民求生欲的宗教显现；而江浙蚕花娘娘故事中，父亲杀马，女变蚕马，都表达了蚕马灵魂不死的观念，它们构成了蚕马娘娘信仰的心理基础。

可见，不论是瑶族、畲族，还是江浙从事桑蚕业的汉族而言，神话传说对生存和死亡的解释都被追踪到若干个无法使用逻辑推演的神奇事件，它们是将死者和生者联系起来的一条纽带。就死亡原型来讲，它是人类爱生恨死心理跟信仰物勾连起来的某种自我求证因素。恩斯特·卡西尔在其《人论》中指出："在某种意义上，整个神话可以被解释为就是对死亡现象的坚定而顽强的否定。"③或者说，凡是信仰某种超自然力，人们就会固执地认定生命不可能寂灭或无端地消失，这在神话中是一个很普遍的模式。

3.虫变母题隐含着性和对乱伦的避忌。江浙蚕花故事里，父亲远行将

---

① 〔英〕J.G.弗雷泽：《金枝》（上），徐育新等译，中国民间文艺出版社，1987年，第4页。
② 蒲朝军、过竹：《中国瑶族风土志》，北京大学出版社，1992年，第339、341页。
③ 〔美〕恩斯特·卡西尔：《人论》，甘阳译，上海译文出版社，1986年，第10页。

马留给女儿做伴,而女儿思念父亲以许嫁此马留下承诺,以至于马驮回的父亲知情而生怒杀马。故事中女儿许嫁导致人马之间有婚配约定,父亲认为人兽婚配于人是奇耻大辱,是乱性,于是以杀马之举表示对乱伦的避忌。德清县新市古镇万人空巷祭祀蚕花姑娘,也表达了人们对性乱的避忌和女性的尊重。类似蚕马恋的"悲情"情节,也出现在瑶族畲族钟高辛王女儿三公主和虫变犬祖盘瓠身上,这是一则典型的女孩与异类婚配故事,不愿意将女儿嫁给异类的高辛王以期望"蒸煮"致死来表达对"异类婚"的心理排斥。尽管瑶族、畲族奉盘瓠为父性图腾,但是他们的仪式中绝不敢怠慢女性,譬如有些地方的瑶族女子可以跟男孩一起完成成年仪式"度戒",湖南、广西多地的瑶族,招郎上门(入赘)现象往往多于女子出嫁,考其源头,可能与他们的图腾崇拜中不敢轻视始祖母(三公主)的尊位有关,也与母系图腾时代的遗制有关,即人母曾是社会运转的支柱,而图腾则是非人父亲的神圣寄托。

然而虫变犬祖盘瓠毕竟是父系时代到来的产物,其图腾禁制在性上也表现得相当明显。弗洛伊德说:两性关系在图腾崇拜中一般有其禁制。[1] 所以,哪些可被看作是性允许的范围,而哪些不能,在瑶族图腾仪式中有相当多的规定(例如盘王祭祀仪式禁止女性做主持人,却允许近亲有性关系的优先选择权)。瑶族图腾神话相当多地保留了"姑舅表优先婚"的血缘婚(即有血缘关系的男女可成婚媾)的痕迹。例如盘瓠前身是评王王后娘娘耳中生出的灵物——金虫,金虫化为盘瓠后所娶的恰恰是评王自己的女儿,两人婚后生了六男六女。此后他们自相夫妻,繁衍成整个瑶族。神话暗示了血缘婚的合理性。仪式中表现祖先图腾两性关系的例子也有不少。湘南千家峒瑶族过去还在还盘王愿的时候要在夜间跳一种模仿盘瓠狗王与皇帝女儿性交的狗绊舞,据说舞者语言越污秽、动作越粗鲁盘王就会越满意、越高兴。[2] 这种允许性关系可以在近亲之间发生的婚姻,是否生出相关禁忌?古代瑶族迁出桃园的传说讲:"有一年大旱,深潭无水,竹木焦枯,瑶民被迫出走。"

---

[1] 参见〔奥地利〕西格蒙德·弗洛伊德:《图腾与禁忌》,杨庸一译,中国民间文艺出版社,1986年,第10页。
[2] 参见蒲朝军、过竹:《中国瑶族风土志》,北京大学出版社,1992年,第339、341页。

笔者曾经认为:"我想它必然跟亚当、夏娃被逐出伊甸园一样,是性禁忌的一种反应,是瑶民用迁徙的方式达到远距离通婚的心理显现。"[1]

总之,瑶、畲等族的虫变龙犬与江浙桑蚕业地区的女孩变蚕虫的变身叙事与祭祀上的某些趋同性,恰恰证明了与日常生活相关的民间传统有着独特的话语规则和心理轨迹。

---

[1] 夏敏:《图腾时代的几个母题》,《民间文学论坛》1995年第2期。

从格萨尔史诗到音画诗剧

——以《赛马称王》戏剧表演为例[*]

曹娅丽　邸莎若拉

（青海民族大学）

我国早期诗歌一般多属声诗。在古代，作诗有一条基本原则："诗为声也，不为文也。"[①]《诗经》就是有声之诗，格萨尔史诗也是有声之诗。中国早期诗歌诗一般是四、五、六、七言，大多为整齐而无变化的句式；而格萨尔史诗则是一种散韵（由长短句构成）相间的口头叙事表演的诗。格萨尔史诗的曲也是一种歌体，而这种歌体则是在古代藏族民歌的基础上逐步形成且发展起来的；其特征为歌舞性、戏剧性与说唱艺术融为一体的诗剧表演。本文试图以青海果洛格萨尔《赛马称王》诗剧表演为例，通过对具体文本的考察，阐述格萨尔从史诗到音画诗剧演述的审美特质。

一、史诗与音画诗剧

史诗是叙述英雄传说或重大历史事件的古代叙事长诗。它们多以古代英雄歌谣为基础，经集体编创而成，反映人类童年时期具有重大意义的历史事件或者神话传说。我国各民族史诗的类型多种多样，北方民族如蒙、藏、

---

[*] 此文系作者主持的2013年度国家社科基金西部项目"《格萨尔》口头叙事表演的民族志研究"（项目编号：13XMZ054）阶段性成果。

[①] （宋）郑樵：《通志·乐略第一》，上海文艺出版社，1986年。

维、哈、柯等以长篇英雄史诗见长，南方傣族、彝族、苗族、壮族等民族的史诗多为中小型的古歌。如藏族的《格萨尔王》，蒙古族的《格斯尔》《江格尔》和《汗青格勒》，柯尔克孜族的《玛纳斯》等。在我国纳西族、瑶族、白族流传的《创世纪》，彝族的《梅葛》《阿细人的歌》，还有《苗族古歌》等都属于史诗。这些作品内容基本相同，主要叙述了古代人所设想和追忆的天地日月的形成、人类的产生、家畜和各种农作物的来源以及早期社会人们的生活。

格萨尔是流传于青藏高原地区古代藏族人民的一位英雄，亦称为格萨尔王。格萨尔字面意思是花蕊、花王之意；原始本教有一说，格萨尔即兵，香雄语即强兵之王的意思。格萨尔史诗是在藏族人民群众中口口相传的一部歌颂格萨尔英雄故事的叙事诗。早在10至11世纪，他降魔驱害造福藏族人民的传说故事就已被说唱者"仲"所传唱，一直到今天依然保持着口头传唱传统。格萨尔史诗是散韵结合体，当史诗以戏剧形态表演时，说的部分与唱的部分结合在一起表演就形成了一种剧诗。它具有相应的语言形式，使整齐划一的句式变为变化多端的生动活泼的句式，以便铺叙情节、刻画人物，乃至展开冲突。格萨尔剧诗孕育于早期藏族叙事文学、神话传说和宗教仪式；更确切地说，源于《格萨尔》史诗文学。这种戏剧体诗的歌诗，它是声与诗结合的产物。而声诗的进一步发展，就是舞诗。舞诗往往内容较简单，形式也较凝固，尚未用歌舞来表现一个故事，更未出现扮演人物。格萨尔戏剧就是由声诗发展至舞诗，即由格萨尔史诗说唱，至神舞（亦称羌姆乐舞）开始向剧诗转化，戏剧则来自赞颂格萨尔英雄、格萨尔诞生与称王、祭祀神灵的宗教乐舞。这种乐舞出现扮演人物来表现一个故事，则将格萨尔史诗扮演人物的戏剧因素吸收进来，即如王国维所说："歌舞之人，作古人之形象矣。"[①] 格萨尔"羌姆"乐舞，源于藏族原始宗教本波教，是集音乐、舞蹈、面具、服饰、舞谱、乐谱及喇嘛教仪式为一体的综合性藏族本土宗教艺术表演形式。每逢寺院表演格萨尔羌姆乐舞，参加者人数可多达

---

① 王国胜：《宋元戏曲史》，中华书局，2015年，第5页。

万人，寺院内外人山人海，形成盛大而隆重的宗教节日活动。

音画是指音乐和图像以及相关文字结合的一种艺术表现形式，其目的在于通过音乐与图像配合，达到一种听觉和视觉同步的表现效果。音在这里指音乐，其构成要素和表现手段有旋律、节奏、和声、复调、音色、力度、速度等。画则是绘制出来的图像。音画作品，往往通过动画、音乐、文字的配合，形成一种特有的表现形式，它经常与文学相结合。在音画作品中，文字的表现可以通过滚动或变幻的文字来实现，也可以通过朗读或者歌唱形式。

青海果洛"格萨尔"戏剧源于四川省甘孜藏族自治州德格县左钦寺[1]，主要以演格萨尔史诗故事为主。常演的剧目主要有《天岭卜筮》《英雄诞生》《赛马称王》《十三轶事》《霍岭大战》等，一般都由果洛各寺院的活佛依据《格萨尔王传》和《格萨尔故事》节选编成。果洛"格萨尔"戏剧只在宗教法会活动期间上演，从农历正月初三至初七和农历六月二十一日至二十七日[2]，均由各寺院活佛主持。一般在寺内演出，由于有些寺院处在深山峡谷之中，很难找到合适的场地，就会到大草原上演出。演员全部由寺内僧人担任，女角则由扮相漂亮的僧人饰演。演员不戴面具，一律根据角色的需要进行勾脸，酷似京剧的脸谱。最初的观众主要是寺内僧人，随着藏戏影响的逐步扩大，现在也开始慢慢走出寺院，面向僧俗大众。果洛格萨尔戏剧是史诗形态的说唱表演，通篇都是唱词，没有一句道白。其唱腔浑圆低沉，苍凉悠扬，大体上分为格萨尔调、诵经调、道歌调和民歌调。格萨尔调与道歌调为王臣演唱的曲调，浑厚而低沉；民歌调一般为妃、仙女演唱，悠扬、婉转，具有浓郁的藏族民间小调的韵味"。[3] 具体表演过程中，上场演员一律不唱，只有一位演唱者演唱整个剧情并完成所有角色的独白与对话，而演员的角色扮演是以哑剧形式完成的。所以严格意义上讲，果洛"格萨

---

[1] 曹娅丽：《青海藏戏艺术》，民族出版社，2009年，第236页。
[2] 曹娅丽：《青海藏戏艺术》，民族出版社，2009年，第246页。
[3] 曹娅丽：《藏戏：雪域草原上的文化风景》，《青海日报》文化专栏，2003年2月24日。

尔"戏剧不是按戏剧舞台要求把史诗改编成戏剧文学剧本进行的戏剧演出，而是嵌入了哑剧表演的史诗说唱，既继承了"格萨尔神舞"（羌姆乐舞）的形式，又保留了说唱文学的艺术形态，形成了史诗戏剧说唱的特点[①]。例如，果洛龙什加寺格萨尔马背藏戏团表演的《赛马称王》一剧，表演者一律不唱，每个扮演者只是用戏剧动作表演，演唱者则是由说唱艺人担任，他演唱每个角色的念白、对话和对人物或事件的赞词。这种延续史诗说唱的戏剧扮演，可以说是鲜活的格萨尔诗剧。

二、《赛马称王》表演与诗剧审美意蕴

笔者于2014年8月14日，前往青海果洛藏族自治州考察。这里将要举行果洛州建州60年庆典活动，其中主要内容为格萨尔戏剧表演，地点在大武赛马场。

8月15日9点上午开幕式，由果洛藏剧团和民间艺人表演大型格萨尔音画诗剧《赛马称王》，下午2点由甘德县龙什加寺、龙恩寺表演马背藏戏《赛马称王》。8月16日上午9点，由达日县查郎寺表演格萨尔藏戏《英雄诞生》，11点由达日县珠姆格萨尔藏戏团表演《赛马称王》。

8月15日上午8点，我们到达大武赛马场，场地绿草葱葱，平坦辽阔，场地中央搭建一个约60平方米的大舞台，蓝天、山峦相映照，成为天然舞台背景。10点30分，大型格萨尔音画诗剧《赛马称王》在交响乐中，在格萨尔艺人的赞词中拉开了序幕。舞台上由果洛州藏剧团演员表演，台下广场由二百余名寺院僧人和村民表演。表演如下：

舞台上，格萨尔与叔叔超同商议预言赛马之事，叔叔极力反对格萨尔参加赛马称王之事，格萨尔通过智慧战胜叔叔的险恶用心，迫使叔叔同意格萨尔参加赛马。不料，格萨尔赛马途中遭遇恶魔的阻挠，他又通过神奇的力量和神灵的帮助战胜叔叔设置的种种险情，赛马夺冠，获得王位。（见图1）

[①] 曹娅丽：《藏戏：雪域草原上的文化风景》，《青海日报·文化专栏》2003年2月24日。

图1　台上表演者格萨尔与叔叔斗智斗勇的场面

舞台上格萨尔史诗赛马篇中的人物，均由演员扮演，格萨尔、超同、珠姆、嘉察等角色，其表演既具有唱、做、念、打的程式，又具生活动作，并由民间格萨尔说唱艺人颂唱赞词，讲述故事情节。唱腔以格萨尔说唱音乐为主，且有交响音乐辅排，推动剧情发展。舞台下广场表演，是一种大型的由百人组成的寺院僧人演员，他们头戴面具，随着故事情境，表演羌姆乐舞，以及民间舞队表演献哈达的歌舞等。小舞台与辽阔的草原遥相呼应，上下表演相互映衬，珠联璧合。（见图2）

图2　广场表演

《赛马称王》音画诗剧在整个表演过程中呈现出鲜明的地域性和民族性，具有独特的审美意蕴。主要表现在以下几个方面：

第一，保留了史诗表演的戏剧美学特征。在《赛马称王》诗剧表演中，依然保留着史诗的叙事性和演员的扮演性；这与印度梵剧有着类似之处。印度是东方较早产生神话传说和民族史诗的国度，其戏剧起源与两大史诗关系密切。"在古印度，吟诵两大史诗的风习十分普及。这种吟诵后来发展为伴以音乐和人体姿势，趋于戏剧化。但是由此而形成的印度戏剧是以表演艺术为中心的，这也是它和古希腊戏剧最大的区别之一"[1]。显然，格萨尔戏剧与梵剧具有异曲同工之妙，其表演既是演唱史诗表演，又极具梵剧特色，可以说是一部剧诗。

格萨尔史诗的诞生源于说唱文学，是以演述格萨尔史诗故事为主的一种戏剧艺术。最初，戏剧则由颂扬格萨尔叙事诗演变而来。这些叙事诗一般为赞美诗，都是人们在生活中即兴创作的。后来说唱艺人将赞美诗发展成了一种由说唱者吟唱、歌队伴唱、舞队扮演，具有叙事性特征的艺术样式。说唱艺人成为最早在这种叙事剧中扮演主要角色的人物。他们起初通过即兴口头创作编织故事情节，一个人用不同的语气、语调、声音扮演多种人物形象说唱，后来才使自己的表演和歌队结合。在这种戏剧的雏形中，歌队扮演的是叙事者和评论者的角色。如今，格萨尔史诗所呈现的戏剧表演，是依据格萨尔诗体对话写成的剧本。说是剧本，实际上是在格萨尔史诗选取一章内容，或直接用史诗歌行来表演戏剧，即戏剧诗。在世界三种古老的戏剧文化中，古希腊戏剧与印度梵剧都成熟很早，而我国的戏曲形成则比较晚。究其根源，学界普遍认为古希腊戏剧与印度梵剧都得益于从灿烂的史诗中汲取了诸多的材料与灵感。"格萨尔"戏剧既具有中华民族戏剧共同的风格特征，如乐舞本位，歌、舞、剧、技的有机结合等，又具有与古希腊戏剧很类似的贯穿始终的讲解人和伴唱伴舞队，面具表演，史诗式讲唱文学的剧本结构和说唱艺术的表演格式等特殊之处。[2] 格萨尔戏剧是以说唱者为

---

[1] 孟昭毅：《东方戏剧美学》，经济日报出版社，1997年，第3页。
[2] 刘志群：《中国藏戏史》，西藏人民出版社，2009年，第4页。

主且有演员扮演格萨尔故事中角色的诗剧艺术,通过舞台行动过程创造人物形象,达到戏剧效果,使之具有戏剧美学特征。

第二,呈现了羌姆乐舞的宗教审美性。"羌姆"①,又称"法舞",是藏传佛教寺院法事活动中的一种祭祀乐舞的名称,专指以表达宗教奥义为目的的寺院祭祀仪式表演。这种仪式表演常常采取象征性的乐舞形式,是寺院中特定类型的舞蹈,寺院的僧侣多用"金刚舞"来称呼这种仪式表演,以表明其归属密教金刚乘祭祀的神秘本质。按照藏传佛教寺院乐舞的特征以及学术用语,宗教乐舞统称"羌姆"。"羌姆"和"金刚舞"两种名称,恰好代表了此类宗教活动的两个侧面,即以表演(舞、戏)为外在的形式,以金刚乘修供为内在的内容。由于民族、地域不同,"羌姆"又有不同的称谓,如蒙古族地区称为"查玛",汉地称为"打鬼"、"跳布扎"和"跳神",西藏则称为"金刚舞"和"羌姆"。青海不同的寺院也有不同的称谓,一般称为"跳欠"、"观经"、"法舞"、"神舞"和"羌姆"。这几种称法都能确切表达羌姆的内涵,并绘声绘形地透露羌姆供神佛和驱除魔障的宗旨。

乐舞,即舞、画、音,在羌姆中乐舞有重要意义。其中"舞"指穿戴舞衣面具跳神,"画"是指绘制坛城之技法,"音"是指佛经诵唱之音乐。羌姆的特点是注重姿态和造型,讲究场面铺排,叙事性强,多由喇嘛表演,类似于哑剧,十分生动有趣。在今天的格萨尔音画诗剧《赛马称王》表演中,仍可以看到当年羌姆风采,它体现出宗教的教义、仪规、习俗、心理和价值观以及其发展历程。有时为了更好地弘扬佛法,它直接将宗教艺术,如神佛身段舞姿搬进戏剧之中。这使每场的表演十分生动,且更具格萨尔戏剧的表演特点。面具者的舞姿、面具造型及其象征意义,都蕴含着宗教审美思想。

第三,彰显了民间歌舞的审美特质。早期藏族先民的文化多数是以口头叙述和口头传唱的民间文学作品的形式出现,有的伴以舞蹈和戏剧艺术表演。后来作家和艺术家们记录和创作的书面文学作品,一般也较注意忠实

---

① 参见马盛德、曹娅丽:《人神共舞:青海宗教祭祀舞蹈田野考察与研究》,文化艺术出版社,2005年,第32页。

地采用民间口头说唱文学的形式，形成了散文叙事、韵文对话歌唱的藏族叙事式的体裁特点。在民间活动中，演述"格萨尔"戏剧的艺术家一方面根据神话传说和史诗说唱故事，一方面又进行创造、发展，加进了具有地方特色的音乐、舞蹈和民间艺术的表演，形成"口头剧本"。

音画诗剧《赛马称王》中就彰显了其民间歌舞性的审美特质。音画诗剧《赛马称王》中歌舞性与戏剧性相统一，可以说是一种以歌舞演故事的戏剧表演。其戏剧表演艺术的六功，除口语道白外，其余唱、舞、韵、表、技艺等，无不与民间歌舞有不同程度的关联。有时《赛马称王》一剧在演出中直接穿插许多民间歌舞、宗教歌舞和歌舞性很强的民间艺术表演。这些类型化的歌唱和程式化的舞蹈动作，使得格萨尔戏剧既继承了古老的宗教乐舞仪式，又保留了说唱因素并融入了民间舞蹈和民歌，形成了格萨尔诗剧表演的审美特质。

三、《赛马称王》具有诗乐舞三位一体的美学意境

藏族的歌舞形式，往往是诗、乐、舞三位一体，通过戏剧程式化的歌唱、舞蹈，以达成抒情状物的目标。格萨尔戏剧一方面以藏族歌舞铺排剧情发展，另一方面又用说唱形式推动剧情的展开；它达到了歌舞性与戏剧性的有机统一。（见图3）

如今格萨尔戏剧的表演更趋于成熟，即歌舞性与戏剧性有机地统一起来。作为藏戏中的舞蹈，它不再是单纯的藏族舞蹈，而是一种戏剧化的舞蹈。格萨尔戏剧舞蹈表演中编导注意吸收当地民间舞蹈及宗教舞蹈的动作，同时也保留了许多舞蹈身段如"则柔"（藏语意为"歌舞"或"歌乐"）、"古典舞"、"仙女舞"等；宗教舞蹈如"羌姆"中的"祭神舞"、"鹿神舞"、"法器舞"等。这种吸收并非是完整地套搬，而是从整体的效果出发，有目的地选取舞蹈动作注入格萨尔戏剧《赛马称王》之中。

《赛马称王》的交响音乐具有交响诗的美学韵致，其中有史诗音乐与格萨尔说唱音乐的辉映，又有民间音乐与戏剧唱腔的交织，呈现出藏族音乐中

图3 《赛马称王》表演

声乐与器乐的组合体。萨班在《乐论》中认为，音的形态可分为四类：即扬起音、扳折音、转变音和盘旋音，其中盘旋音在《赛马称王》音画诗剧中重复、变化、交织和混合，即格萨尔说唱音乐与史诗音乐的重复、间隔变化与连续变化、民间音乐与羌姆乐舞音乐顺次交织与先后交织，并与抑扬顿挫的诗句完美结合，构成了音画诗剧美妙的意境。

总而言之，《赛马称王》音画诗剧是叙事与抒情的结合，同时也是文学与舞台立体的结合。格萨尔戏剧作为一种特殊的文化文本呈现方式，是在口传叙事诗基础上，将静态的语言文本转化戏剧表演的动态演述形态，体现着藏族民间文化支配的符号系统及其意义生成规则，最终呈现为融合戏剧、音乐、舞蹈、交响乐于一体的时空综合舞台艺术形式。人类学将文化视为一种"意义之网"，意义的载体不再只是语言文字文本的专利，而且也是文化编码研究的最大奥秘之所在。《赛马称王》文本的生成包含了藏民族族群文化的意义生成，其所体现的意义大大超出了文学审美的意义，它还原了藏区牧民生存的那个声色光影的多元时空，并有效地穿越在梦幻与现实之间。

历史书写中的现实诉求
——民间流传扶苏故事的叙事意图解读

张 玉

（陕西师范大学人文社会科学高等研究院）

关于"历史"是否真实客观，历来有着不同的认识。而之所以存在这样的差异，主要原因在于人们所讨论的"历史"指称的不是同一个对象。"历史"一词基本有两重内涵：一是指过去真实发生过的事情，或者说是历史存在（historical reality）；二是指对这些事情的记载、考订、描述和解释[1]，或者可以说是相关历史书写。前者是过去真实发生过的事情，是真实客观存在的；这也是所有历史研究得以进行的前提。后者则是对前者的记述、考释等，而这些记述与考释往往要经过历史学家思想认识的过滤与整合才能形成。由于在此过程中加入了历史学家个人的主观理解成分，所以相对于前者来说并不完全是真实客观的。

与大多数自然科学的研究对象不同，历史研究的对象是"过去"。而"过去"却不能直接呈现在研究者的面前，因此人们只能通过"过去"遗留到现在的种种"痕迹"（traces）来接近"过去"本身。"过去"发生的事情浩如烟海，不可胜数，得以通过留下"痕迹"且有可能被人们所知晓和了解的，只是其中极少的一小部分。[2] 在这些"痕迹"中，最主要的是各种文字记载，包括传世及出土的文献资料；此外还有考古发现以及口传文化等。

---

[1] 参见彭刚：《叙事的转向——当代西方史学理论的考察》，北京大学出版社，2009年，第127页。

[2] 参见彭刚：《叙事的转向——当代西方史学理论的考察》，北京大学出版社，2009年，第7—8页。

这些"痕迹"有的直接以"物"的形式参与了对"过去"的记述，如考古实物及遗存等；另外一些则是以语言、文字等"符号"为中介物间接地记述了"过去"，如传世及出土的文献资料、口传文化等。相对于前者即直接的"物的叙事"来说，后者对"过去"的记述要借助文字、语言等符号才能完成，所以在真实客观性方面较前者要弱一些。

历史记述以追求真实客观为主要目标，然而有时也会因现实需求的影响而导致目标出现偏差。这种情况下的历史记述往往不再以追求真实客观为目的，更多是以"故事"的形式传达一定的现实需求；这在口传文化中较为常见。陕西、山西、河南、甘肃等地民间流传的秦太子扶苏的故事中就是这样的例子。

一、相关文字记载

有关扶苏的史书记载主要见于《史记·李斯列传》。大致内容为：始皇帝焚书坑儒之后，扶苏因为劝谏而被贬于上郡一带监军。公元前210年，始皇帝出巡至沙丘病重。驾崩前，"令赵高为书赐公子扶苏"，而"长子至，即立为皇帝"。赵高、李斯担心扶苏即位后于己不利，便怂恿胡亥即位并伪造诏书："今扶苏与将军蒙恬将师数十万以屯边，十有余年矣，不能进而前，士卒多耗，无尺寸之功，乃反数上书直言诽谤我所为，以不得罢归为天子，日夜怨望。扶苏为人子不孝，其赐剑以自裁。"当接到使者的诏书之后，"扶苏泣。入内舍，欲自杀。蒙恬劝阻扶苏曰：'陛下居外，未立太子，使臣将三十万众守边，公子为监，此天下重任也。今一使者来，即自杀，安知其非诈？请复请，复请而后死，未暮也。'使者数趣之。扶苏为人仁，谓蒙恬曰：'父而赐子死，尚安复请！'即自杀。蒙恬不肯死，使者即以属吏，系于阳周。"①《史记》对扶苏的记载主要聚焦于扶苏的死亡以及对其死亡原因的分析。

---

① （汉）司马迁：《史记》，中华书局，2013年，第3080页。

二、不同版本的民间故事

"扶苏自杀"这样的基本史实在民间演绎出了不同版本的口传故事。差别主要在于故事发生的地点不同,分别发生在山西代县、陕西绥德、陕西旬邑、甘肃宁县、河南商水等多个地方。共同点是在各地流传的扶苏故事中,基本都说扶苏是死在了当地,且当地有一些文物遗存及地名命名与扶苏有关。

山西代县的扶苏故事大致如下:滹沱河附近还有一条河,叫"杀子河"。"杀子河"的命名由来与扶苏太子有关。当时扶苏太子镇守雁门关一带,秦始皇出巡时在半路上驾崩后,胡亥及赵高假传秦始皇的圣旨,让扶苏自杀。扶苏太子比较忠,那时候"君叫臣死,臣不得不死"。于是,扶苏走到红泥湾一带自杀了。因为是秦始皇的圣旨让扶苏自杀的,所以这条河也叫"杀子河"。"杀子河"也叫"恨斯河",就是恨李斯的意思。此外这里还有一些地名与扶苏有关。红泥湾之所以取名红泥湾,是因为扶苏是在这里拔剑自杀的。扶苏自杀后,鲜血染红了泥土,所以这个地方就取名为红泥湾。太子扶苏自杀之后,大将蒙恬依然打算进京为太子辩解。因为他非常留恋太子,所以就抓了一把扶苏太子死的地方的泥土吃到肚子里。于是,当地就取名为"吃土沟",后来觉得"吃土沟"不太好听,所以改名为"赤土沟"。扶苏自杀后,蒙恬及其部属继续往前走,过了赤土沟之后,走到了现在的神涧村,他们看见天上的云朵呈现为太子扶苏的模样向他们招手,他们以为太子成了神。所以,便把这个地方叫作"见神",后边觉得"见神"叫着不顺,所以改名为"涧神",又颠倒了一下改名为"神涧"。然后继续走,走到现在的门王村,蒙恬、蒙毅迷路了。于是,这个地方就叫作"迷亡",后来又叫作"蒙亡",意思是蒙恬死亡在了这个地方。后来当地觉得不吉利,所以改名为"门王"。为啥扶苏死在赤土沟一带呢?因为当时蒙恬他们不让扶苏自杀,觉得应该进京面见秦始皇,死也要死个明白。后来他们走到现在的红泥湾一带,扶苏觉得进京面见秦始皇然后被赐死的话,自己死后名誉也毁了，是不忠也是不孝。所以与其进京死，不如就地死。在当地死了之后，还可以落个忠孝的名声。扶苏太子死后，士兵们就把他埋在红泥湾对面山上庙梁山后边的油篓盖，所以最早的扶苏庙也在庙梁山上，以便就近祭祀。后来这个庙搬到了附近的各个村里，所以现在杀子河附近十多个村都有扶苏庙。

陕西绥德的扶苏故事大致如下：始皇三十五年，秦始皇"焚书坑儒"，在咸阳坑杀儒生460多人，引起扶苏忧虑，及时进言。始皇怒，贬谪扶苏于上郡监蒙恬军。扶苏府设在古城之疏属山，城北大理河、无定河交汇处。对岸悬崖高耸，怪石林立，扶苏建"赏月台"于其上。始皇东巡病逝于河北沙丘，遗诏扶苏回咸阳。但李斯、赵高、胡亥合谋，假诏赐扶苏屈死于绥德城南之芦家湾，迄今泉水幽滴，如诉如泣，故曰"呜咽泉"。扶苏死后葬于疏属山顶，即旧扶苏府处。此处山势奇险，登临其上，古城南北方圆三十里尽收眼底。

图1　陕西绥德扶苏墓

陕西旬邑县的扶苏故事则是：传说始皇驾崩，秦二世意欲称帝，又恐大臣及众公子不服，在扶灵柩回咸阳途中离帝都咸阳还有三十里地的时候，发矫诏于扶苏相约："先入咸阳者为王，以炮声为期。"于是扶苏带着妻子，骑着骡子匆匆忙忙往咸阳赶，刚走到淳化县的四十里黑松林，由于骡子生驹、妻子生女而不能前行；天空也下起了冰雹大雨。耽搁了一段时间之后，扶苏听到咸阳城内传来炮声。他深知大位已失，由于心中不平于是返回石门后下令：此后骡子不准生驹，女孩子不得顶门立户、延续香火；这就是当地骡子不生驹和女子必须出嫁的由来。扶苏在驻守石门时，所娶之妻为旬邑人。故旬邑人称扶苏为姑爷。因扶苏太老实，不懂世事，又称其为石门爷（"实"与"石"音同。现在，在旬邑方言里，形容人老实，不懂世事及木讷，就会说"这娃石得很"，意思有褒有贬）。传说，石门三十年开一次，而且只在晚上开。里面全是金银财宝，取之不尽。胡亥当了皇帝之后，对扶苏不放心，怕他取了石门内的金银财宝后造反。于是派人去问扶苏石门传说是否属实，扶苏回答属实。秦二世听后，心中越发害怕，便下旨让扶苏自尽，扶苏不问缘由便自尽了。后来二世怕石门里金银外泄，对自己的江山不利，便请了一位道士，在石门上钉了一个木钉，将石门钉死，不让石门再开启。从此石门便再也没有开启过。

图 2　陕西旬邑扶苏庙

甘肃宁县的扶苏故事则是：秦始皇巡守时死于途中，赵高矫诏立二世胡亥为王，连下伪诏赐死太子扶苏。蒙恬怀疑有诈，建议回京弄清是非，二人自绥德回京，途至宁县，又接了几道伪诏，扶苏为避不孝之嫌自杀于宁县。扶苏自杀的地方在当地又被称为"太子冢"。

图 3　甘肃宁县扶苏墓

河南商水的扶苏故事则如下：商水县舒庄乡后陈村，据传为陈胜的老家。毗邻后陈村，有一个村子的名字非常特别，叫扶苏村。当地村民说，当年陈胜曾在这一带修筑了一座扶苏城以诈称为扶苏。以前这里还有一座扶苏寺，每到清明时节，当地人还要到寺里祭祀扶苏。如今扶苏城和扶苏寺已不见踪迹，只有扶苏墓仍坐落在扶苏村的田间。

图 4　河南商水扶苏墓

三、历史书写与现实需求

扶苏自杀的史实被各地演绎成了不同版本的故事,其背后隐藏着一定的现实需求。在山西代县的扶苏故事中,其主要主题是宣扬封建"忠"、"孝"思想。朱天顺先生在对闽台民间信仰中二十几位神灵事迹的考察中发现,这些民间信仰中的神明都具有一个共同点,他们身上都带有封建社会儒家所提倡的道德精神。"儒学通过对民间造神运动的影响,使民间神明身上体现了一些儒学伦理属性的品格,儒学渗透到民间信仰文化中。民间信仰文化根植于下层民众的生活当中,尤其是有关神明如何抗旱降雨、扶胎救产、祈子保婴、祛病愈疾、救助海难、消灾除疫、保境安民的传说、神话,以民众喜闻乐见的形式展现在他们的面前,使他们耳熟能详,铭刻心中。"[1] 而在封建社会中,"忠"、"孝"被认为是立国立家之本。最高统治者百般推崇"忠"这一政治道德准则[2],这也是关羽被历代统治者屡次封神的主要原因之一。而"孝"这种敬奉先祖的伦理原则,也有利于封建政治权力的维持与巩固[3]。相对其他历史人物来说,扶苏在承担"忠"、"孝"精神时具有一定的优势。他的父亲是秦始皇,所以他的"孝"即是"忠","忠"也便是"孝"。在山西代县的扶苏故事中,扶苏自杀的原因是觉得自己回京辩解会显得不忠不孝。因为扶苏是"忠"、"孝"的化身,所以在儒家思想的大力提倡下再加上一定的灵验附会便坐实了其"神灵"的地位。在山西代县的扶苏故事中,故事发生地"地名"的命名也有一定的针对性。"杀子河"、"王二沟(亡儿沟)"这样的地名针对的是"始皇帝",所以才有"杀子"、"亡儿"一类带有讽刺性的说法,某种程度上这些地名也是批评始皇帝。由此推断,"杀子河"、"王二沟"、"红泥湾"、"神涧"、"门王"等地名的命名

---

[1] 徐朝旭:《论儒学对民间神明信仰的影响——以闽台民间神明信仰为例》,《宗教学研究》2007年第2期。
[2] 王子今:《权力的黑光——中国封建政治迷信批判》,陕西人民出版社,2006年,第2页。
[3] 王子今:《权力的黑光——中国封建政治迷信批判》,陕西人民出版社,2006年,第84—85页。

应当与后代推崇"忠"、"孝"的儒家思想倡导者有关，很有可能他们就是这些地名的命名者。在陕西绥德的扶苏故事中在突出扶苏具有的"忠"、"孝"品格的同时；更多寄寓了普通人要求维护社会公平正义的愿望。"呜咽泉"这样的地名显然也是为扶苏抱不平而命名的，明代王琼也曾作诗《呜咽泉》："城东五里卢家湾，寒泉迸出石垒山。泉声似泣还似诉，仿佛公子遭谗奸。昔人已矣恨未已，无情却作有情比。题名呜咽万世传，恨在人心不在水。"陕西旬邑的扶苏故事则将扶苏继位失败的原因归结为时运不佳（妻生女，骡生驹以及天气骤变下冰雹），有为秦二世辩护的嫌疑；也顺带解释了当地女不顶门立户及骡不生驹的原因。甘肃宁县的扶苏故事则相对简单，只是将扶苏自杀的地点改到了宁县，同样也渲染了"忠、孝"的主题。河南商水县的扶苏故事则更多是为了配合陈胜、吴广起义的现实需求而产生的。这在《史记·陈涉世家》也可得到印证："陈胜曰：'天下苦秦久矣。吾闻二世少子也，不当立，当立者乃公子扶苏。扶苏以数谏故，上使外将兵。今或闻无罪，二世杀之。百姓多闻其贤，未知其死也。……今诚以吴众诈自称公子扶苏、项燕，为天下唱，宜多应者。'吴广以为然。"宋《舆地纪胜》中也记载："在（商水）县西十二里，秦二世时，陈涉诈称公子扶苏，此城盖涉所筑。"

扶苏死后，有关其墓冢之地，《关中陵墓志》记载：扶苏墓有四：一在临潼县药水村，一在平凉府东，一在宁州西，一在绥德州城中。[①]虽然有的已难以印证；然而真正的扶苏墓应该只有一个，其他几个必然带有附会虚构的成分。各地在顾及"扶苏自杀"这一基本史实的前提下演绎出了多个版本的故事传说，目的是为了传达某种潜在的现实需求。王明珂先生在考察川西羌族的历史中发现，人们为了分享和竞争生存资源，在一定时候往往会根据现实的需求来调整他们的历史记忆。他以此来反观华夏的历史，认为历史上的炎、黄"兄弟祖先"故事也可能是出于一种既联合又斗争的现实

---

① （明）祁光宗编：《关中陵墓志》影印本，齐鲁书社，1997年，第82页。此四处加上笔者调研的山西代县、河南商水、陕西旬邑，现共有七处扶苏墓。河南商水的扶苏墓很有可能与陈胜诈称公子扶苏起兵有关，相关论述见杨凤翔、秦勇军：《河南商水县战国城址调查记》，《考古》1983年第9期。

需要而出现的。[①] 由于现实需求而改变了对历史真实的书写,这种情况在民间流传的扶苏故事中显得更为突出。因此可以说,某些情况下"历史书写"很难达到完全客观真实,而由历史学家书写形成的"文本"也往往是根据现实的需要而"创造"出来的。

[①] 王明珂:《羌在汉藏之间——川西羌族的历史人类学研究》,中华书局,2008年,第318—320页。

四　经典阐释

楚简《恒先》为惠施派名家佚文说

王 晖

（陕西师范大学历史文化学院）

一、问题的提出

《恒先》见于马承源主编的《上海博物馆藏战国楚竹书》第3册之中。[①] 自从其文问世以来，学术界一般都视之为道家作品[②]；有的学者还明确地说是老庄一系的作品，"其制作时代大概位于庄子及其后学之间"[③]；有的学者认为《恒先》的作者是道法家或形名学家，也可能是黄老道家[④]；但也有学者认为《恒先》的年代、学派属性还有待讨论。[⑤] 从上可见除个别学者认为《恒先》属于道法家或其他学派之外，大多数学者认为《恒先》就是道家著作。

笔者认为，首先要分析的一个问题是，学术界大多数学者把《恒先》归于道家甚至庄子学派思想是值得商榷的。一般来说，道家学派的著作很明

[①] 马承源主编：《上海博物馆藏战国楚竹书》第3册，上海古籍出版社，2003年，图版第103—118页，释文第287—299页。
[②] 马承源主编：《上海博物馆藏战国楚竹书》（以下简称《楚竹书》）第3册，第287页；郑万耕：《楚竹书〈恒先〉简说》，《齐鲁学刊》2005年第1期；〔日〕浅野裕一：《上博楚简〈恒先〉的道家特色》，《清华大学学报》（哲学社科版）2005年第3期。
[③] 丁四新：《有无之辩和气的思想》，《中国哲学史》2004年第3期。
[④] 郭齐勇：《〈恒先〉——道法家形名思想的佚篇》，《江汉论坛》2004年第8期。
[⑤] 李锐：《"气是自生"：〈恒先〉独特的宇宙观》，《中国哲学史》2004年第3期。

确地强调"道",此篇并未明确有"道"的字样。[1] 在新近出土的战国楚简中,谈论宇宙生成论的还有《郭店楚墓竹简》的《太一生水》和《马王堆汉墓帛书》的《道原》[2],而这两篇都明确地谈到"道":《道原》不仅以"道"命篇,而且其文说"上道高而不可察也,深而不可则(测)也","得道之本,握少以知多",是"独立不偶,万物莫之能令"的宇宙本原。《太一生水》更是明确说"下,土也,而谓之地。上,气也,而谓之天。道亦其字也。请昏(闻)其名,以道从事者必托其名"。比较来看,虽然同样是谈论宇宙起源思想,但《道原》《太一生水》已经明确把宇宙起源和"道"联系在一起,说它们属于道家学派或黄老学派的作品,是可信的。但是如果《恒先》丝毫未提到"道"的字样,也并未涉及宇宙起源过程类似"道"或相似的名称,我们是不能把此篇归之于道家或黄老学派思想。

其实,考察楚简《恒先》篇可以看到,其文所说宇宙起源学说是为了为形名学说张本,这应该就是《庄子·天下》篇所说,有南方人黄缭问天地宇宙的知识,惠施"遍为万物说"的情况一致。《恒先》是从宇宙起源说起,到万事万物的诞生;然后由事物谈到名称概念的关系问题;接着又说到事物之间的同异比较问题;最后以名查实并用来治理天下的问题。这与《庄子》所说惠施形名学派的思想和主张是一致的。

惠施派名家著述失佚,但从仅存于《庄子》等书篇的内容来看,楚简《恒先》应是惠施派名家的佚著。

二、《恒先》的宇宙起源论与惠施"遍为万物说"

《上海博物馆藏战国楚竹书》第 3 册中《恒先》有李零先生的排序和释

---

[1] 李零先生认为"恒先"就是"道",是"道"的别名,表示永恒创造力的"道"(《楚竹书》第 3 册,第 287—288 页)。此说不确。笔者倒同意他按本来字义解释为"终极的'先'"(《楚竹书》第 3 册第 288 页)。也就是庞朴先生所说的"极先,绝对的先,最初的最初"(《试读〈恒先〉》,简帛研究网站,2004 年 4 月 26 日)。笔者认为"恒先"应该依本字读为"亘先",义为"亘古",详下分析。
[2] 荆门市博物馆:《郭店楚墓竹简》,文物出版社 1998 年,图版第 13 页,释文第 121—126 页;马王堆汉墓帛书整理小组:《马王堆汉墓帛书·经法·道原》,文物出版社,1976 年,第 101—102 页。

文，后来在简帛研究网站和期刊上又发表了一些研究的论文。在这些论文的基础上，笔者认为，《恒先》共有四章，第一章是谈宇宙的起源问题，第二章是谈名称、概念和所指事物之间的关系问题，第三章是谈事物的异同问题，第四章是谈名实相校并用来治理天下的问题。

第一章首先在编排上是有一个需要调整之处，就是原来第3简要放到第4简之后，调整的结果如下。

恒先无有：朴、静、虚。朴，大朴；静，大静；虚，大虚。自厌不自忍。或作，有或（域），焉有气；有气，焉有有；有有，焉有始；有始，焉有往。

[昔]者未有天地，未（简1）有作行，出生虚静，为一若寂，梦梦静同，而未或明，未或滋生。气是自生，亘莫生气，气是自生自作。互气之（简2）生之生行，浊气生地，清气生天。

气信神哉！云云相生，信盈天地。同出而异生，因生其所欲。察察天地，纷纷而（简4）生，不独有与也。或恒焉生，或者同焉。昏昏不宁，求其所生。异生异，鬼生鬼，韦生非，非生韦，哀生哀。求欲自复，复（简3）复其所欲。明明天行，唯复以不废。（简5）

《恒先》第一章又可以分为三节。第一节是宇宙起源的简单概说，第二节是未有天地之前的虚无混沌状态、本原物质的"气"产生情况与浊清二气生天地的情况，第三节是说天地间万事万物孕育出生的情况。

《恒先》这一段就是其文作者所谈的宇宙起源学说。"恒先"就是《楚辞·天问》所说"遂古之初"的意思，"无有"就是"没有"，表示太古之初，宇宙是空无一切，什么都没有。下面便用"朴、静、虚"来说明"无有"，这空无的世界是质朴的、寂静的、空虚的。不仅是"朴、静、虚"，而且是"大朴"、"大静"、"大虚"。"自厌不自忍"，"厌"是满足，"忍"应是"牣"的通假字，是"充满"之义，此句是说自己满足而非被外物充满。"或作"之"或"是偶然之义，"作"依《说文》所说是"起也"，此句是说偶然情况便产生了。"有或"应读为"域","域"与《老子》上篇第二十五章"道大,天大,地大,王大。域中有四大,而王处一"中的"域"用法同,"道"、"天"、"地"、"王"皆在"域中",可知这里的"域"实际上是"宇宙"之义。这句就是说偶然间有了宇宙空间。"焉有气"是说于是有了空气,"焉"是指示代词"于是就"之义。"有气,焉有有;有有,焉有始;有始,焉有往",是说有了气,就有了事物,有了物质的世界;有了事物,就有了宇宙时间的开始;有了宇宙时间的开始,就有了古往今来的宇宙历史。这里是从宇宙空间说到物质世界的诞生,又从物质世界的诞生说到宇宙时间的产生。古人称所有空间和时间的总称为"宇宙":是《墨子·经上》云:"宙,弥异时也。宇,弥异所也。"《淮南子·齐俗训》云:"往古来今谓之宙,四方上下谓之宇。"可见古人认为上下四方所有的空间称为"宇",古往今来的所有时间称为"宙"。而楚简《恒先》不仅对形成现今宇宙之前的混沌状态世界作了"假说式"的假说,而且对进入现今宇宙之时即起之后的情况进行的推测。

紧接着作者又进一步对天的产生之前的混沌状态、"气"的产生以及天地的产生做了具体的描述。"[昔]者未有天地,未(简1)有作行,出生虚静,为一若寂,梦梦静同,而未或明,未或滋生。气是自生,亘莫生气,气是自生自作。恒气之(简2)生,之生行,浊气生地,清气生天。"在作者看来,未有天地之前,既没有生命也没有天地的运动。① 一切空虚寂静,混沌为一,没有一点光明,没有一点生命的滋生。这时"气"自己产生出来,亘漠被气充满了。而且"气"也产生了运行的自然规律——"之生行",于是由浊气产生了上天,由清气产生了大地。这就像古希腊哲学家阿那克西美尼所说世界上万事万物构成的基本因素是"气"一样,是具体的物质因素,是实在的自然元素。而且这"气是自生自作",决不傍依抽象的"道"或至上的"神",因此我认为从这一点上看,楚简《恒先》绝非老庄道家或黄老学派。因为这些学派总是要抬出"道"或"太一"等"未规定的物质"

---

① 《说文》:"作,起也。""行"应是指运动、运行,即《荀子·天论》所说"天行有常"中"行"的意义。

来凌驾于实在的物质概念之上。而且，需要指出的是，楚简《恒先》似乎是有意避开道家所盛称的"道"字，多数用"道"的地方，作者则用"行"来替代，如"未有作行"、"之生行"、"明明天行"。虽然在第9简中有"天道既载"之语，但可以看出，这与用"行"之多还是无法相比的。

第三节说天地间因气而孕育万事万物的情况。"同出而异生，因生其所欲。察察天地，纷纷而（简4）生，不独有与也。或恒焉生，或者同焉。昏昏不宁，求其所生。异生异，鬼生鬼，韦生非，非生韦，哀生哀，求欲自复。复（简3）复其所欲。明明天行，唯复以不废。（简5）"在《恒气》的作者看来，气是宇宙间万事万物的本原。"气信神哉！云云相生，信盈天地。"称赞地说，气真是太神灵了！"云云"通"芸芸"，亦即《老子》上篇十六章中"夫物芸芸，各复归其根"中的"芸芸"。"信"通"伸"，是说气纷纷产生，伸展并充满了天地间。气是相同的，但是然后根据各自欲念产生出了万事万物。"异生异，鬼生鬼"，这是指生物在孕育产生发展中的情况。古人认为生物都是由魂气和魄气相合而产生的。"异"应通周代金文中的"翼翼"，是指神灵、灵魂之义；"鬼"在古文献中与"魄"义同，是指包括人在内的万事万物可视可见的实体部分。而其后则是生物的衰老以至于死去："韦生非，非生韦，哀生哀，求欲自复。复（简3）复其所欲"，这里的"复"应是《老子》上篇第十六章中所说的"万物并作，吾以观其复。夫物芸芸，各归其根。归根曰静，静曰复命，复命曰常"中的"复"，也就是生物从生长旺盛期走向衰老死亡期，"各归其根"，这就是"复"、"复命"，也就是复归于无意识无生命的静止状态。因此楚简《恒先》所云"韦生非，非生韦，哀生哀"中的"韦"应通"违"，"非"应通"悲"，应是指生活中遇到挫折，心境悲凉哀痛，欲念逐渐减弱，以至于走向灭亡，复归于无生命的最初状态。

从楚简《恒先》第一章把宇宙起源的本原归之于"气"，而没有像老庄或黄老学家那样归之于"道"或"太一"等，所以此篇并非老庄或黄老学派的著作。那么此文是战国时哪一学派的论述呢？笔者认为这是战国中期形名惠施学派的论著。《庄子·天下》云惠施名学的特点之一便是"由天地之

道"而"遍为万物说":

> 南方有倚人焉,曰黄缭,问天地所以不坠不陷、风雨雷霆之故。惠施不辞而应,不虑而对,遍为万物说。……弱于德,强于物,其涂隩矣。由天地之道观惠施之能,其犹一蚊一虻之劳者也。其于物也何庸!夫充一尚可,曰愈贵道,几矣!惠施不能以此自宁,散于万物而不厌,卒以善辩为名。惜乎!惠施之才,骀荡而不得,逐万物而不反,是穷响以声,形与影竞走也。悲夫!

表面上看来,惠施是所答非所问。《庄子·天下》篇中黄缭向惠施询问的是天地宇宙空间存在的原因以及自然界风雨雷霆产生的缘故,惠施却"遍为万物说"。惠施"遍为万物说"虽然说法笼统一些,但似乎与黄缭所问宇宙起源和风雨雷霆来由的问题关系不大。但是如果结合楚简《恒先》来看,这个问题就会迎刃而解。楚简《恒先》谈万事万物产生命名的原因是紧接着宇宙起源而来的。黄缭问"天地所以不坠不陷、风雨雷霆之故",肯定要涉及宇宙起源的问题,从宇宙的起源就会涉及万事万物的产生问题。这样看来,楚简《恒先》所述内容应与《庄子·天下》篇所说惠施从宇宙起源和风雨雷霆来由是一致的,二者均应是惠施形名学派的思想和作品。惠施的宇宙观是客观世界为中心,世界上万事万物都是在这个世界里自生自育自灭,也与那种主观抑或客观唯心论的"神"或"道德"无关。这是一种客观唯物论观点。所以庄子派学者的《天下》批评惠施"弱于德,强于物,其涂隩矣",也就指明了惠施属于客观唯物论思想,不关注道德内心方面的修养,其路偏斜,并非正路。

《庄子·天下》篇中批评惠施说:"惠施之口谈,自以为最贤,曰:'天地其壮乎!'施存雄而无术。"这就是说,惠施自认为最好的认识是:"天地是最伟大的!"庄子认为他虽有雄心但是无实现之法。但因惠施"其书五车"的大量文献已经佚失,其说也无法了解。但是楚简《恒先》却有这一方面的记载:"浊气生地,清气生天。气信神哉!云云相生,信盈天地";这段文字歌颂了产生世界上万事万物的天地。虽然这节文字也歌颂了"气",认为气真是神灵——"气信神哉",但在先秦思想家看来,"气"是天地的别名。郭店楚简《太一生水》说:"下,土也,而谓之地。上,气也,而谓之天。"① 以此看,"气"也可以称之为"天"。楚简《恒先》又说"察察天地,纷纷而生,不独有与也。……明明天行,唯复以不废",正是有了天地,世界上万事万物才"纷纷而生",这样也才形成循环往复的天地自然运行规律。这也说明《恒先》具有唯物论思想,是惠施名家学派的论著而非老庄道家学派的论著,因老子庄子谈宇宙论思想时,都要把"道"作为凌驾于天地之上:"有物混成,先天地生。……吾不知其名,强字之曰道,强为之名曰大。……道大,天大,地大,王大。域中有四大,而王处一。人法地,地法天,天法道,道法自然。"(《老子·道经》第二十五章)"夫道……自本自根,未有天地,自古以固存;神鬼神帝,生天生地;……先天地生而不为久,长于上古而不为老。"(《庄子·大宗师》)但《恒先》篇中并未把"道"置于宇宙及万事万物之本原,可见此文并非是道家或受道家影响的黄老学派的作品。

三、从《恒先》看早期名家学派的语言名称来源说

早期形名学派主要集中在所谓的"名实"问题,这也是战国时期学者有关逻辑学和认识论的核心问题。但是惠施学派其书不存,留存于世的《公孙龙子》其实是惠施的反对派,而《庄子》又是以相对主义的态度评判惠施与公孙龙子两个完全相反的名家学派的。有关惠施名家学派的思想和观点,过去学术界只能从《庄子》书中以及《公孙龙子》等书中去认识。但今天我们看到了楚简《恒先》,笔者认为这可以使我们去了解名家中惠施这一学派的名称来源学说。

楚简《恒先》第三章云:

---

① 荆门市博物馆:《郭店楚墓竹简》,图版第13—14页,释文第125—126页。

智（知）既而荒思不寞（殄）。有出于或，性出于有，音出于性，言出于音，名出于言。（简5）[言]① 事出于名。或非或，无谓或。有非有，无谓有。性非性，无谓性。音非音，无谓音。言非言，无谓言。名非（简6）名，无谓名。事非事，无谓事。羕（祥）宜利主，采物出于作。焉有事，不作无事。举天下之事，自作为，事庸以不可更也。凡（简7）多采物，先者有善有治无乱。有人焉有不善。乱出于人。

这一章谈的是知识、思维、语音、言语、名称、事功等概念之间的关系。"智（知）既而荒思不（殄）"是说知识丰富之后广泛思考不会止息。"既"是满盈、丰满之义，"荒"是大、远之义，"寞"通"殄"，是寂灭、停息之义。这一句是下面认识论产生的基础。这里提出一系列的概念，用来反映人通过语言认识客观事物的过程。其过程是：

或 → 有 → 性 / 音 → 言 → 名 → 事

这里的"或"是指不知名的偶然之物，"有"是指客观实在、实有之物，"性"是指本质、性质，"音"即声音，"言"即语言，"名"是指事物的名称、概念，"事"是指事件、事功（不是事物）。这就是说，客观实在是从不知名的偶然之物中产生出来的，事物的本质是客观实在之物所本有的，声音是由事物的本质决定的，语言则是由声音产生出来的，事物的名称概念则是来自语言，而事件、事功则来自于名称。

这段文字十分详细地论述了事物产生及其名称概念以及后来产生事件的关系。尽管先秦诸子中有论述事物有无及其概念名称之间的关系，但似乎从来都没有如此详尽地论述客观实在与语音、名词以及事件、事功的关系。《老子·道经》第一章："无名，天地之始；有名，万物之母。"第四十章："天下万物生于有，有生于无。"《庄子·天地》："泰初有无，无有无名。一

---

① 此"言"疑为衍文。

之所起，有一而未形。物得以生，谓之德；未形者有分，且然无间，谓之命；留动而生物，物成生理，谓之形；形体保神，各有仪则，谓之性。"《吕氏春秋·听言》："功先名，事先功，言先事。不知事恶能听言？不知情恶能当言？"《老子》谈到有无、万物、名称的关系，《庄子》谈到有无、名称、形体和德、命、性的关系。

特别是《吕氏春秋·听言》所说言、事、功、名的关系，与楚竹书《恒先》所说的情况尤为接近。但与《恒先》相比，显然仍是大大简化了。笔者认为，战国楚简《恒先》所说"有出于或，性出于有，音出于性，言出于音，名出于言，事出于名"，应是当时名家学派有关认识论的比较全面的表述。《吕氏春秋·听言》所说"功先名，事先功，言先事"，大概是从名家学派言论中概括出来的。

需要说明的是，战国楚简《恒先》"有出于或……名出于言，事出于名"，这里所说的"事"与《吕氏春秋·听言》"功先名，事先功，言先事"中的"事"的用法相同，不是指"事物"，而是指事件，也就是人们所做之事。《吕氏春秋·听言》"事先功，言先事"中的"事"意义很明显，不是事物之义。战国楚简《恒先》所说"焉有事，不作无事。举天下之事，自作为，事庸以不可更也。凡多采物，先者有善有治无乱。有人焉有不善。乱出于人"中的"事"显然是事件、人所作之事，"事庸"是指做事的功用[①]，其义就更为明确。

战国楚简《恒先》"性出于有，音出于性，言出于音，名出于言，事出于名"与"性非性，无谓性"之中的"性"是值得提出来作些分析的。"性出于有，音出于性"的"性"是指性质、本性或本质。这句话是说，本质、本性产生于客观实在，而语音、语言是从事物本质、本性中产生出来的。这正好与古希腊哲学家赫拉克利特（Heraklitos）和苏格拉底认为语言中的新词是根据事物的本质命名的，而且认为不是任何人都能创造新词，只有通晓事物本质的人，才能够创造新词。[②] 战国楚简《恒先》认为"音出于性，言

[①] 《诗经·大雅·崧高》郑玄笺云："庸，功也。"
[②] 〔丹麦〕威廉·汤姆逊：《十九世纪末以前的语言学史》，黄振华译，科学出版社，1960年，第7—9页。

出于音，名出于言"，就是说名称来自于语言，语言来自于语音，语音来自于事物的本质、本性，正好与古希腊所说语言来源的"本质论"者说法相合。这是很有趣的一个现象。

四、《恒先》所见早期名家的认识论

战国楚简《恒先》不仅有自己独特的宇宙起源论、语言名称来源说，还有特有的认识论和以名核实的治国学说。这种情况不仅与《庄子》《荀子》书中所说惠施派名家的思想学说是基本一致的，而且为我们提供了惠施派在"合同异"问题上比较系统的论述。

楚简《恒先》篇曰：

先有中，焉有外；先有小，焉有大；先有柔，焉（简8）有刚；先有圆，焉有方；先有晦，焉有明；先有耑（短），焉有长。天道既载，惟一以犹一，惟复以犹复。

恒气之生，因（简9）言名先者有疑（拟）；荒言之后者校比焉。举天下之名，举树习以不可改也。举天下之作强者，果天下（简10）之大作。其寥龙不自若作强者。庸有果与不果，两者不法（废）。举天下之为也，无夜（舍）也，无与也，而能自为也。（简11）举天下之性同也，其事无不复。[举]天下之作也，无许恒，无非其所。举天下之作也，无不得其恒而果述（遂）。庸或（简12）得之？庸或失之？举天下之名，无有废者。与（举）天下之明王、明君、明士，庸有求而不虑？（简13）

这一章比较集中地说明了早期名家的形名思想。中与外、小与大、柔与刚、圆与方、晦与明、短与长。也就是说世界上万事万物，都是通过比较而显示出彼此的差异和区别。有中间，才能显示出两边；有小，才能显示出大；有柔弱，才能显示出刚强……以此类推，事物既有同一性，但同时又有差异性。

冯友兰先生曾据《庄子·天下》篇所言惠施"历物之意"的"十事"分析说：

> 惠施的十事，贯穿起来大意是说，大的东西可以同时是小，小的东西也可以同时是大。一个事物的兴盛，同时也就是它的衰败。一个活生生的东西同时也正在死亡。每个东西同一切别的东西都有分别，同时一切别的东西都同他有联系。要泛爱万物，整个天地都是互相联系着的，如同一人的身体一样。①

他还根据恩格斯所说两种哲学派别"带有固定范畴的形而上学学派"与"带有流动范畴的辩证法学派"的不同表现特点，分析"十事"说：

> 惠施的"十事"是对形而上学意义下的同一律的一种批判。他用"十事"证明一个事物自身包含着差别，a是a同时是非a。太阳生在天中，同时就西斜了。一切事物的性质和活动都是相对的，可变的。从"十事"看，惠施是属于带有流动范畴的辩证法派。他讲的是真实的具体的同一性。②

惠施派看到相互对立或不同事物存在的联系和共同的属性，主张"合同异"，十分关注事物自身的差别与可变性。这一特点在出土的楚简《恒先》中也有明确的表现，而更值得注意的是，楚简文字有前因后果的系统论述。

《恒先》的主旨在于说明世界上万事万物都来自于"同"，后来在发展中形成差异。这种差异是相对的，可变的。事物都是在发展中向相反的一方面转化："先有中，焉有外；先有小，焉有大；先有柔，焉有刚；先有圆，焉有方；先有晦，焉有明；先有耑（短），焉有长。"（《恒先》简8—9）惠施学派这里涉及辩证法的一个主要规律：同一性自身中包含着差别性。这

---

① 冯友兰：《中国哲学史新编》第2册，人民出版社，1984年，第155页。
② 冯友兰：《中国哲学史新编》第2册，人民出版社，1984年，第157页。

是因为一个事物"同出而异生，因生其所欲"（《恒先》简4），由于事物自身处于不断发展变化之中，它们既和自身相同又同时和自身相异。《庄子·天下》篇中所说惠施"历物之意"十事中的第四事"日方中方睨，物方生方死"，就是说明发展过程中的事物自身包含生死两个截然相反的方面。但因本性相同，这种差异在发展变化中最终又要复归同一。楚简《恒先》第12简说"举天下之性同也，其事无不复"，也就是说发展变化中的事物，由于自身性质相同，最终又走向了同一。这也就是惠施的"合同异"学说，与公孙龙"离坚白"形成对立的学说。

《庄子·天下》篇所归纳惠施"遍为万物说"以及"历物之意"在楚简《恒先》中体现得十分充分。在惠施看来，世界上万事万物的形成来自于中国古代特有的宇宙观：有无产生于混沌，天地及其万事万物都是因阴阳二气所生，万事万物皆是因有自身之"欲"而生。性虽同，但事物因"欲"而生而有"异"，这就是"同中有异"；但又因性本来相同，而最后复归原型，走向一致，这就是同中有异，异又复归于同。

惠施派名家"别同异"思想在战国中期一度成为众矢之的。《庄子·齐物论》其实就是针对这种"别同异"的说法而提出相对主义的主张。世界上一切事物是没有本质的差别的，这就是说不仅要"齐物"——否定事物之间的任何差别；同时还要"齐是非"，提出是非无定之说。《庄子·齐物论》说："故有儒墨之是非，以是其所非而非其所是。欲是其所非而非其所是，则莫若以明。物无非彼，物无非是。自彼则不见，自知则知之。故曰：彼出于是，是亦因彼。彼是方生之说也。虽然，方生方死，方死方生；方可方不可，方不可方可；因是因非，因非因是。是以圣人不由，而照之于天，亦因是也。"庄子为了否定"是非有定"说，讲了那个著名的"朝三暮四"的寓言故事，认为所谓是与非只不过是朝三而暮四的关系罢了。庄子甚至不仅"齐物"、"齐是非"，更进一步要"齐死生"：站在活人的立场说死是死，但是站在死者的立场上说死了就是活着；可以说"庄周梦为蝴蝶"，也可以说"蝴蝶梦为庄周"。两者的差异只是所站立的立场与观点不同罢了。

庄子这种相对主义思想，就是通过看问题角度不同最后否定一切事物的区别。《庄子·齐物论》说："夫天下莫大于秋毫之末，而大山为小；莫寿于殇子，而彭祖为夭。天地与我并生，而万物与我为一。"在辩证法看来，事物是可以转化的，但是一定是有条件的。但是庄周不讲条件，只讲转化，就抹杀了一切事物之间的区别。但是他还是认为惠施派根据事物的大同异所说"白马是马"比公孙龙所说"白马非马"要有理些，这也是他把惠施引为知己的原因。

惠施的另一个对手公孙龙则站在惠施的对立面完全否定"合同异"观念。《庄子·秋水》篇借公孙龙之口批评惠施说"合同异，杂坚白，然不然，可不可……""合同异，杂坚白"就是惠施及其学派的说法，它是说把"同异"合而为一，把"坚白"杂糅为一。表面上似乎是要抹杀一切事物的区别，把"同异"、"坚白"融为一体，好像是一种诡辩学说，但实际上意在说明每个事物自身所包含的差异。

《庄子·天下》篇引述了不少惠施名家学说，我们可以看到惠施不仅有"合同异"之说，而且还有区别大同与小异的论述。《庄子·天下》篇引用惠施之言说："至大无外，谓之大一；至小无内，谓之小一。无厚，不可积也，其大千里。天与地卑，山与泽平，日方中方睨，物方生方死。大同而与小同异，此之谓'小同异'；万物毕同毕异，此之谓'大同异'。"这就是说，惠施名家派讲异同时，是区别对待的。异同是比较中产生的。小的异同就是根据不同的方面来区别的不同：或是方圆，或是大小，或是中外，或是长短……这也是楚简《恒先》中所说"因言名先者有疑（拟）；荒言之后者校比焉"，即对事物来说，依据语言名词去进行比拟，而谎言也在校比中会呈现出来。然而从大同来看，这些又可以复归为同一个概念："举天下之性同也，其事无不复"（《恒先》），这就是说，这要事物的本质或本性是相同的，最后就会复归为一，"惟一以犹一，惟复以犹复"（《恒先》）。从小异同来看，尽管其本性或本质是相同的，但因外表不同便产生许许多多小异同：或因为形状不同，便有方圆；或因位置不同，便有中外（里外）；或因颜色不同，便有白黑；或因体积不同，便有大小、短长；或因结构不同，便有刚柔……但是从大异同来看，舍弃外表的不同，就会复归为一体。这就是楚简《恒先》所说:"举天下之性同也,其事无不复。"其具体事例就是《庄子·天下》引惠施之言说的:"至大无外,谓之大一;……天与地卑,山与泽平,日方中方睨,物方生方死。"也就是说内涵越缩小,外延越扩大,以至于无穷。我们相信这是针对公孙龙的名言"白马非马"而作的回答。从马的具体分别来看,便有白马、黑马之别;但从大的种类看,就要舍弃区别,于是所有的白马、黑马、大马、小马、公马、母马等都是马。以此来看,惠施名家学派的逻辑学概念是自成体系的,也是值得肯定的。

另外值得指出的是,楚简《恒先》中最后一段是谈了用名家学说去治理国家的问题:"庸或(简12)得之?庸或失之?举天下之名,无有废者。与(举)天下之明王、明君、明士,庸有求而不虑?(简13)"这就是说,在当时名家学派看来,以名察实,以名核实,处理政务时就不会有失误了。"必也正名乎!名不正则言不顺,言不顺则事不成。"举天下之名也不会废弃,天下之事也就无不成功。那么,天下明王、明君、明士,不需要处心积虑,有求皆应,什么事会不成功呢?显然,非名家学派是不会如此分析这种以形名学说治国之便的。

《庄子·天下》批评惠施学派说:"弱于德,强于物,其涂隩矣。"意谓惠施学派的方法是偏颇的,原因是弱点在德行伦理方面,没有力量;而优势、长处在事物原理的认识方面。从战国楚简《恒先》篇来看这一判断还是合乎实际的。我国战国以来的哲学思想特色在于伦理道德层面,但惠施派名家不言伦理道德,为众家所非议,这大概是这一学派衰落的主要原因之一。

文化文本的意义与限度

——以"豊"字考古探源为例[*]

唐启翠[**]

（上海交通大学人文学院）

何谓"文化文本"？文化文本关涉着文本和文化两个关键词，而两个关键词的背后则分别是来自文学批评和文化研究的两种文本理论观，稍微检索一下"文化文本"概念史，不难看出文化文本是近代文学批评实践和文化人类学尤其是阐释人类学的双向互动的产物，文学批评借鉴了人类学的文化研究范式，从而关注文学文本与其他社会意指系统（或文化语境）相关联的互文性，关注文本意义的生产、传播、接受或破坏的符号生产机制[①]；而人类学则化用了文学批评的"文本"和"戏剧化"概念，将文化视为可供深描的"符号域"[②]：文化是经由历史传承下来的以符号为表现形式的意义模式，是一

---

[*] 本文为国家社科基金青年项目"《周礼》礼器神话与中国礼制话语研究"（13CZW022）阶段成果。
[**] 唐启翠，女，文学博士，上海交通大学副教授，致力于三礼与神话、文学人类学理论与方法研究。
[①] 克里斯蒂娃的"互文性"文本概念是对结构主义符号学的"符号域"（semioshere）的回应与修正，近代文学批评的文本概念演变，详参姚成贺、张辉《动态·多元·互文——克里斯蒂娃的文本理论》，《学习与探索》2010年第3期。而诺特曼的符号域一词基于"人类域"（noosphere）和"生物域"（biosphere），强调的是人类认知对生物域和符号域的深刻影响，文本不能作为孤立的事物来研究，必须使用元话语来描述，要考虑文本与其文化语境的关联。（Jurri Lotman, *Universe of the Mind:A Semiotic Theory of Culture*, Engl. trans. Ann Shukman.London: Tauris, 2001）
[②] 符号域的概念源于诺特曼："符号域是一个综合符号系统，整合了某一文化的全部意义文本及其关系，包括其与符号域边界外的文本之间的互动。"详参〔意〕Massimo Leone《宗教的文化符号学》，魏全凤等译，四川大学出版社2018年，第3页。吉尔兹虽然没有用"符号域"一词，但其对文化的界定，显然是一个可供观察和分析的符号综合体，而意义就在这些符号综合体中产生。吉尔兹对巴厘岛斗鸡游戏和国家剧场的研究，属于文学人类学四重证据法的第三重证据，即活态文化文本。

个以符号形态来表达的被继承的观念系统,凭借这一手段,人们交流、保持和发展有关生活的知识以及对待生活的态度。[1] 因而也是一个可供观看和分析的"文本",比如巴厘人的斗鸡游戏就是巴厘人以其特有的方式叙述的"有关地位的戏剧化"表演文本,通过深描就可分析出斗鸡游戏"深刻的含意"[2]。

文学人类学的文化文本,直接承袭的就是阐释人类学的文化文本概念,叶舒宪先生在他的《文化文本:一场认知革命》中从文学批评和文化研究(阐释人类学)两个层面梳理了文学人类学的文化文本理论的前世今生,概括言之:

文学人类学的文化文本直接渊源于文化人类学特别是阐释人类学的文化文本——不是文化的文本(cultural text),而是"作为文本的文化"(cultural as text),是包含语言文字符号和非语言文字符号等社会行为模式乃至潜隐的文化规则/语法/意义生成等在内的综合性的意义生成性文本,犹如如来佛的手掌,支配着特定文化(村落、部落、国家或者一个考古学文化)中的言说者与书写者(含造物者)。因此,文学人类学的文化文本研究,不仅要研究文字书写时代文学文本生产背后的支配性文化要素,而且要从文化大传统(先于文字存在的文化传统)中探寻更为深远的文化原型或文化原编码系统,也就是说,文学人类学的文化文本研究对象是由语词文本、语词的活态语境——仪式歌舞展演和语词所指对象——物与图像及其证据间性呈现出的动态的意义生成空间,通过具象的文化符号尤其是核心符号物的共时态和历时态的因革,重建中国文化文本衍生脉络,凸显中国文化的意义生成"潜规则"[3]。

综上可见,文学人类学的"文化文本"具有三个层面的意义:

其一,一种汇聚某一文化诸种符号表征为一体的研究对象,区别于传统的文字书写形成自足封闭的文学文本,走向开放的、多元的文化本体,可以

---

[1] Clifford Geertz, *The Interpretation of Culture*, New York, 1973, pp. 3-30, 89.
[2] 同上,第412—453页。关于吉尔兹的文化文本概念的论述,也可看文化史家彼得·伯克的评述,详参彼得·伯克:《什么是文化史》,北京大学出版社,2009年,第41—43页。
[3] 详参叶舒宪《文化文本:一场认知革命》一文。

是当今远方异域的一个村落、繁华都市的城中村或名山古刹，可以是跨国跨区域的部族，可以是跨越时空的"一带一路"，也可以是考古发现的遥远时空的文化遗存和遗物，尤其是新石器时代以来具有深远文化影响力的文化遗存、遗物，比如玉器、牙器、骨贝器、陶器、漆木器、青铜器等器类的材质、纹饰、组合等，在中国多元一体进程和礼制文明话语建构中意义体系生成中的文化编码意义，是更具吸引力的文化文本。因此，作为研究对象的"文化文本"，是多元与一体、无限与有限的统一。

其二，一种具有突破认知意义的研究方法，区别于传统的文学作品内部研究，也区别于早期文学人类学的文学文本的文化阐释研究范式。文学文本的文化阐释，注重于用四重证据法解决经典文本研究中的疑难杂症和文本生成的文化语境，文字、器物、图像和活态的仪式歌舞展演等皆可作为有限的证据介入经典文本的重新阐释工程，证据的发现具有很大的偶然性与不可穷尽性。而当直面"文化文本"时，文化文本既是对象又是方法，重点是在对特定文化文本"深描"基础上的意义阐释或文化重述，关注的是文化文本本身的共时性和历时性存在形态及其意义生成。

其三，一种无法经验感知的潜隐存在的规则或者隐蔽秩序，看不见摸不着，但却规约着文化共同体的思维和行动，包括文本的生产、传播与接收。因此，文学人类学文化文本研究的核心任务就是通过深描和分析具体可见的诸种文本（文字、图像、实物、遗存等），将其重新语境化，从而重构出隐匿的文化规则，寻找中国文化符号的意义编码机制。

一、文学、礼乐与文化文本

无论是文学批评的还是文化研究的"文化文本"概念，最初应对的都并非是中国本土的问题。当下文学人类学凸显"文化文本"研究的本土意义，就是要回应和解决中国本土的攻坚难题。而当人们回眸凝视汉语语境中的文学、礼乐和考古学发现的早期中国的文化文本时，将会发现在中国文化语境中，借助"礼乐文化"及其核心圣物玉这一可见可感、绵延久远的"媒介",二者并非独立的存在,而是天然地交织互嵌在一起。

首见于早期经典文本《论语》中"文学"一词,作为"孔门四科",指的就是诗书礼乐之文、升降进退之容和弦歌雅颂之声以及精通礼乐仪式的人,"文学"中的核心词"文"字原型取象于文身或项饰,以标示族类、身份和趋吉辟邪之物,而考古发现关于"文"的最佳物证莫过于延续了七千年之久的佩璜。可以说,在早期中国经典文本的表述中,"文学"与"人文化成"的"人学"和"礼乐文化"是一体两面。[①] 而这样一种文化表述同样也能得到考古文化遗存如作为丧葬礼仪遗存的墓葬,祭祀礼仪遗存和作为社会集体仪式遗存的大型礼仪建筑的支持或印证。这就是中国文明探源的重要议题之一——礼制探源需要着力研究的"文化文本",特别是作为丧葬礼仪遗存的墓葬空间布局、形制、规模和随葬品的材质、数量、器类及其组合等,成为探究其精神信仰(生命观)、社会形态及其组织结构的核心文本。

具体研究路径就是在"事死如事生"预设基础上进行深描和比较分析。而其理论依据主要是当代认知考古学丧葬理论:墓葬布局、形制与社会形态及其组织结构直接相关,与死者及其亲属集团的社会身份、地位、财富、信仰成正比[②],也与生存者在丧葬仪式过程中所扮演的角色或诉求密切相关[③],即生者利用葬礼重新建立、分配或确定其社会地位和社会关系,尤其是那些用远程交换而来的珍稀材料精心制作的随葬品,如鼍鼓、玉器、象牙器、蛋壳黑陶、彩陶、白陶、漆木器等,往往彰显着它们区别于日常用具的特殊礼仪功能。[④]

商周以降的礼制核心要义在于建立和维护社会良性运行的秩序,在人

[①] 详参唐启翠:《玉璜如何"统一"中国:以"夏后氏之璜"神话为中心》,《上海交通大学学报》2015年第6期。

[②] Lewis R. Binford, *Mortuary Practices: their study and their potential*, In Approaches to the Social Dimensions of Mortuary Practices, ed., J. A. Brown, Memories of the Society for American Archaeology, Vol. 25, 1971, pp. 17-23; Arthur Saxe, *Social Dimensions of Mortuary Practices*, Ph. D. dissertation, University of Michigan, Ann Arbor: University Microfilms, 1970, pp. 69-75.

[③] Arthur Saxe, *Social Dimensions of Mortuary Practices*, p. 119.

[④] 刘莉:《山东龙山文化墓葬形态研究——龙山时期社会分化、礼仪活动及交换关系的考古学分析》,《文物季刊》1999年第2期。

伦是辨等明序节欲以致和谐，在天人之际则是沟通致敬以报本反始，作为礼制物化表征的礼器，则是以数量多寡、材质优劣、工艺精粗等来象征亲疏远近、身份位序、权力大小。最新的考古研究表明，商周礼制及其表征物——礼器的源头，可追溯到新石器时代中晚期（公元前 3500 年前后）社会阶层分化以来的祭祀、丧葬以及大型礼仪建筑等遗存遗物中。[①] 红山文化、大汶口—龙山文化、凌家滩文化、崧泽—良渚文化、仰韶—庙底沟文化、陶寺文化、石峁文化、齐家文化等皆蕴含着商周礼制的源头性文化符号要素，以有限的符号见证着多元的礼乐文化如何在历史的风云际会中逐渐走向"一体"的礼制文明。

从这个意义上说，当下标举"文化文本"，通过深描和意义分析，重述中国文化源流，重现深刻规约或支配中国文化传统的文化规则，兼具学术和现实指引双重意义。本文即以中国文化的核心概念"豊"字的考古学探源为例，来说明考古学文化文本的意义及其限度。

二、"豊"字释读的疑难

东汉许慎《说文解字》"豊，行礼之器也。从豆象形"。20 世纪考古发现的商周甲金文中的"豊"写作🪷（合集 32536：叀新～用）、🪷（屯 1257：又～叀祖丁庸用）、🪷（24962：翌丁未燹燎告又～）、🪷（32557：日于祖乙其作～）、🪷（《天亡簋》：王又大～）、🪷（《长由盉》：穆王乡～）🪷（《何尊》王～祼自天）、🪷（《麦尊》王乘于周为大～）等，为当代人探究"豊"字构型提供了图像证据。文字学家关于此字原型取象的观点基本有三：其一"豊"从豆（豆）从珏像以豆盛玉祀神之形，推之凡奉神人之事通谓之禮[②]；其二认为从壴（壴、壴）从珏，像用鼓用玉以祀神的礼乐仪式[③]或会意击鼓奉

[①] 相关论述很多，具体开始时期所论不一，比较系统的论述详参刘莉、陈星灿：《中国考古学：旧石器时代晚期到早期青铜时代》，生活·读书·新知三联书店，2017 年，第 220—221 页。
[②] 王国维：《观堂集林》，中华书局，2006 年，第 291 页。
[③] 此说最早为郭沫若在 20 世纪 30 年代提出，但其 20 世纪 40 年代又认同了王国维之说。论述最系统的是林沄的《豊豐辨》（载《古文字研究》第十二辑，第 181—186 页，中华书局 2006 年）；吴十洲系

玉成礼之义，战国文字承袭金文，或将🔲字割裂变为从豆之"豐"(《陶编》五·三四)、🔲(《郭店·老丙九》：言以丧礼居之也)①；其三，调和二者之说，从礼乐仪式语境出发认为"豊"字构型初意在于以代表性礼器（豆或鼓、玉）表征祀神祭祖仪式的要义。②

显然，在此三种解释中，对行礼之器"豊"字构型中的"玉"符无争议，而对究竟是从"豆"还是从"壴"，则有歧见。歧义存在的原因很多，其中学术学理性原因主要在（1）对汉字起源途径的认识不同，（2）对中国礼器—礼制起源标准的认识不同，（3）对"豊"字构符豆、壴、玉及其在礼制话语形成过程的意义缺乏系统的梳理，迄今所论多从甲骨金文简帛文字至小篆文演变中寻找豆—壴—豊的关联与演变③，忽略了早于文字之前的数千年的礼仪、礼器造器尚象的文化大传统，即古文字构型与史前器物的象形关联。

文字构型作为文化表述的一种方式，源于礼乐仪式语境，是礼乐仪式语境的文字编码再现，然而又绝非完整复制，通常可能是拣选了最核心的物化符号，以突显其意义。经典文献《诗》《书》《礼》和考古出土的实物遥相呼应，表明礼始于饮食，尤其是与祀神、祭祖、丧葬仪式密切相关，饮食器、鼓乐器自然也就成了行礼之器。只不过在历史演进中有一个由简而繁、从自发到自觉、有意的过程罢了。《礼记·礼运》："夫礼之初，始诸饮食，其燔黍捭豚，污尊而抔饮，蒉桴而土鼓，犹若可以致敬鬼神"，追溯了礼发生之初与饮食、献祭、乐舞和人体的直接关联，所谓"燔黍捭豚，污尊而抔饮，蒉桴而土鼓"，充满想象地追述了人类早期最质朴最诚挚的致敬鬼神

（接上页）统梳理和分析了商代甲骨卜辞中的"豊"字用例，认为"豊"字初意，似乎是一种强调礼器（鼓和玉之属）参入的以祭祖与王事为主要内容的宗教性盛典仪式。西周金文中豊豐下部形体或从豆或从壴，开始混淆，如"豐年"（《墙盘》）之"豐"与"为大豊"（《麦尊》）之"豊"下部形体已不可分辨，而字形更接近豆形。统而言之，无论是甲文之从壴从玨，还是金文中从豆或从壴，均与祭祀礼仪用器相关。吴十洲《两周礼器制度》，商务印书馆，2016年，第3—8页。
① 黄德宽等编著：《古文字系谱疏证》，商务印书馆，2007年，第3091页。
② 杨志刚：《中国礼仪制度研究》，华东师范大学出版社，2000年，第10页。
③ 除了上引林沄：《豊豐辨》《古文字系谱疏证》等外，新近比较系统的考证有王晓俊《"豊"之字形出自祭祀之"壴"——"礼"自"乐"出考论之一》，《南京艺术学院学报》2013年第4期。

的礼仪行为和器具：掘地为尊，手掬为杯——人体是最早的器具，黄桴土鼓则是人工器物的典型代表。"尊"在甲骨文中写作"🕱"（《合集》15806）、"🕱"（《合集》15856），正像双手捧酉之形，而甲文"酉"字取象于仰韶文化晚期（约5500—5000年前）的陶礼器"酉瓶"——"醴"礼之源。[①]

如此看来，甲骨文"🕱"字构型的文化编码中至少已融汇了古礼的核心要素：玉器、陶器、人体及其致敬鬼神以祈福佑的信仰。"丰"字构符"玉"、"豆"或"壴"则是行礼之器最直接的物化表征，经历了或见证了自发的宗教礼仪之器到明序辨等的礼制礼器的过程。

那么，作为礼制时代最核心的礼器豆、鼓和玉，何时成为"行礼之器"？又是以怎样的姿态一步步成为明序辨等的礼器呢？

三、器以藏礼：豆、壴、玉文化大传统

在人类文明进程中，"造器"可谓人猿揖别的标志，从玉石器的制造到修火之利范金合土以为陶匏土鼓、宫室、台榭，无异于人类技术革命和文明进程的物化证据。陶豆、陶鼓和玉器是其中最耀眼的三种。一般而言，丧葬仪式的起源与人的生命意识（人死魂留）的萌发密切相关，而随葬物品最初是为了满足死者在另一个世界的生活之需，往往随葬的是死者生前所用，包括生产生活用具和佩饰（护身符），一个简单的逻辑当然是，生前拥有越多，死后陪葬品也越多，不可排除的是，生前本无的东西反而会作为愿望的补偿而出现在墓葬中。后者合乎逻辑和实际，然而已然无法证实，故而在此预设随葬品多寡与死者生前的社会地位、财富正相关。

[①] 苏秉琦先生晚年反复强调流行于距今7000—5000年间的仰韶文化尖底瓶，是甲骨文"酉"字造字原型，并将之称为"酉瓶"，认为与酉相关的酒、尊、奠等字与"无酒不成礼"的"礼"有关，是礼器而非水器。详参苏秉琦：《华人·龙的传人·中国人——考古寻根记》，辽宁大学出版社1994年。王晖系统考察了甲骨文中"酉"系字和尖底瓶的形态演变，将甲骨文"酉"字字形取象定于仰韶文化晚期的西瓶，即距今5500—5000年间，即"酉"字起源于仰韶文化晚期。王晖：《从甲骨文与考古资料看文字起源的时代》，《考古学报》2013年第3期。

（一）豆与豊：簠簋俎豆，礼之器也

在先秦典籍表述中，最直接与禮器相关的莫过于"豆"，《礼记·乐记》"簠簋俎豆，制度文章，礼之器也"即典型代表，"俎豆之事"俨然是祭祀、宴飨礼仪之代称[①]，而"牺尊将将，毛炰胾羹。笾豆大房，万舞洋洋"（《诗·鲁颂·閟宫》），"卬盛于豆，于豆于登，其香始升。上帝居歆，胡臭亶时。后稷肇祀，庶无罪悔，以迄于今"（《诗·大雅·生民》），"执爨踖踖，为俎孔硕。或燔或炙，君妇莫莫。为豆孔庶，为宾为客。献酬交错，礼仪卒度，笑语卒获。神保是格，报以介福，万寿攸酢"（《诗·小雅·楚茨》），"荐豆奉觞亲玉几，配天合祖耀璇枢"（唐张昭《汉宗庙乐舞辞》）等皆是描绘俎豆盛食以祭祀宴飨的礼仪景观。在三礼中，豆不仅是食器和祭器，更是以数量多寡来彰显身份等级、权力地位、尊老养老的礼器：

> 礼有以多为贵者……天子之豆二十有六，诸公十有六，诸侯十有二，上大夫八，下大夫六。（《礼记·礼器》）
>
> 六十者三豆，七十者四豆，八十者五豆。（《礼记·乡饮酒义》）
>
> 诸侯国君宴请下大夫之礼器组合：鼎七、簋六、豆六、铏四，宴请上大夫之礼器组合为：鼎／俎九、簋八、豆八、铏六。（《仪礼·公食大夫礼》）
>
> 天子宴飨诸侯之礼器组合：（上公）簠十，豆四十，铏四十有二，壶四十，鼎簋十有二……（侯伯）簠八，豆三十有二……（子男）簠六，豆二十有四，铏十有八，壶二十有四，鼎簋十有二。（《周礼·秋官·掌客》）

在《殷周金文集成》中，除了作为人名外，"豆"主要是祭器用以献享神灵和祖先：

> 单矣生乍羞豆用亯。（《单矣生豆》）
>
> 周生乍□豆。用亯于宗室。（《周生豆》）
>
> 大师虘乍□□豆，用卲洛朕文且考，用🗆多福，用匄永令，虘其永宝用亯。（《大师虘豆》）
>
> 姬寏母乍大公……孝公、静公豆，用簾□寿，永命多福，永宝用。

[①] 如《论语·卫灵公》载卫灵公问阵于孔子，孔子对曰："俎豆之事则尝闻之矣，军旅之事未之学也。"

(《姬寏母豆》)

先秦三礼文献中关于"豆"的礼制，尽管有系统化、理想化的成分，但也不难从中窥见豆器在西周以降的祭祀、宴飨礼仪中的礼器地位之高之重。

豆器是什么样子的呢？高亨注《诗·小雅·楚茨》"为豆孔庶"曰："豆，古代食器，形似高足盘。此指豆中的食物。"何休《公羊传·桓公四年》注"一曰乾豆"曰："豆，祭器名，状如镫。"孙诒让正义《周礼·天官·笾人》"〔籩人〕掌四籩之實"引皇疏云：竹曰籩，木曰豆。豆盛葅醢，籩盛果實，并容四升，柄尺二寸，下有跗也。"可见，在汉代以来的解经家眼中，豆的种类、功能、形态皆比较统一：用于盛肉食葅醢的有柄高圈足盘。这与甲骨金文字形豆、豆、豆、豆、豆和商周铜豆、陶豆乃至史前陶豆、木豆的实物形态是一致的，也就是说甲骨文"豆"直接取象于现实中的圈足高柄豆，或加横指事豆盖或豆内盛物。而且从其出现在人们的日常与仪式生活之日以来，其形态虽丰富多样，然而圈足高柄盘/钵的主体形态始终不变。

图1

1.跨湖桥陶豆；2.仰韶文化陶豆；3.大汶口文化陶豆；4.郭家庄M21商代铜豆；5.周生铜豆；6.春秋狩猎纹有盖铜豆

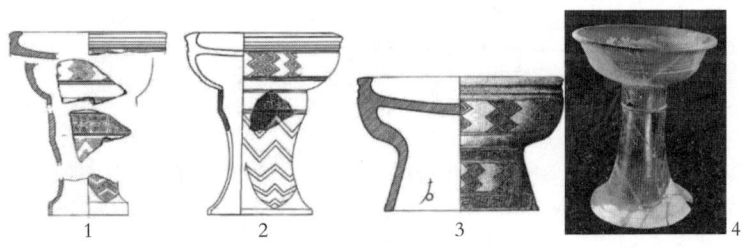

图2

安阳殷墟王陵区出土白陶豆：1.侯家庄北78AHBM1；2.侯家庄HPKM1217；3.小屯YM388；4.二里头遗址黑陶豆

迄今所见考古物证显示，俎豆组合、豆—鼓组合彰显墓主显赫身份的丧葬仪式场景蔚为大观于晋南的襄汾陶寺文化（距今约4300—4100年）早期大中型墓中[1]，而以豆盛肉的仪式景观屡屡见于山东大汶口文化（距今6500—4500年）墓葬中[2]，再往前还可以追溯到河姆渡文化（约7000—6500年前）早期的灰坑遗存（陶豆与植物果实、禽兽骨殖并存）。

而最早的标准型圈足高柄陶豆见于浙江萧山的跨湖桥文化遗址（距今约8200—7900年）。跨湖桥陶豆可能上承浙江上山文化（距今约11400—9000年）[3]、小黄山文化（距今约10000—8000年）[4]的圈足盘，下启皂市下层文化圈足盘和高庙文化的白陶豆[5]，随后在河姆渡文化四期、马家浜文化（公元前5000年—前4000年）—崧泽文化时期，成为长江中下游最典型、最核心的器物，并在马家浜文化晚期—崧泽文化早期（距今约6000—5800年）率先形成鼎—豆—玉组合以葬的丧礼景观和王者之器组合。[6] 公元前3500年前后，豆已成为大汶口文化、薛家岗文化、凌家滩文化、良渚文化、庙底沟文化、大溪文化等墓葬陶器组合中典型器[7]，公元前2300—1500年间山西陶寺、王湾三期、新砦期、偃师二里头等文化遗址中彰显墓主身份、地位的核心器物，特别是襄汾陶寺大墓出土的制作精美且数量、种类、材质众多的豆器，

---

[1] 在《襄汾陶寺》公布的1309座墓葬资料中，有随葬品墓357座，陶豆45（含朱绘陶豆40、彩绘高柄豆3）、木豆56、木俎9、陶鼓6、鼍鼓8、石磬4，皆集中出现在大中型墓中，尤其多见于大型墓。按照墓葬规模、等级的不同，墓葬豆的件数不一，同时以整猪或猪下颌骨、羊骨等随葬或葬后墓祭的也集中于大型墓。详参中国社会科学院考古研究所、山西省临汾市文物局：《襄汾陶寺：1978—1985年考古发掘报告》，文物出版社，2015年。

[2] 大汶口文化墓葬遗存中，厚葬墓（即随葬品较多的墓）往往在陶豆、陶钵或三足盘内盛有猪头、猪蹄、猪下颌骨或牛头骨等，当为祭品，显然具有礼仪性质，而随葬豆的墓，往往也是随葬品较多的墓，说明豆的数量以及特殊纹饰的豆，开始具有了等级标识意义。山东省文物考古研究所编：《大汶口续集》，文物出版社，1997年，第127—140页。

[3] 浙江省文物考古研究所、浦江博物馆：《浙江浦江县遗址发掘简报》，《考古》2007年第9期；孙瀚龙、蒋乐平：《浙江浦江上山遗址上山文化陶器类型学研究及相关问题》，《南方文物》2016年第3期，上山圈足盆图采自该文图九。

[4] 王心喜：《小黄山遗址新石器时代早期遗存的考古学观察》，《绍兴文理学院学报》2006年第2期。

[5] 韩建业：《早期中国：中国文化圈的形成与发展》，上海古籍出版社，2016年，第39页。

[6] 周润垦、胡颖芳、钱春峰：《江苏张家港东山村遗址崧泽文化墓地初步研究》，《东南文化》2015年第6期。

[7] 韩建业：《早期中国：中国文化圈的形成与发展》，上海古籍出版社，2016年，第37页；杨溯：《长江下游地区的史前陶豆》，南京师范大学硕士论文，2008年。

鲜明地印证了豆器在丧葬仪式和明序别等礼制中的象征符号意义。

在这样漫长的历史进程中，发源于长江中下游的陶豆扮演着什么角色呢？是以怎样的姿态进入礼器之列的呢？

众所周知，鉴于两个核心要素：其一早期陶豆由于身高和烧制火候低的缘故大多破碎难以复原，其二被视为生活用具混同于其他陶器中，而又不如鼎、尊、鬶、杯等突显，而导致陶豆的研究相对比较滞后，考古发掘报告对陶豆的具体信息描述多简略不全，目前所见的几篇专论，多集笔墨于器型态式的源流迁变分类[1]，鲜少关注陶豆与礼制的具体关联。近有学者从豆的起源（从盆、盘、钵、罐等盛食器演进而来）、器形结构（器高显贵）、数量（量少显贵）、观念内容（丰—艳—喜）三个层面比较系统讨论陶豆与礼仪、礼制和中国美学观念，认为马家浜文化晚期开启了豆、玉同辉的礼仪景观，并在以庙底沟为中心的最初中国的观念体系中安放了自己的位置，进入礼制、审美（艳）和乐感（喜—饎）观念中心。[2] 其结论令人信服，然而在文化文本大传统的梳理部分依然比较粗线条，对于陶豆究竟如何进入礼仪中心，成为礼制话语建构的器物符号，并无具体论证。

从器形观察，相较于炊器釜、罐等加足增高成"鼎"一目了然的匠心，盛食器盆、钵、盘等加柄逐渐升高成"豆"的造型匠心却不易为人察知，古人之意虽不可知，然而纳入中国式神话仪式思维即以"高"（山、台、树、器等）交通神灵的器物化表达，这就表明豆器从其创制之初就可能担负着不同于一般陶器的特殊功能。尤其是战汉以迄明清，灯台、烛台与陶豆的名称、造型的关联[3]，以及玉烛、玉灯的神话仪式意义——象征四时和畅的清

---

[1] 韩建业：《早期中国》中虽有一张中国新石器时代陶豆和圈足盘的空间拓展图，然并未见具体论述；杨溯：《长江下游地区的史前陶豆》（2008，南京师范大学硕士论文）、蒋蓓：《崧泽文化陶豆试析》（2016，南京大学硕士论文）分别对长江下游地区和崧泽文化陶豆的器型源流变迁做了系统的研究。

[2] 张法：《豆：作为中国远古陶器之美》，《人文杂志》2017年第3期。

[3] 《楚辞·招魂》"兰膏明烛，华镫错些"，华镫即华灯，郑玄注《礼记·祭统》"执醴授之，执镫"曰"镫，豆下跗也。"晋郭璞注《尔雅·释器》"木豆谓之豆，竹豆谓之笾，瓦豆谓之登"云："登即膏登也。"直接将瓦豆等同于汉代流行的油灯，可见二者在造型和功能上关联。

平盛世①、上通神明下照人心的永恒之光。②战汉灯烛、博山炉与清廷"五供/五献"（一对烛台、一对华瓶、一个香炉）的造型与功能可能是豆器造型与功能的延展。鉴于豆—灯—炉形制和功能文化传统的延续性，是否可以探测发源器豆器日用之外的特殊礼仪功能呢？

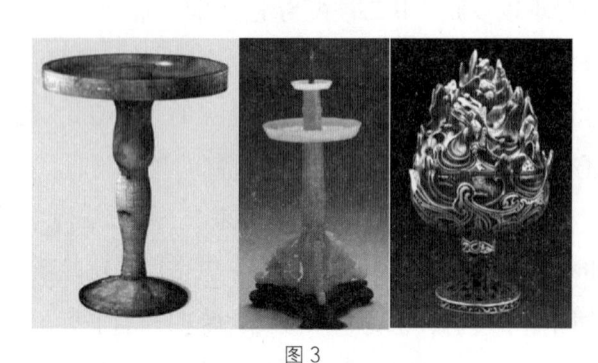

图 3
故宫馆藏战国勾连纹玉灯和乾隆年制玉烛长调、西汉中山靖王墓出土错金博山炉

首先要探究的就是上山、跨湖桥、河姆渡等出土陶豆的灰坑，是生活垃圾坑还是祭祀性遗存？彩绘圆圈纹、十字纹或放射纹纹饰（崇日信仰）主要绘制在圈足盘和豆器上，是否表明该类器物与众不同的特殊祭器功能？综合考察遗址内祭祀性建筑高台的存在和特殊纹饰，而墓葬不葬随葬品的现象，跨湖桥文化遗址出土陶豆的灰坑极有可能是祭祀性遗存。③

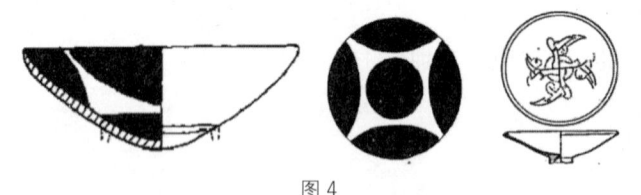

图 4
跨湖桥遗址太阳纹豆盘与河姆渡文化第四期 M4 四鸟旋阵纹陶豆

---

① 尸佼：《尸子》，上海古籍出版社，2006 年，第 34 页。
② 王献唐：《古文字中所见火烛》，齐鲁书社，1979 年，第 62 页。
③ 浙江省文物考古所、萧山博物馆：《浦阳江流域考古报告之一：跨湖桥》，文物出版社，2004 年，第 55，326—327 页。

河姆渡文化（距今约 7000—5300 年）遗址中，第一、二期文化层保存比较好，第三、四期较差，然贯穿于四期的玦、璜、陶豆、木鼓、牙骨器等，却凑集成相对完整的文化文本。其中值得特别注意的信息有三：其一，第一期到第三期的灰坑中陶豆和植物果实、禽兽鱼骨同存，但并非杂乱弃置，而是有设计得放置，可能为祭器而非废弃物[①]；其二，第一、二期文化层木鼓、陶豆和玉器已然共存[②]；其三，直到第四期，丧葬仪式的产物墓葬中才开始出现陶豆和玉石制品，11 座墓葬除 1 座儿童瓮棺葬（葬具为陶釜）外，皆有 1—7 件数量不等的随葬品，其中 8 座墓每墓随葬 1 件红陶豆[③]，说明在河姆渡第四期陶豆已经成为丧葬仪式中的核心器物，陶釜底有烟熏痕迹，可能为死者生前用器，随葬 7 件器物的 M1 墓内玛瑙璜、石玦、陶豆各一件。事死如事生的观念和以随葬品彰显身份或财富的意识出现。[④] M4 仅随葬一件陶豆，倒覆在墓主头部的豆盘内刻绘着顺时针方向旋转的四鸟旋阵图，与"双鸟昇日"象牙器（第三期）、连体双鸟骨匕和贯穿四期的蝶形器，以及葬式的头东面北等，可能共同表征了河姆渡人的崇日信仰和生命观，四鸟旋阵图很可能是墓主是守护神。[⑤] 近邻地区鳌架山祭台[⑥]、奉化南浦茗山后村祭台[⑦] 等，表明陶豆此时已进入信仰观念表述的中心。

马家浜—崧泽—良渚文化连续体，也是陶豆和玉从祭礼之器、丧葬仪式之器逐渐升华和完善成为明序别等礼制之器的最早时期。马家浜文化

---

① 详参浙江省考古研究所：《河姆渡：新石器时代遗址考古发掘报告》，文物出版社，2003 年，第 27、297、328 页。
② 考古报告称为"木筒形器"，保存较好的第一期文化层出土 25 件，第二期有 2 件，与骨笛、陶埙并存，且其形态为整木剜刻而成，通长 19.3 厘米—48 厘米、直径 6.5 厘米—14 厘米、壁厚 0.8 厘米—2.5 厘米不等，上下通口，外壁近两端处多见藤篾类圈箍痕迹，筒内留有调音隔挡和小圆片。详参《河姆渡》第 144—147 页。陈忠来认为此类筒形器为打击乐器木筩，是远古的编钟，用于狩猎和祭祀等仪式。详参忠来：《太阳的故乡：河姆渡文化探秘》，宁波出版社，2000 年，第 255 页。笔者认为，从形态而言，与其说是远古的乐器钟，不如说是迄今所见最早的木鼓。
③ 浙江省考古研究所：《河姆渡：新石器时代遗址考古发掘报告》，前引书，第 328—334 页。
④ 河姆渡文化的璜、玦等多为玛瑙、石英、萤石、叶蜡石等材质，可算广义的玉器。
⑤ 陈忠来：《太阳的故乡：河姆渡文化探秘》，宁波出版社，2000 年，第 240 页。
⑥ 鳌架山遗址距离河姆渡仅 2 公里，时代相当于河姆渡第三、第二层年代，发现一处直径 340 米的红烧土祭台，显示河姆渡人可能已经存在祭神（天）活动。
⑦ 奉化紧邻余姚，南浦茗山后村遗址相当于河姆渡第三期，出土有釜、鼎、盆、豆等河姆渡文化典型器，该遗址距今约 5000 年的文化堆积层内发现一个祭台。

(BC 5100—3900)延续约千年,有比较丰富的墓葬材料可供参考。1978年公布的常州圩墩遗址马家浜文化晚期墓葬62座,有随葬品的30座,随葬1—3件者21座,4—7件5座,随葬豆的8座墓也是随葬品较多的墓,其中M1陶豆与玉玦共存,M6陶豆1与石珠2共存,两墓墓主皆为儿童;崧泽文化墓葬1座,即M28(中年男性)17件随葬品中有陶豆5,占该墓随葬品29.4%。[1] 随葬陶豆的墓虽无明显的性别、年龄、阶层之别,然而有陶豆的墓,随葬品亦较多,似乎显示出陶豆在丧葬仪式中的某种特殊性。2001年公布的圩墩第四次发掘的马家浜文化墓葬33座,仅7座随葬1—3或5件,且多为纺轮,只有随葬品最多的M137(成年男性)随葬有陶豆。崧泽文化墓葬5座,有随葬品的3座墓分别出33、32、18件,相比马家浜时期,随葬品的数量、器类明显增多,而且豆、玉共存似乎已然成为丧葬仪式常规[2]。

江苏张家港东山村遗址,是1989—2010年发掘公布资料相对完整的马家浜—崧泽文化遗址,遗址自东向西分为三区:东部I区马家浜文化墓葬6座[3],崧泽文化小型墓22座,随葬品多在10件以下;中部II区崧泽早期房址5座,其中F1为大型房址;西部III区发现马家浜文化晚期大型墓1座M101、崧泽文化早中期大型墓9座、中型墓6座,随葬器物多在30件以上。其中M101(约6300—6000年)是迄今所知最高等级的马家浜文化墓葬,墓主为成年女性,随葬品33件(套):陶器11件(鼎2、豆3[4]、罐3、盆1、匜1、盉1)、玉器21件(璜5、玦2、管14)、石纺轮1件,首次在马家浜文化墓葬内同时出土5件玉璜,并且集中在墓主的颈部位置,很可能是最早的列璜或组璜佩,可谓马家浜文化女首领的第一影像,为东山村崧泽文化高

---

[1] 吴苏:《圩墩新石器时代遗址发掘简报》,《考古》1978年第4期。
[2] 常州市博物馆:《1985年江苏常州圩墩遗址发掘报告》,《考古学报》2001年第1期。
[3] 1989、1990年两次发掘清理出崧泽文化墓2座(M1—M2),马家浜时期墓葬6座(M3—M8),人骨腐朽严重,葬具、葬式不清,随葬品1—13件不等,以陶器为主,兼具玉石器。陶器器类有釜、豆、鼎、鬶等,还有少量的玉石器如石锛、石斧、玉玦、玉坠饰主要分布在头部和腿部。苏州博物馆、张家港市文物管理委员会:《张家港市东山村遗址发掘简报》,《文物》2000年第10期。
[4] 三件豆器形大质精,M101:2,红陶,器表施红衣。盘径17.8厘米、足径19.0厘米、高29.6厘米;M101:4,红褐陶,器表施红衣。盘径18.3厘米、足径17.8厘米、高23.8厘米;M101:31,灰黑陶,胎色发红。高柄,喇叭形圈足,盘径19.4厘米、足径18厘米、高26.4厘米。

等级墓葬找到了源头[1]。M90（约5800年前）为崧泽王者大墓，随葬的65件器物中有8件陶豆、19件玉器、5件石钺、2件石锛，也是9座大墓中随葬陶豆最多的一座墓。[2] 东山村遗址内大中小型墓葬分区，并与随葬品多寡、材质优劣成正比，说明至少在5800年前，甚至可能更早（M101）至马家浜文化晚期，出现了明显的社会分化，社会权力和资源开始集中掌握在少数人手中，社会结构出现层级化，初级王权已然产生。[3] 同时东山村遗址崧泽文化早中期大墓出土的部分陶器和玉器与皖江平原、宁镇地区的史前文化有许多相似之处，也证明6300—5300年间"崧泽文化圈"的文化趋同性[4]。东山村遗址以M101、M90等为代表的高等级墓葬，填补了马家浜、崧泽文化与良渚文化大型墓埋葬制度上的缺环，为良渚文化高度发达的社会文明找到了源头。[5] 从墓葬分区布局、大型墓葬器物种类和数量来看，东山村遗址自马家浜晚期开始，特别是崧泽文化早中期的M90、M92开始，已经有一套比较固定的葬礼制度，一个"王者"的时代悄然来临。[6] 反映在器物组合上即以鼎、鬶、豆、罐等陶器，钺、锛、凿等石器和玦、璜等玉器为标配，不同等级体现在数量的多寡上，而陶豆和玉器不仅在大墓中共存，而且陶豆在王者之墓中的数量也是占据绝对优势。这表明豆—玉此时已然成为表征身份的行礼之器了。

在随后的良渚文化墓葬中，钺、璧、琮、璜等玉礼器成为礼制的标志性物质符号，陶鼎1、陶豆1、陶缸1、陶罐1几乎是反山、瑶山大中小型墓葬中的标配，而且烧制火候低，完整器鲜见，说明此时陶器很可能是专门烧制的明器，虽然不反映礼制，然而依旧是丧葬礼仪的标配器物是毋庸置疑的。

---

[1] 南京博物院、张家港博物馆：《江苏张家港东山村遗址M101发掘报告》，《东南文化》2013年第3期。
[2] 南京博物院、张家港市文管办、张家港博物馆：《江苏张家港市东山村遗址崧泽文化墓葬M90发掘简报》，《考古》2015年第3期。
[3] 李伯谦：《崧泽文化大墓的启示》，《古代文明研究通讯》2010年3月号，总第44期。
[4] 林留根：《从东山村遗址看长江下游社会复杂化进程》，《东南文化》2010年第6期。
[5] 南京博物院、张家港市文管办、张家港博物馆：《江苏张家港市东山村遗址崧泽文化墓葬M90发掘简报》，《考古》2015年第3期。南京博物院、张家港博物馆：《江苏张家港东山村遗址M101发掘报告》，《东南文化》2013年第3期。
[6] 周润垦、胡颖芳、钱春峰：《江苏张家港东山村遗址崧泽文化墓地初步研究》，《东南文化》2015年第6期。

不过福泉山良渚文化墓葬等级与陶器关系又与反山、瑶山不同。2010年在上海青浦福泉山吴家场清理的4座良渚文化墓葬中，除了M205（儿童墓）不出陶豆外，其他三座都出1—7件陶豆，M210出1件、M211出2件，而晚期权贵大墓M207出7件工艺精致的泥质高柄黑陶豆[1]，与玉璧、玉琮、玉钺、象牙权杖等一起构成明序别等的礼器，彰显墓主的显赫地位。[2]

值得注意的现象是，在反山、瑶山大中型墓中，陶器虽然没有以数量、质量、纹饰凸显其礼器功能，但普遍在陶器周围，如瑶山M3、M4、M7、M10、M11[3]，反山M12等[4]陶豆上下或附近散落着玉管、玉珠等玉串组件，发掘时墓葬未被扰动，玉器与陶器分置南北，只是陶器多碎裂无法提取导致无法观察完整信息，但这种现象是否反映了反山、瑶山墓葬时期有以陶豆盛玉陪葬的习俗呢？这是否预示着玉的神圣功能在护身符、通天神器、身份标志物等以外又增加了以玉为最高等级美食呢？

位于苏北鲁南交界处的花厅墓地（距今约5500—4800年）是大汶口、薛家岗和良渚文化的交汇地带，各期墓葬阶层分化趋势表明，花厅墓地从大汶口文化中期开始逐步向财富差异逐步加大的不平等社会演变，并经过第二、三期的纺锤体三元社会的过渡最终形成金字塔形三元社会，出土陶鼓的M50、M23不仅正好处于晚期金字塔形社会的中上层，也是大汶口—良渚折中式豆和玉器（琮、斧、锛等）以及大汶口—薛家岗折中式豆的典型代表。[5]花厅墓地分为南北两区，其中南区30座墓（早期）几乎全为中小型墓，虽然13座出陶豆的墓随葬品相对较多，然而豆的数量与随葬品数量不成规律性变化；北区（中晚期）62座墓按照随葬品多寡和玉器，明显呈现出大、中、小等级，其中10座大型墓皆出数量较多的豆，且豆数基本与墓葬总数

---

[1] M211:17，盘径16.2厘米、高12厘米；M211:21，泥质黑陶带盖喇叭柄豆，盘径14.5厘米、通高22.8厘米；M207:95，泥质黑陶喇叭形高柄豆，豆盘内有一刻画符号，盘径17厘米、圈足径14.7厘米、高22.8厘米；M207:99，泥质黑陶喇叭形高柄豆，盘径17.6厘米、圈足径15.4厘米、高23.4厘米；M207:91，泥质黑陶喇叭形高柄豆，盘径13.8厘米、圈足径13厘米、通高26.7厘米。
[2] 上海博物馆：《上海福泉山遗址吴家场墓地2010年发掘简报》，《考古》2015年第10期。
[3] 浙江省文物考古研究所：《瑶山》，文物出版社，2003年，第53页、第61页、第70页、第153页。
[4] 浙江省文物考古研究所：《反山》，文物出版社2005年，第29页图一一，第90页。
[5] 黄建秋：《花厅墓地研究》，《华夏考古》2011年第3期。

成正比，如随葬149件器物的M60随葬19件豆，随葬70件器物的M50，出15件豆、1件陶鼓，随葬57件器物的M57出9件豆，随葬48件器物的M23出4豆1鼓；中型墓33座，29座出豆，每墓出1—4件不等，基本与总数成正比，小型墓19座，8座出豆，每墓仅1件，而不出豆的墓，随葬品亦少。[①] 因此，可见，陶豆以数量多寡、器形大小参与了明序别等的礼制建构。出土陶鼓的M50、M23皆为晚期大墓，玉器数量与种类亦多，花厅遗址可谓是距今5000年前后陶鼓、陶豆和玉器同存且体现明序别等礼制的见证。

（二）豆与禮：玉磬鼉鼓，乐享祖先

据《诗》《春秋左传》《周礼》《吕氏春秋》等文献和人类学、考古学材料的参互比较，不难发现无论是远古质朴的初民社会还是当今高度发达的社会，鼓都是各种礼仪活动中的重要器物。《诗·大雅·灵台》"于论鼓钟，于乐辟雍，鼉鼓逢逢"，《诗·周颂·有瞽》"有瞽有瞽，在周之庭。设业设虡，崇牙树羽。应田县鼓，鞉磬柷圉。既备乃奏，箫管备举。喤喤厥声，肃雍和鸣，先祖是听。我客戾止，永观厥成"，则是在仪式圣地灵台和周庙击鼓迎接神灵和祖先以祭之。春秋晚期的《郘鏄钟》铭文"大钟既悬，玉磬鼉鼓，余不敢为骄，我台享孝，乐我祖先，以祈眉寿，世世孙孙，以为永宝"，再次证明玉磬鼉鼓的仪式意义。《容成氏》大禹"建鼓于庭"。[②] 可见，书写文献追述的文化记忆中，自远古以迄虞夏商周，鼓都是重要的通神礼器，广泛应用于吉凶宾军嘉五礼之中。这与考古出土的诸多土鼓、木鼓和铜鼓实物可以形成呼应，证明鼓的确是重要礼器。

文献中频频出现的土鼓，是新石器时代常见的器物类型，如据不完全统计：辽河、海河流域22件、黄河流域44件、淮河流域91件陶鼓、长江流域85件，丰富多彩的地方差异中的共性就是皆与罐、釜、盆、豆、尊、器

[①] 南京博物院：《花厅——新石器时代墓地发掘报告》（南北墓葬登记表），文物出版社，2003年，第202—210页。
[②] 马承源主编：《上海博物馆藏战国楚竹书（二）》，上海古籍出版社，2002年，第267页。

座等生活用具高度形似，说明早期鼓的烧制可能受到生活用器的启发。[1] 换言之，"壴"或"豐"字构型中的"豆"符，可能并非讹误所致，极有可能与早期陶鼓源于陶豆或其他食器的文化记忆，战国时期的秦王击缶，庄子鼓盆而歌皆是证据。鼓以其声音响亮、高远而成为凡祭祀、狩猎、征战、聚众、乐舞、报警、联络、召唤、结盟、农事等活动中的重要器物。[2]

文献中，神秘的鼍鼓——木框鳄皮，迄今最早见于山东大汶口文化（约 6500—4500 年前）的大墓如 M10 中，龙山文化（约 4600—4000 年前）鼍鼓多见于王者型大墓中，如尹家城 M15、临朐朱封 M202、襄汾陶寺 M3072、M3073、M3016、M3015 等王者型大墓中[3]，与鼍鼓共存的龙盘、俎豆和玉钺等，表明鼓—玉—豆在龙山文化时代或者更早至大汶口文化晚期，已然是别序辨等、表征权力、地位的礼制话语符号了。安阳殷墟西北冈王陵区 M1217 大墓[4]、山西灵石旌介商代方国首领墓[5]、山东滕州前掌大大型商墓[6] 等所见鼍鼓再次确认鼍鼓是王侯、方国首领或特殊身份人物标配礼制重器，可能是宗教权威身份如通神者的象征。[7]

然而，单纯从象形文字和器物之间的相似度来看，新石器时代的陶鼓、鼍鼓和陶豆似乎与殷商晚期甲骨文"豐"中的"豈、豐、豐"皆有差距，也就是说新石器时代的土鼓、陶豆、鼍鼓可以证明豆和鼓的确是重要的通神和明序别等的礼器，与"豐"密切相关，但又并非"豐"字直接的取象原型。那么，"豐"字取象原型是什么呢？模拟击鼓之态的"鼓"（鼓、鼓、鼓）表明甲

---

[1] 费玲伢：《新石器时代陶鼓的初步研究》，《考古学报》2009 年第 3 期。
[2] 这一点在当今人类学、民族学的调研报告中已经得到充分证实，如赵富荣主编：《拉木鼓》，光明日报出版社，2014 年，第 19—23 页。
[3] 中国社会科学院考古研究等编：《襄汾陶寺：1978—1985 年考古发掘报告》，文物出版社，2015 年，第 636—639、1329 页，复原图见第 638 页图 4-128：2。
[4] 梁思永、高去寻：《侯家庄》第六本《1217 号大墓》，历史语言研究所，1968 年，第 23—27 页，插图八—十，图版十三—二三。
[5] 山西省考古研究所：《山西灵石旌介村商墓》，《文物》1986 年第 11 期；《灵石旌介商墓》，科学出版社，2006 年，第 92 页，图 102、103。
[6] 洪石：《鼍鼓逢逢：滕州前掌大墓地出土"嵌蚌漆牌饰"辨析》，《考古》2014 年第 10 期。
[7] 刘莉：《山东龙山文化墓葬形态研究——龙山时期社会分化、礼仪活动及交换关系的考古学分析》，《文物季刊》1999 年第 2 期。

骨卜辞"豊"（𣪘、𣪘、𣪘）字的核心构符是"壴"，即"鼓"而非"豆"，问题是取象于何时何种鼓呢？综合考古出土实物和文献追述，初步认为，晚商甲骨文"豊"可能取象于商早中期的楹/建鼓之形。实物证据如下：

其一，安阳殷墟王陵区 M 1217 大墓随葬 1 件双面鼍鼓、1 件石磬皆有相应的鼓架和磬架。有学者将之复原如下图 6，并认为此分别为甲骨文壴、磬字取象之形。① 不过笔者认为，也不能排除下图 7 的复原法。而与陶寺鼍鼓的单面蒙皮树立于地的形象不同。②

其二，目前出土或传世的商代 2 件铜鼓（湖北崇阳县③、日本泉屋博物馆藏）和 1 件陶鼓（福建黄土仑遗址 M 17④），鼓形极其相似，与"壴"（𣪘）字构型亦近似。也与曾侯乙墓出土建鼓、鸳鸯豆击鼓图以及汉画像砖普见的建鼓舞图中的"建鼓"构型神似。与后世文献所追述的商鼓也比较契合：

> 雷鼓八面，以祀天。灵鼓六面，以祀地。路鼓四面，以祀鬼神。夏后加之以足，谓之足鼓；殷人贯之以柱，谓之柱鼓；周人县之，谓之县鼓。后世复殷制建之，谓之建鼓。……施于朝，则登闻之鼓、敢谏之鼓是也。施于府寺曰朝鼓，在村墅曰枹鼓。⑤

郑玄注《明堂位》三代之鼓的文字描述中，可以推断郑玄时代以及郑玄所熟悉的鼓的形态，甚至在某种意义上，也与殷商甲骨文中"豊"与"壴"字构型形成了对照：

> 夏后氏之鼓足，殷楹鼓，周县鼓。……夏后氏之龙枸虡，殷之崇牙，周

---

① 方建军：《侯家庄——1217 号大墓的磬和鼓》，《交响－西安音乐学院学报》1988 年第 2 期图一、二。
② 中国社会科学院考古研究所山西工作队、山西省临汾行署文化局、中国艺术研究院音乐研究所调查组：《陶寺遗址出土乐器鉴定研究报告》，《襄汾陶寺 1978—1985 年考古发掘报告》，第 1340—1341 页。
③ 鄂博、崇文：《湖北崇阳出土一件铜鼓》，《文物》1978 年第 4 期，图片采自图版八：1、2。
④ 福建省博物馆：《福建闽侯黄土仑遗址发掘简报》，《文物》1984 年第 4 期。土鼓图采自该文图九：16；图版七：7。
⑤ （宋）李昉：《太平御览》卷 582 乐 12 鼓，http://www.guoxue123.com/zhibu/0201/03tpyl/0581.htm[2018-6-8]。

之璧翣。郑氏曰：足，谓四足也。楹，谓之柱，贯中上出也。……殷又于龙上刻画之为重牙，以挂悬纮也。周又画缯为翣，载以璧，垂五彩羽于其下。①

由于丝织物和附属木质构件的易朽性，目前出土的陶鼓、鼍鼓、铜鼓已难以见到当年完整的构型图像，然而郑康成所注殷楹鼓即战汉建鼓之形，而周悬鼓于枸虡以及画缯为翣载以璧，则依稀可见鼓与玉璧组合的仪式场景。

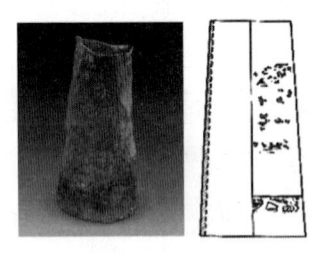

图 5
陶寺遗址 M3015：15 号鼍鼓及其复原图

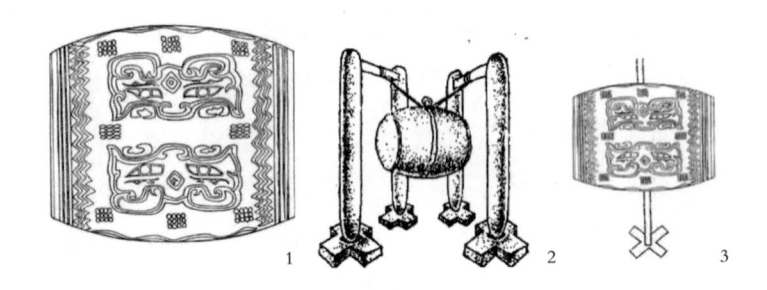

图 6
1 安阳殷墟侯家庄 M1217 出土鼍鼓及鼍鼓复原图；2 为方建军复原图；3 为笔者推测图

图 7
商代楹／建鼓图：1 黄土仑陶鼓；2 湖北崇阳铜鼓；3 日本泉屋博物馆藏铜鼓；4 沂南汉墓建鼓舞画像

---

① （清）孙希旦：《礼记集解》，中华书局，1989（2007）年，第 854 页。

初步结论

"豊"、"玉"、"豆"、"壴"皆出现于殷商晚期的甲骨卜辞中,其中豆、壴是典型的象形字,具有从物象(一级编码)到文字(二级编码)再到礼制仪轨及其神话叙事(三级编码)的典型性。新石器时代的土鼓、陶豆、鼍鼓可以证明豆和鼓的确是重要的通神和明序别等的礼器,与"豊"密切相关,但又并非"豊"字直接的取象原型。通过字符构型与物象的对比观察,甲骨文"豊"字从玉、从壴,壴字构型极有可能直接取象于商早期王室所用鼍鼓—楹/建鼓型,其源头可追溯到大汶口文化时期甚至河姆渡早期。迄今所见标准型陶豆早于陶鼓出现,某些特殊纹饰如圆圈纹、太阳纹陶豆等可能具有祭器功能。马家浜—崧泽—良渚文化连续体、薛家岗—凌家滩文化、大汶口—龙山文化中形成鲜明的豆—玉、豆—壴—玉共存同辉的丧葬仪式景观,奠定了商周礼器系统的基础。文化大传统的历时性而言,"壴"字形中可能蕴含着早期原型取象的密码——鼓发源于原始居民对釜、罐、豆、缸、盆、钵等生活用具的敲打经验。

耗时一月有余,查阅考古报告无数,初步完成论文,深切感受到文化文本的认知革命性,然而困惑也时时浮上心头。首先是考古学提供的文化文本本身的局限性,由于早期陶器烧制火候低,发掘时多为碎片,90%以上都无法提取或复原,为陶豆和陶鼓的识别造成极大的缺憾,而且早期发掘报告多将陶器置于生活用具,若无断代意义,介绍多简略,特别是墓葬和灰坑资料,大多报告都是选取典型墓例介绍,即使给出了墓葬登记表,也仅能知道大概的器类信息,而无法确知具体的器物形态信息,这就为文化文本的分析带来文本先天缺失的遗憾。其次,是礼器的确认标准问题,当代认知考古学丧葬理论认为墓葬随葬品的数量、质量、种类与墓主生前社会地位和生者的现实诉求等正相关,珍稀材质器物如玉器、象牙器、青铜器、金银器等、"高科技"产品如彩陶、白陶、黑陶、漆器等以及某些特别器类如权杖、斧钺、鼓等往往是身份象征物,在上下几千年的新石器时代,这些礼器标准是否适用于陶豆和陶鼓？如何发掘沿用时间更早更长的玉饰（玦、璜、环镯）功能？陶器作为最早沿用时间最长的生活用器和丧葬仪式器物，是否有自身跻身礼器的特性？这些特性又是什么？制器背后的深层文化信仰是什么？其三，陶豆、陶鼓的时空拓展与文化认同问题，新石器时代六大文化区系中，豆、鼓和玉各自在墓葬和祭祀性遗存中的地位和功能，并不平衡，如何、何时进入早期中国礼制观念中心？其四，文学人类学的文化文本研究径路或理论如何与考古学研究进行建设性的有效对话？

五 学术争鸣

文化基因中的"彼岸"密码

吴秋林

（吉首大学历史与文化学院）

人类在建立自己的信仰文化之初，主要是描述、解读世界和人类的诞生，以便给我们一个生存其中的世界和生存在世界中的理由。但是，很快我们就会从自己"制造"的来处询问："我们要到哪里去"？故我们创造了我们的来处，还要创造我们的去处。当然，我认为这是文化中一步一步衍生出来的东西，是我们创造了世界和人类衍生出来的东西，这就是彼岸和死亡。我们被某一种文化形式解读为某一种来源，不管真实与否，我们相信它，但作为个体的我们不太关注它，因为这样的解读在某种程度上是被注定的，不可解释和探寻的，而对于死亡和彼岸却是个体的人非常关注的事情。信仰什么这是注定的，但"彼岸"涉及每个个体的切身感受，并且成为信仰文化本体的一个重要形式，以及群体性认同的终极仪式。另外，彼岸的意义如何，决定我们在世俗社会中是否快乐。

一、"彼岸"的表达和研究

"彼岸"是涉及每个个体的切身体验，也是人类所有群体必须和必然面对的存在，对于它的表达几乎贯穿了整个人类文化历史。可以说，没有"彼岸"的确立，文化基因中信仰文化的构建就可能不存在，在现存的信仰文化构建中，确实还未见这样的（没有"彼岸"）信仰文化体系。但奇怪的是，人们对于"彼岸"的讨论远远不如其他"学问"那么热烈，而且讨论的多是一些从中衍生出来的问题，对于"彼岸"本体的讨论极少。

在文学中讨论"彼岸"是"彼岸"研究最为"兴盛"的一个方面，但它是作为"未来"、"理想"的代名词而出现，故这里的"彼岸"只是一个与现实存在对立的借喻。比如王显春的《此岸·彼岸——古代文学的业缘》[1]，罗勋章的《撑向彼岸的渡船——〈边城〉的一种解读》[2]，吴芸茜的《此岸与彼岸——论王安忆的小说体系》[3]，胡志颖的《文学彼岸性研究》[4]，王玮的《彼岸没有理想国——从〈乌托邦彼岸〉看汤姆·斯托帕眼中的乌托邦主义》[5]，朱建刚的《于绝望中寻找希望：从〈彼岸书〉看赫尔岑的虚无主义》[6]。在这些论述中，此岸就是现实社会，而"彼岸"是现实社会的一个前行的方向，文学描述现实社会的目的就是把人类追寻未来理想的对象事物呈现出来，给人们予以生存的希望。在这样的论述和研究中，从来没有对于具体的"彼岸"的描述和研究，只有对于"彼岸"世界的内化性质的理解，即宗教信仰给予了文学一个"彼岸"的文化构件，文学就把它作为一种未来理想的事物对待和追求，并且构成文学表达的彼岸性质，从理论上确定文学的任务和性质。

从灵魂的角度来研究"彼岸"的有余明锋的《从形而上学回到灵魂学——论尼采在〈善恶的彼岸〉第一章中对哲学的改造》[7]，胡志颖的《直观彼岸性事态要论》[8]。前者是在基督教"彼岸"观念的基础上，建立起哲学上的灵魂观，以实现对立于现实世界的超越，"彼岸"—灵魂—超越—精神圆

---

[1] 参见王显春：《此岸·彼岸——古代文学的业缘》，《社会科学研究》1996年第3期。
[2] 参见罗勋章：《撑向彼岸的渡船——〈边城〉的一种解读》，《吉首大学学报》2000年第3期。
[3] 参见吴芸茜：《此岸与彼岸——论王安忆的小说体系》，《华东师范大学学报》2000年第5期。
[4] 参见胡志颖：《文学彼岸性研究》，暨南大学博士学位论文，2002年。
[5] 参见王玮：《彼岸没有理想国——从〈乌托邦彼岸〉看汤姆·斯托帕眼中的乌托邦主义》，《外国文学》2010年第6期。
[6] 参见朱建刚：《于绝望中寻找希望——从〈彼岸书〉看赫尔岑的虚无主义》，《俄罗斯文艺》2012年第3期。
[7] 参见余明锋：《从形而上学回到灵魂学——论尼采在〈善恶的彼岸〉第一章中对哲学的改造》，《同济大学学报》2015年第3期。
[8] 参见胡志颖：《直观彼岸性事态要论》，《华南理工大学学报》2002年第2期。

满——理性认知实现,实际上是一种精神的"虚无"和哲学理性的调和。后者"旨在对主体内部彼岸性事态进行哲学思辨,论述其存在的可能性。彼岸性事态作为单一性事实只在经验上有效。对先天彼岸性事态的原始体验乃是主体最后的、不能再加以追溯的明证性经验,超越日常的普遍性和审美价值。彼岸性事态中的自稳态空间作为直观所不可或缺的条件是主体以回溯的方式给予的。诸彼岸性文本是对彼岸性事态的不同解释,是先天彼岸性事态的逻辑效应"①。只不过作者在论述中希望其灵魂—"彼岸"能够与"日常的普遍性和审美价值"结合起来。

在宗教人类学的角度上对于"彼岸"研究有叶建芳的《布努瑶送魂之路未必迁徙之路》②,陈红兵的《佛教净土理想及其生态环保意义》③,陈昌文的《绝对彼岸信仰对藏地"家园"的建构性探析》④,林安宁的《壮族〈麽经〉神话研究》。⑤这四篇文章在宗教人类学对于"彼岸"研究都有一定的代表意义,即表述为某种对于"彼岸"表达的形态。叶建芳的文章像许多文章一样,研究的是无文字民族的丧祭仪式中"送魂",而把死者的灵魂送达之处就是这个民族的"彼岸"。这样的灵魂在世间可能生存情形不同,但死后去了同一个地方,从而实现自己文化的终极认同感,以保持自己文化的最后存在,是一种极为悲情的"彼岸"。陈红兵的文章是一种典型的基于宗教文献而进行的"彼岸"研究,但他取的是一个现代性认知的角度——自然生态和环保。其实,建立于最初的"彼岸"的情形中,自然和朴质是一个根本的性质和状态——蒙初,哪有不自然生态的。不过,它也从自己的角度表述了"彼岸"是我们人类文化值得追寻的理想住处。陈昌文的文章讲的是"彼岸"与精神家园的相互构建的关系,只不过他借用了藏族人的例子。林安宁的论文是一个民族民间的基本信仰文化体系性的研究,自然也包含了它的"彼岸"。

① 参见胡志颖:《直观彼岸性事态要论》,《华南理工大学学报》2002年第2期。
② 参见叶建芳:《布努瑶送魂之路未必迁徙之路》,《广西社会主义学院学报》2015年第4期。
③ 参见陈红兵:《佛教净土理想及其生态环保意义》,《佛学研究》2014年总23期。
④ 参见陈昌文:《绝对彼岸信仰对藏地"家园"的建构性探析》,《宗教学研究》2013年第2期。
⑤ 参见林安宁:《壮族〈麽经〉神话研究》,华东师范大学博士学位论文,2012年。

把"彼岸"认为是一种"极乐世界",也有一些研究,比如有邵宁宁的《昆仑神话与中国传说中的"失乐园"故事》[①],刘迪南的《柯勒律治诗作〈忽必烈汗〉与他的"彼岸世界"》。[②] 邵宁宁的文章对比研究了中国神话中"极乐世界",也讲了古代中国人是如何"失去"这个"乐园"的。基督教中的乐园失去,是因为知道了自己不该知道的事情(智慧),从而失去了"永生"。中国的昆仑神话中也有这样的情形,也有失去"极乐世界"的人类遗憾,但它却没有构成人类共同的遗憾,而《圣经》中的"失乐园"取得了世界的话语权。刘迪南的文章对于"极乐世界"的"文学认知"是一个"翻转剧情"。一般而言,"彼岸"的"极乐世界"是东西向,即西方极乐世界,而文中的柯勒律治诗作《忽必烈汗》的"彼岸世界",却是西方而东向的,即西方的"极乐世界"在东方。这种关于"彼岸"对向关系的揭示很有意义。

从以上对于"彼岸"研究的学术梳理中,我们不难看出,文化基因中"彼岸"的文化结构已经非常深入,成为文化运行和认知的必然存在。但目前对于它的表性研究多而本性研究少,正如胡志颖在《直观彼岸性事态要论》一文中所说:"是先天彼岸性事态的逻辑效应。"[③] 这样,"彼岸"的文化结构性研究,在今天的信仰文化研究中,也就显得尤为重要和迫切。

二、不同文化中的"彼岸"民族志解读

在文化现实中,每一种信仰都一定要有彼岸的解读,没有彼岸解读的信仰是不完善的信仰,或者说是不可能存在的信仰。

对于彼岸的解读,在信仰文化表现中是普遍存在的,它大致有几种表现,影响最大的就是基督教的天堂彼岸。以下我们列举几个关于彼岸的实例来表明,在人类文化中建立彼岸世界的广泛性,以及它的存在对于人类信

---

① 参见邵宁宁:《昆仑神话与中国传说中的"失乐园"故事》,《甘肃社会科学》2016年第1期。
② 参见刘迪南:《柯勒律治诗作〈忽必烈汗〉与他的"彼岸世界"》,《民族文学研究》2005年第4期。
③ 胡志颖:《直观彼岸性事态要论》,《华南理工大学学报》2002年第2期。

仰文化的重要性。

要到彼岸去就首先要死亡，即人体的消失。我们人在世的时候，建立精神和观念的种种意义，希望自己在这样的精神和观念中不死，但却不能阻挡身体的实际死亡。为什么人的身体一定要死亡呢？《圣经》上说人本来是可以不死的，是因为吃了智慧树上的果子使我们有了智慧而避免不了死亡。这是一个人类关于死亡的永恒主题，在各种各样的文化体中都有不同的神话来解释我们必然要死亡的故事。在《圣经》中人要死亡是由于上帝的"言说"："你必汗流满面才得糊口，直到你归了土，因为你是从土而出的。你本是尘土，仍要归于尘土"（《圣经·创世纪》第三章），这是人类最为直接的死亡解说，而且也是最为基本的解说。但许多的死亡归宿不是这样，不是完全地归于土，有归于天空的，比如中国的藏族人和南印度一些崇尚火的族群，他们死后是要归于天空的，而且是通过可以飞翔的鸟儿食用尸体后，灵魂随着鸟儿的翅膀"飞"入天空的。也有的归入水，有的归入山，有的归入山林，有的归入岩石，有的归入山洞……但归入土和天空是人死亡后最为基本的去处（归于天的一般属于游牧人群，归于土的一般属于农耕人群）。我们在这里"言说"人的死亡去处，是因为它与彼岸有一定的关系。人是要在死亡后才能去彼岸世界，但不是所有的死亡者都能去往彼岸。死亡中具体尸体的处置地和关于这个人的"另一半"——灵魂的处置地是不一样的，只有满足一些条件，这个人的灵魂才可以去到一个称为"彼岸"的地方。一般的意义上是死亡后人的"另一半"也就失去依存的"宿体"，要到一个地方去了，而其中的一些人是可以到一个好的地方去，而一些人就要到不好的地方和一般的地方去。

这样看来，彼岸是解读了世界和人类的起源之后，我们在建立信仰文化时一个补充性质的构件，主要是为了解决人死亡后要到哪里去的问题，而且主要是人的灵魂部分要到哪里去的问题。这时候的灵魂部分也可以理解为人的"文化身体"，我们从自意识中逐步建立自己的文化，使我们成为动物与文化的人，那在处理完属于动物部分的身体的时候，也要处理属于文化部分的身体——灵魂的归宿，这就是彼岸问题。

"彼岸"在词汇上是"另一边,对岸"的意思,但在比喻中往往成为"追求和向往的一种境界",一般引申为"理想",故彼岸也有理想的意义。为此有许多关于彼岸的解释。

佛教中有:"以生死为此岸,涅槃为彼岸。"(《大智度论》十二)

唐诗中有:"脱身投彼岸,吊影念生涯。"(唐·皎然:《早春书怀寄李少府仲宣》)

宋文中有:"一切众生,同登彼岸。"(宋·范成大:《吴船录》卷上)

这是在文章中的一般表述,在各种不同信仰文化的建构中,这样的彼岸却有一个比较完备的具体描述,这样的地方在佛教中被称为"极乐世界";在希腊神话中有一个叫奥林匹斯的神山是这样的地方;在基督教中被称为"天堂"、"天国";在中国被建构为"天上世界"、"神仙世界",并且在世俗世界也有"人间天堂"的说法,"桃花源"就是一个基本模型。在中国的彝族中有一个祖先灵魂之地是这样的地方;在中国的苗族中有一个叫"欧有孔"的地方也是这样的彼岸世界。我们把这些地方并列描述在一起,可能会出现非凡的意义。

佛教经典中不是特别注重对于死后彼岸的界说,因为在其精神观念中生死是轮回的,一次生命的死亡不是终极,而是一个过程。所以,佛教经典中非常注重三界诸天的描述,三界是欲界、色界、无色界,每界又有许多天,比如色界诸天就有许多"天"存在,并且各经典中诸天说法一致,其色界天大致有二十二天、二十一天、十八天、十七天、十六天等五种说法。这些地方都是好地方,他们有我们所说的彼岸的意义,即人的修为不同,就居住在这些不同的"天",也可以说这是一个彼岸系统。但它们的性质与我们所说的理想性的彼岸还是有比较大的距离,没有完全从世俗的阴影中脱离出来,没有完成世俗死亡与精神存在的对立。在佛教的经典中,它还有一个比较理想性的彼岸描述,也就是其"净土世界"。说在北方有一个叫"拘卢"的地方就是这样的彼岸性质的好地方。在佛经的《正法念处经》卷64有这样的描述说,北洲有十大山,……北洲没有国王……男女间自由好合,儿女也不属于父母。人吃的是树果、野生的粳米。没有房屋,住在大树下。

衣服是树皮、草叶，掩蔽前后。人都活一千岁，没有夭折。死了也不会哭泣，也不用埋葬，自然有大鸟来衔去。

在希腊神话中的彼岸描述主要来源于对一座叫奥林匹斯神山的描述。奥林匹斯山在希腊是一座现实中存在的山峰，它雄伟壮丽，巍然耸立在希腊的群山之中。……大神们选择了这块地方来建造他们的宫殿并在那里治理世界。在云海之上，是一条条柱廊，柱廊前面是长着奇花异草的花园。奇妙的是强风从来不会刮到这个乐园，这些坚如磐石的宫殿，上空也从未出现过暴风骤雨。山顶上总是风和日丽，阳光明媚，花香扑鼻。奥林匹斯山上的大神和小神就是这样度过他们的日子的。他们平时就生活在这种幽静的环境里，只是偶尔下凡人间。他们下凡人间时，都以人的面貌或以动物的形态出现。应该说这不是人的彼岸世界，而是神的世界，但它是人的彼岸世界的基本模型。

在基督教中，其彼岸就是天国。但天国是什么？它更多的是想象，就如我们想象奥林匹斯山是神居住的好地方一样。在基督教天国的想象中，但丁的《神曲》①中想象是最有影响力的，应该是基督教天国的一个彼岸世界的范本。

但丁的《神曲》中的天堂是一个幻想式的游历。这里是幸福的灵魂的归宿；在这里住着这样一些人，从第一层天开始，分别住着行善者（一）、虔诚的教士（二）、立功德者（三）、哲学家和神学家（四）、殉教者（五）、正直的君主（六）、修道者（七）、基督和众天使（八），上帝则住在第九重天。在九重天之上的天府，但丁得见上帝之面，但上帝的形象如电光之一闪，迅即消失，于是幻象和《神曲》也戛然而止。

在实际的描述中，这里是一种永远的光明和荣耀之地。在这样的"天堂"之下，《神曲》还有对于地狱和炼狱的描述，它们一起共同组成一个体系。

在《神曲》中，地狱被描述为一个上宽下窄的漏斗，共有9层。第一

---

① 《神曲》采用中世纪文学特有的幻游形式，但丁以自己为主人公，假想他作为一名活人对冥府——死人的王国等地进行了一次游历。全诗分《地狱》《炼狱》《天堂》三部。在中国有多种译本。

层是林勃,生于基督之前,未能接受洗礼的古代异教徒,在这里等候上帝的审判。在其余8层,罪人的灵魂按生前所犯的罪孽(贪色、饕餮、贪婪、愤怒、信奉邪教、强暴、欺诈、背叛),分别接受不同的严酷刑罚。

炼狱(又称净界)共7级,加上净界山和地上乐园,共9层。生前犯有罪过,但程度较轻,已经悔悟的灵魂,按人类七大罪过(傲慢、忌妒、愤怒、怠惰、贪财、贪食、贪色),分别在这里修炼洗过,而后一层层升向光明和天堂。

这个体系中的地狱和炼狱实际上是天堂的对立面和中间过渡阶段,与佛教的三界有某些相似之处。

在古代中国,其文化是一个多种来源融汇的文化体,所以它包含的彼岸世界纷繁复杂。最早的来源就是我们自己的神话。对于中国早期彼岸世界的想象,顾颉刚先生把它们区分为两个系统,一个是昆仑系统,一个是蓬莱系统。①

昆仑系统的彼岸世界描述的文献主要见于《山海经》《楚辞》《庄子》等。

"折琼枝以为羞兮,精琼爢以为粻。"(《楚辞·离骚》)

"藐姑射之山,有神人居焉。肌肤若冰雪,淖约若处子;不食五谷,吸风饮露。"(《庄子·逍遥游》)

蓬莱系统的彼岸世界描述的文献主要见于《海内十洲记》《汉武洞冥记》《列子》等。

早期蓬莱系统的彼岸世界可以蓬莱、方丈、瀛洲三神山为代表,《史记·封禅书》中载:"此三神山者,其传在渤海中,去人不远。患且至,则船风引而去。盖尝有至者,诸仙人及不死之药皆在焉。其物禽兽尽白,而黄金白银为宫阙。未至,望之如云;及到,三神山反居水下。临之,风辄引去,终莫能至云。"

在这样的彼岸世界中,不管有多少细节描述,但不死和永生、不用劳苦、来往自由、没有风雨、到处是奇珍异宝、住的是宫廷楼阁等都是一

---

① 顾颉刚:《〈庄子〉和〈楚辞〉中昆仑和蓬莱两个神话系统的融合》,《中华文史论丛》1979年第2期。

致的。

对于这两个系统的彼岸世界，人们有许多讨论，也有许多说法，但它也只是中国彼岸世界的一个组成部分。

前面的佛教的彼岸世界，在佛教进入中国后，也逐步成为中国彼岸世界一个组成部分。

建立在前面两个彼岸世界基础上的道家精神的"神仙世界"也是中国彼岸世界的一个组成部分，具体的模型应该是"八仙"。

儒家的精神和观念中也有这样的彼岸世界，就是"上古"的类似"拘卢"的描述，具体的模型就是在文学中对于"世外桃源"的描述。

在中国一系列的彼岸世界的建构中，也有对立面的建立，这就是"阴曹地府"，有十八层地狱，它类似于《圣经》中的地狱。

这一系列的彼岸世界的建构，使中国信仰文化中的彼岸世界是多元的，这还不包含中国各个民族不同的文化体中对于彼岸世界的描述，比如以下的两个民族的彼岸世界描述。

在中国贵州的彝族中，其丧葬仪式中有一个叫"指路"的仪式。这个仪式就是把亡者的三个灵魂中的一个"指引"到祖先亡灵居住的地方，这个地方就是中国贵州彝族人的彼岸。

> 升上了高天，/不冷又不热，/死者享福禄；/庄稼自生长，/地里禾苗壮，/人长生不老，/寿长而康宁，/无不足之处。/依靠匹武吐，/要寿就有寿，/要福就有福。/为尊的死者，/父能见子面，/子能听父声，/媳能见公婆，/公婆能听媳声，/高高兴兴的，/喜笑颜开的。/有了归宿，/就能有发展。①

> 见点苍杓嘎（地名，在云南省大理州境内）。/到点苍杓嘎，/就看见青天。/在那青天上，/天君住九重，/一层住亡灵。/到此之后，/属君则爱民，/属臣则英明，属师则高洁，民属另层次。君逝世之后，/由此去日

---

① 《彝族指路丛书·贵州卷（一）》，"毕节县龙场营区左妮彝族乡指路书"，四川民族出版社，1997年，第53—58页。

宫，/归宿于赤叩（天君名）；/臣逝世之后，/由此去月宫，/归宿于毕以（天臣名）；/师逝世之后，/由此去星辰，/归宿于实楚（哎哺时代的布摩）；/庶民去世后，/由此去云端。/归宿于沽（天君地王名），/归宿于尼（天君地王名）均好。/有了归宿，/就昌盛发达；/无论男和女，/都望有福禄，/你有福碌，/有了富贵，/有了归宿，/兴盛又发达。①

这样的地方就是中国贵州彝族人的彼岸世界，"不冷又不热，/死者享福禄；/庄稼自生长，/地里禾苗壮，/人长生不老……"这样的世界与上述的彼岸世界惊人的一致。

在中国贵州黔东南苗族侗族自治州的苗族中，某些仪式里会讲到一个叫"欧有孔"的地方，这个地方也是一种彼岸世界的描述。

> 据说"欧有孔"是送死人魂魄去的最终目的地……"欧有孔"地方有一座大房子，房子修在半山，门前屋后都很陡，只有一条独路上去。门外有两个人持棍守门。走到门外时就听到屋里击鼓吹笙很热闹。到那里去的人很多，个个都牵牛拉猪。门外有两个大水缸，去那里的人到门外时都以左手插入缸里，水淹至手腕，缩手后一抖，使附在手上的水仍抖入缸中。所牵的猪牛也伸嘴入缸中，然后一起进那大房子去。……据说人死了他们的魂魄到"欧有孔"以后，不吃饭了，也不干活。……天天都跳芦笙、看芦笙……活人的跳芦笙是沿着圆圈往右边走动。但死人的魂魄跳芦笙时是往左边走动。"欧有孔"中男的、女的、老的、年轻的都很多……②

这些彼岸世界都证明，人们不管在何种文化状态和形式下，都要在自己的信仰文化中对应地建构一个彼岸世界来完备人的生和死。只有这样，我们对于人的起源的解说才完备，人的基本性质才可以固定和言说。在这些

---

① 《彝族指路丛书·贵州卷（一）》，"毕节县龙场营区左妮彝族乡指路书"，四川民族出版社，1997年，第59—164页。
② 《台江县宗教迷信调查报告（内部资料）》，采录地点：台江羊达寨、南宫乡等地，采录时间：1956年，采录者：全国人大民族事务委员会调查组。

彼岸世界的建构过程中，明显地有一个渐进的过程，以及不同的信仰文化体对于彼岸有不同的解说。

三、"彼岸"的文化建构性

在文化基因中，我们的彼岸世界基本是由"神界"的情景引申出来的。希腊神话中的奥林匹斯山的神性世界，以及在昆仑山和海外蓬莱仙山的神性世界，就是这样的范本。这样的世界美好无比，但我们人去不了，就如《史记·封禅书》中描述的"未至，望之如云；及到，三神山反居水下。临之，风辄引去，终莫能至云"。实际上希腊神话中的奥林匹斯山也是如此，在人们没能登临奥林匹斯山时，人们想象山上有这样的地方，而在可以登临此山时，奥林匹斯山又被想象在很远的不可企及的天边了。

在纯粹的神话时代，人们相信神的存在，相信神性的意义，没有必要建立自己的彼岸世界。但在信仰文化被建立起来的时候，我们也就从神性世界那里借用了这种神话遗产，建立人类自己的"天国"，像神一样安置我们自己的精神和灵魂。所以说，这个彼岸世界的文化构件出现，是文化基因中人类起源解说的一个对应性的结构。这个结构的出现，引申出了另外一个人类的重要观念和精神事物，这就是理想。因为，人类的彼岸世界是一种参照神性世界而描述的世界，其中就有一系列的超越，超越生死！超越劳作！超越行动！凡是在现实中我们不能实现的东西都可以在这样的想象中实现，神没有生死，没有劳苦，可以在空中自由往来，可以拥有一切世间的奇珍异宝！我们可以在想象中超越这一切，拥有这一切……这就是彼岸世界的本质。虽然神也是我们想象的，但是，直到科学时代我们才有能力"知道"神也是我们想象的，而且是经过了数十年的体系化教育之后。不过，这些已经"化入"我们人类的文化基因中，不可摆脱，摆脱了也使我们的文化不美丽，于是我们把它化为一种理想。对于人类理想的意义可能谁都不会否定它的，因为这是一种力量的源泉。

进一步说，彼岸世界的描述，是人类在明确地建立自己的信仰文化时才出现的构件，是为了信仰体的建立而出现的事物，这样的目的和功能性诉求就使彼岸世界描述有了许多对应性的结构。也就是说，彼岸世界的构件出现，又形成了后续一些文化构件的支点和衍生点。比如基督教文化中《神曲》中的地狱的九层、炼狱的九层、天堂的九层，佛教的"三界"中的诸天，中国后期融汇了儒、佛、道的西天极乐世界和"十八层地狱"的对应……，我们一般的说法是社会发展到一定时期的社会等级意识的反映，也有说是阶级意识的反映。这些说法可能都是不错的，但可能很少有人考虑这样的文化构件最初也许并没有那么多的"阶级意识"，而是人类文化的一种"分层"。这个"分层"既不同于"文化分类"，也不同于"文化分层理论"中的分层，文化分类不必言说，而"文化分层理论"中的分层，多指的是阶层对文化的创造和影响，从而把文化分为上层和中层、下层等。我说的这个"分层"指的是文化内在结构的分层。

在基督教文化中地狱中有九层，第一层是林勃，其余八层是有如下罪孽的罪人——贪色、饕餮、贪婪、愤怒、信奉邪教、强暴、欺诈、背叛等。这是什么？兽性？人性的弱点？文化的缺陷？我以为都是。在这里有一种所谓的"罪孽"很奇怪，这就是"林勃"。"林勃"是什么？在此有明确的解释，即"生于基督之前，未能接受洗礼的古代异教徒，在这里等候上帝的审判。"这样的"林勃"是基督教的第一大罪，为什么？没有理由，这就是我说的文化分层。这个"林勃"是基督教文化中排外主义的基本根源，这也是进入基督教文化基因编码的事物，整个世界都无法回避。

这样的分层是原初性的，一旦建构起来就很难改变。当然，这样的分层不但在文化上分出了人的品格的上层和下层，在我们人类的精神观念上也有了层次的意义，实际上也在制度文化的建立上产生了广泛的影响。人们可能说这样的分层是为阶级社会的建立做了观念和精神上的准备，也有人说，在彼岸世界描述中的分层是社会阶级在其中的折射，或者说是为了社会分工作了观念和精神上的准备，我以为这些都有。在基督教文化中的彼岸世界中，更多的等级和分层是文化的；而中国贵州彝族的彼岸世界中的分层是对应其世俗社会的等级的；佛教"三界"中的诸天，多有表现社会分工意义的；而佛教中的"净土"和中国的"桃花源"则是一种"化外"的自由和超越……

这样的分层是一种约束，也是一种文化的进步，而人类文化中建立信仰文化这样的事物，就是为了文化不断的生发和衍生出现，也是"达尔文机"的一种机制使然。

还有，这种彼岸世界的建立，一方面是解读人们死亡后的去处，而且把去处分了许多等级，这是人类文化基因中信仰文化块"惩恶扬善"的结构。在神话中神仙世界里是没有地狱这样描述的，故彼岸世界的描述虽然是以神仙世界为范本，但对其进行了"深度加工"。除了有天堂之外，还有地狱和炼狱。它证明彼岸世界的建立是比较晚近的事情，神仙世界早于彼岸世界，彼岸世界是为人类信仰文化的建立而出现的。它的出现，定性了各种各样人群的死亡意义。也许我们人类有一个共同的超越性质的来源，但是，在死亡上，我们却去了不同的地方，这也许就是人类文化基因中文化多样性的起源。它应该富含人类文化多样性的原始基因密码。

这个结构我以为是人类的一种智慧，它在心理上呈现出特有的文化能量，这些文化能量的作用在我们一般人的生活中都是可以感觉得到的。我们现今的一些科学研究，尤其是对于大脑如何思维的研究中关注的就是这样的事物。在对于大脑如何思维的研究中，人们非常希望用科学实证的方法证明这种文化能量的存在。在今天，有人会说，这些都是不真实的，是虚构的、想象的，但是，"公元"也是虚构的，凭什么要从"公元"来"纪年"？我想这个问题我不用回答。科学时代的"伪科学家"如果拼命"解构"这些结构，我以为是愚蠢。

在彼岸世界的结构中，我们为人类文化基因还贡献了一个文化的衍生点，这就是"理想"，彼岸世界是一个美好的地方，是人生命中，或者说最好生存的地方，去那里后就没有一个人在生命历程中所要遇到的一切烦恼……

现今对于理想的认识基本是："对未来事物的美好想象和希望"、"对某事物臻于最完善境界的观念"。如果你的理想是为了许多人服务，那就可以被冠以"崇高理想",如果你把这样的理想进行研究和推荐,就可能成为一种理论和学说……但是,人在表述这些理想的时候,并不是一种幻想和空想,而是都有自己实现的路径和方法,是经过努力可以实现的云云。

理想可以有许多分类:比如共产主义理想、理想生活方式、人生的理想、理想的社会制度等。理想,也就是合理的想象,是只有人这样的高级动物才可充分体现的一种意识形态。

我们发现,理想这一意识在人的文化中很早就成为一种影响人类良好意志品质的事物,大可以是一种群体的意志品质,小可以是一个人的意志品质,成为一种人类重要的意识形态、一种良好的意识形态,成为我们人类生活、生存的勇气和力量的重要源泉,成为我们生活、生存的重要润滑剂,成为一种现实与未来联系最为密切的过程……

其实,在人类文化基因中,它就起源于我们人类对于彼岸世界的设计,而这个设计的源头就在神性表述过程中对神的居所的想象,所以,现在的理想一直没有能摆脱"想象"的意义,只不过说为"合理的想象",是一个有可能实现的未来指向。

人类文化基因中信仰文化的彼岸世界义项的建立,主要的目的不是这个,而是说明我们人的去处,但它却建立了我们人类文化中一个关于意识、勇气和力量的源泉。是人类文化基因中无意间有了这样一个文化基因编码,衍生了这样一个基因支点,从而发生了关于理想的一切。所以,我们解读理想这个人类文化中的意识形态事物的时候,不能离开这样的文化基因本性,因为这样的文化基因编码会在这样的文化建构中一直起作用,不会消失。而且,要正确地解读人类理想的意义,也离不开这样的本性的解释,要不它完全可能变成现代社会中强迫人相信的神话。

还有,通过这样的事例,我们可以理解另外一个关于文化基因的特性,即不确定性和深刻性。以此,我们根本不能评述文化基因的优劣和用途,文化基因就像物种的基因一样,基因越丰富,你的发展可能性就越大,而且,人类辨识人类文化基因编码的能力越强,文化发展的能力越强。

四、"彼岸"的信仰文化形式与文化基因

这样的"彼岸世界"最基本的特征就是"好地方",但这个"好地方"的本性并不是"彼岸世界"本来就有的,而是在"神仙世界"和"神殿"、"天堂"里早就有的。在"神仙世界"和"神殿"、"天堂"里,地方虽然好,但那是神和神仙居住的地方,不是人随便可以去的地方,这样的好地方在神话时代就是一个可望而不可即的地方。这样的情形在人们利用人是什么和世界是什么的表述建立人们的信仰文化时,有了微妙的变化。其变化主要有三个方面,一是把"神仙世界"和"神殿"、"天堂"作为人类死亡后可以去和要去的地方,以解决人死亡后的归宿;二是在这样的好地方划出了等级性的"房间",让不同的人在死后进入不同层次上的好地方;三是构建了好地方的对立面——坏地方(不管是地狱还是阴曹地府),并且在这样的地方也分了等级,以惩罚那些被认为是犯了不同罪行的人。

在"神仙世界"和"神殿"、"天堂"里时,基本是没有好地方的等级,但在进入信仰文化之后,这些好地方就有了等级。不过,这也不绝对如此,在有的文化体中,即便是进入了信仰文化中的好地方,也仍然是没有等级的,比如佛教中净土里的"拘卢",中国的"桃花源",中国贵州苗族的"欧有孔",等等。一般来说,在信仰文化中表述好地方是为了解决人死亡之后的归宿,这是信仰文化的一个基本属性,也是人的文化感的一个基本归类。有了这样的文化功能性建构,信仰文化不往"信仰教化"方向走,其信仰文化的基本属性亦可以成立,并且可以成为一种信仰文化体而衍生和建立自己的文化本性,也就是说,没有"信仰教化"的信仰文化体也是可以独立运行的,即这样的信仰文化体也完成了自己的文化体系的建立。但是,多数的信仰文化体走出了"信仰教化"这一步,使自己的好地方是有等级的。基督教但丁的《神曲》中的天堂有九层,行善者(一)、虔诚的教士(二)、立功德者(三)、哲学家和神学家(四)、殉教者(五)、正直的君主(六)、修道者(七)、基督和众天使(八),而上帝则住在第九重天。在

佛教的"三界"中有许多层天,也居住了不同的"佛"。在今天的西藏的藏传佛教中,大型的法会中会绘制一种叫"马德拉"的彩色沙图,这个"马德拉"的彩色沙图呈圆形的辐射状分布着许多层,每层的"天"中都表示居住有不同的佛,而最大的那个佛则居住在"马德拉"的彩色沙图的中心。我们也许要问,这些都是以什么样的理由建立起来的等级?为什么一个教士只要虔诚,就可以居住在基督教天堂的第一层呢?为什么哲学家和神学家才居住在第三层?为什么基督和众天使居住在第八层?在第九层中除了上帝还有别的居住者吗?为什么基督教天堂的等级是层级式样的等级,而藏传佛教的"马德拉"的彩色沙图是圆形的辐射状的等级分布?人们为什么要在表述人死亡后所去的好地方中,设置这样一些等级?这是我们应该回答而又经常不回答的问题,这就像我们在民族学、文化人类学田野中问及终极性问题的时候,绝大多数的民族民间的"智者"都不回答的问题。他们最多只会说:"这是祖先留下的规矩",我们在这里也会碰到这样的"神学家"和"修炼者"。实际上这是信仰文化初始时的一种形式,而初始形式出现时的情景有许多的随机性和不可解释的东西,就像基督教地狱中第一层(底层)的"林勃",有必要在底层把后来解说为"异教徒"的人和群体都"树立"为基督教文化的"敌人"吗?这是很麻烦的事情,当然也是在文化上"打击",甚至于消灭对手的一种借口。问题的关键是它在初始时出现,进入了形式,并且不可更改!当然,可能每一种成为一定形式前的文化要素都是有原因的,但它一旦进入某种形式结构,就很难再有修正的可能,如果非要在不可避免的冲突中出现修正,那就是"文化革命"。即便是这样,我们也只能是建立另外一种修补性质的形式来修补我们以前的初始形式,而没有办法完全覆盖和替代以前的初始形式,即初始形式还在一定程度上保存自己形式的完整性,或者说它仍然是一个文化生命活体在运行,因为它带着你认为的"文化错误"在运行。

形式是每一个结构的必然"结果",即每一个结构性的行为出现,都会有一个形式出现,会奠定一种关于形式的基本存在和基本的感觉与意义。人类的信仰文化是所有人类文化一个最为初始性质的结构,它也决定了我们人类文化的基本样式，也就是说，我们后来人类文化的许多存在内容和形式，都受这一基本形式的决定性影响。如果说"神话"是我们人类文化的观念和精神内容的"母体"，那信仰文化的基本结构形式，就是我们人类文化一切形式的"母体"。

在对于世界是什么、人是什么的解读中，我们可以在神话中、在巫和巫文化中看到这些解读。我们人类还在半人、半动物性质的群体中①的时候，就应该有了这样的解读和想象性的"追寻"，但这个时候的解读是涣散的，没有形式感的存在，或者说没有一定指向性的存在。但到了我们人类需要建立社会性群体的时候，这样的解读就发生了变化，它就要进入一种结构，形式化一定的结构体，具有一定的表现形式……文化的结构性带来的比较强大的功能性也从这里得到显现。这个结构性的文化体就是信仰。但这个时候是不完全的信仰文化体，因为这里没有人的归宿的文化设计，所以要加上死亡和彼岸的文化解说，这样才能使人类的信仰文化体完备起来。有了死亡和彼岸的文化解说，人类的信仰文化体才被完整地结构起来，成为一个我们称为"信仰文化块"的人类文化基因结构。

这个称为信仰文化块的人类文化基因结构，是人类结构性文化最为初始性质的结构，也是人类文化结构的基础性结构。人类文化的一切结构性文化，都是在这一基础上衍生出来的，它决定了人类不同文化的本性。

我们后来的以民族学、文化人类学为主的一些研究，对于人类文化有非常深刻的研究，其中尤其是对于民族性、民族性格、文化性格、文化模式的研究，对于人的文化本性、群体文化性、个体性格以及个体性格与文化性的种种关系和联系，都有许多真知灼见。但是，我以为，这些都只是人类文

---

① 对于这个"半人、半动物性质的群体"的说法，可以在我自己的民族学、文化人类学田野中找到解答证据的，我们在对于中国南方某一个族群进行一般意义上的文化调查的时候，就发现了他们在远古的时候，有分食死亡人体（主要是老人）的文化习俗的遗迹，而且是以某一个小群体为单位，即你的老人死后，应该是大家的食物，别人的老人死亡依然。这是在其丧祭仪式中呈现的遗迹，以此来说明他们"杀牛祭祖"的文化意义。令人惊奇的是，他们几乎所有的人都不否认这一历史遗迹的存在，在为改变这一文化习俗自豪的同时，也没有任何批评这样习俗的表述。这样的"分食"行为，就是自然界中动物群体性行为，比如狼。

化的形态研究，没有深入到文化基因和文化基因编码性质的研究上。当然，这不是一种责难，因为不可言说，人类对于"树木本性"的生物基因研究，也只是在20世纪的最后20年中才取得基本性质的突破。但是，现今我以为我们不能只局限于文化的形态性质的研究了，我们有可能像理解"树木的本性"一样来理解我们人类的文化！

这个信仰文化块出现的时候，我们注意到，在死亡彼岸的文化设计上有一个区别，即有等级和没有等级的两种彼岸世界，并且同时并存。基督教文化中的彼岸世界有等级，佛教中的彼岸世界有等级，儒、道、释三者合流后的中国的彼岸世界中有等级，中国贵州彝族的彼岸世界中也有等级，但"拘卢"中没有等级，"桃花源"中没有等级，"欧有孔"中没有等级。我们注意到，这样有等级和没有等级的彼岸世界，在进入信仰文化块的结构时，会使信仰文化块发生巨大的变化，没有等级的信仰文化块结构中就没有扩张性的"教化"，而有等级的信仰文化块结构中就一定会有扩张性的"教化"出现，而且有等级的信仰文化块结构中一定还会有另外一个构件——地狱，并且也是有等级的地狱。

这个地狱的作用与有等级的彼岸世界的性质一样，但只不过它是用来惩戒坏人的等级，而彼岸世界的等级是用来奖励好人的等级。在这个问题上，地狱和彼岸世界所订立的"坏人"和"好人"是在人类认知的一般原则上认知的"文化坏人"和"文化好人"，不是一个可以在所有人类文化中通行的原则。所以，一个信仰文化体中的"文化坏人"和"文化好人"，只能适应于自己的这个信仰文化体。这实际上与这个信仰文化体的传教和教化的动机是相互矛盾的。另外，对于这种信仰文化体结构化之前的关于好与坏的"人类认知的一般原则"，我以为是存在的，这就是"善待同类"，要不基督教的"摩西十戒"和中国佛教出家人的五条戒律就不会在这一类的条款上基本如出一辙。

这两种不同的人类的信仰文化体，在人类信仰文化的基本运行中带来两个结果：一个是没有等级的信仰文化块的信仰文化运行没有类似于基督教"传教"和中国的以儒家为主的文化"教化"（人文教化）的原始动因，即他们从不主动"传教"和"教化"别人,是一种自在的人类信仰文化运行。我们在现实的文化中看到,没有一个处于自在的人类信仰文化运行的群体是"喜欢"和"善于"把自己的文化"传教"和"教化"给予别人的。而一个有等级的信仰文化块的信仰文化运行就一定会有"传教"和"教化"的原始动因,一定非常"喜欢"和"善于"把自己的文化"传教"和"教化"给予别人,一定"喜欢"和"善于"以自己文化观来"评价"别人的文化生存和意义。基督教文化中的欧洲和美国就是这样的文化基因,而中国也是,但在综合性的文化吸收中,有许多改变,所以中国也是非常"喜欢"和"善于"把自己的文化"传教"和"教化"给予别人的,但不太喜欢"强加"……

我以为,这是我们可以使用人类文化基因密码来命名和解读人类文化行为的第一个密码。

当然,从彼岸世界有等级的信仰文化块和彼岸世界没有等级的信仰文化块中我们还可以看到,这两者的结构性是不一样的,彼岸世界有等级的信仰文化块结构性很强,在人类的制度文化的推进上强烈而有力,群体性一般都比较强大,在自然和人类中所获得资源也比较多,发展性也比较大而强。而在彼岸世界没有等级的信仰文化块中,其结构性不强,在以上的逐项上明显不如彼岸世界有等级的信仰文化块,但他们有自己的文化自在性,文化灵性活跃,有更多的文化自由,而这些都是彼岸世界有等级的信仰文化块中人们在心灵上梦寐以求的东西。

我以为,这是我们可以使用人类文化基因密码来命名和解读人类文化行为的第一个密码中的一个次生密码。

在这样的理解和评述中,我们是完全"不能评判"我们人类所有的文化存在的,因为它可以呈现我们人类文化基因编码中的意义,即所有的基因都是可以在基因编码中有自己独到的意义,我们不能随意"删除",更不能使用某种自以为强大的文化模式来"删除"。

这样的解读也还可以破除我们现代宗教学理论中的许多谬误,尤其是文化进化论的影响下,在宗教学中盛行的原始宗教、自然宗教、原始部族的宗教、民间宗教、巫教等一系列的解说，我们能够在这样的解说中感觉到它们的荒谬性，感觉到它们与现实的不和谐，但是我们难于在理论上说清楚它们之所以不同和不能这样解读的理由。其实，在人类信仰文化块形成之初，就存在着两种不同的信仰文化块，一个是彼岸世界有等级的信仰文化块，一个是彼岸世界没有等级的信仰文化块，这两个不同的信仰文化块在人类信仰文化的建构初期，就决定了自己的文化基因编码，具有了自己的一整套表现形式。这样的形式表现是一种固定程式的，没有在彼岸世界设置等级的情况下"进化"，或者说发展为如宗教学理论所说的具有文化扩张性的"传教"、"教化"的"制度性宗教"和"体制性宗教"几乎是不可能的。所以，在人类信仰文化块建构初期，彼岸世界没有等级的信仰文化块，一般不会具有后来的发展动因的。这样，具有文化扩张性的"传教"、"教化"的"制度性宗教"和"体制性宗教"不是从所谓的原始宗教、自然宗教、野蛮人的宗教、民间宗教、巫教等发展而来的。如果所谓的原始宗教、自然宗教、野蛮人的宗教、民间宗教、巫教等具有发展性，我们在今天就很难看到它们的存在，但实际上它仍然在每一种不同的文化体中存在和自在地运行着。今天科学文化的诸多因素可以制约和限制它的存在，但是别忘了，科学文化在一定程度上限制了宗教文化的发展，质疑宗教信仰对于物质世界的解说，也包含民族民间信仰文化对于物质世界的解说，而对于信仰文化的情感性和精神性是无言的。

五、"彼岸"的文化基因与文化多样性

在人类信仰文化块的建立中，我们还发现，人类在起源解说上基本上具有同一性，它有几个基本的"状态"是一样的，即人是具有一定神性的，是神格的下位，人的起源是由于神缔造的结果，但人却永远都是"半人"；另外一半是有问题的兽性，所以基本上都有一个洪水神话来"消灭"这样的不好的人类，然后让神重新选择一对"好人"，实现新新人类的再造……这样的解说在所有人类起源中都是大同小异的。在人类信仰文化块建立时，出

现了一个彼岸世界，虽然这个彼岸世界也是以神的世界和神仙世界为蓝本的，但是，不同的信仰文化块给予了它不同的描述，形成了不同的彼岸世界。有等级的彼岸世界和没有等级的彼岸世界是区别比较明显的两类，而在这两个大类中，每个文化体所展示的彼岸世界都是不同的表述，即我们基本同源的人类，在自己建构的彼岸世界中，却"去"了各自不同的地方。这是一个非常有意义的文化现象，是人类文化中又一个影响面极大的文化基因编码。它同样是人类文化中文化多样性的原始基因编码，人类文化中的文化多样性就是从这里起始的。

文化多样性在人类的文化中早已存在，但受到人们关注和"认真的理解"是 20 世纪末的事情，而且这样的"认真的理解"是从生态学中被"引发"的。人们在研究生物世界的环境和生态时，认为认识生物的生态意义应该是整体性的，每一个环节上的环境和生物对于整体都是有意义的……这样的理解被"应用"到对于人类文化的理解时，我们就"发现"了文化多样性的意义。当然，这样的文化多样性的理解是在全球化的背景下产生的。

这样，"文化多样性"一词在词性上被定义为"科技名词"，充分说明了它的来源，故文化多样性不是文化人类学家对于世界的贡献。更为奇妙的是，这个词语的定义是在 2005 年 10 月的第 33 届联合国教科文组织大会上被定义的。该次大会通过了《保护和促进文化表现形式多样性公约》，把"文化多样性"定义为：各群体和社会借以表现其文化的多种不同形式。这些表现形式在它们内部及其间传承。文化多样性不仅体现在人类文化遗产通过丰富多彩的文化表现形式来表达、弘扬和传承，也体现在借助各种方式和技术进行的艺术创造、生产、传播、销售和消费。文化多样性是人类社会的基本特征，也是人类文明进步的重要动力。

"文化多样性"在英文中被写为 cultural diversity，在西班牙语中为 diversidad cultural，在法语中为 diversité culturelle……是一个明显的再生性词汇。在 cultural diversity 中，它有文化多元化、文化差异、文化多样性、文化多样化等意义。

文化多样性被提高到这样的高度来认识，还有一个特定的背景，这就是"全球化"。在"全球化"的浪潮席卷下，人类的文化多样性才被提出来。所以，文化多样性的研究和讨论基本离不开文化全球化这样一个对向性的问题，对于文化多样性的讨论也就是在与文化全球化的关系中展开的。文化多样性是历史上和当代世界的客观事实，随着经济全球化浪潮的冲击，文化多样性受到严重的威胁，各国、各民族能否长期保留自己的文化特点，成为许多学者和政治家关注的问题。学术界自20世纪90年代以来便开始探讨文化多元化与文化全球化（或称"文化同质化"）问题，探讨的焦点是：文化是否像经济一样，形成全球文化。为此，目前学术界有三种观点：

第一种观点是：有可能会形成全球文化。因为经济全球化将对各民族文化产生很大影响，全球性的互动和一体化导致差异的缩小，全球性的规范、思想和实践将压倒本地的规范、思想。

第二种观点是：从国家和民族文化这个角度来看，在国家和民族没有消亡之前，即在没有组成一个世界国之前，不可能有一种整合的全球文化。全球性的互动可能会导致各种文化的新融合，但全球一体化也可能激起各种不同文化传统的防范意识，并采取措施保护自己的文化，全球性规范必然会被人们根据本地传统做出自己的解释。因此，如美国这样的国家没有办法实现全球性的文化霸权。

第三种观点是：创造力和跨文化接触以很快的速度创造着文化，随着全球化的推进，这种创新也会加快。也就是说，文化创新比文化同质化的步伐要快得多，因此，最终获胜的是文化多样性。

其实我们不太关心这些观点，而是关心这些观点背后的东西。它隐含了文化形式之间的相互竞争，谁取得了文化基因的编码，就像英语成为计算机的源代码一样在所有的文化形式中具有文化优先权，也就会给处于这一文化优先权的群体带来更多的发展机会和权利，以及资源的优先配置等。这就像人类历史上的巫师和巫师群体的出现，发明历法和创造新的生产方式的先祖，以及拥有组织和制度优势的神圣家族和帝王一样。这三种观点背后就有各自的文化形式群体，所以我们无法评价它们。但是，有一点庆幸的是，人们几乎达成了一个对于文化多样性的共同的认识和基本态度，即我们对待文化多样性的正确态度应是：既要认同本民族文化，又要尊重其他民族文化，相互借鉴，求同存异，尊重世界文化多样性，共同促进人类文明繁荣进步。原因则是：尊重文化多样性是发展本民族文化的内在要求；尊重文化多样性是实现世界文化繁荣的必然要求。应遵循的原则是：既保持各民族文化差异和平等竞争的权利，又维护文化互动交流、自由创造的权利。

这样的文化认知是希望在全球实现文化全球化（一体化）的学者都不好否认的认知，因为你可以在某种程度上压倒文化多样性，但不能否认文化多样性的实际存在。

文化多样性，在现今的世界上，实际上是一种策略性字眼（有时候这样的"策略"往往来自于强势文化群体），或者是弱势文化群体的声音表述，所以在提倡文化多样性的背后，有太多的保护和认知行动。

联合国教科文组织于1972年通过《保护世界文化和自然遗产公约》，把文化遗产和自然遗产纳入保护的范围；1989年又通过了《保护传统文化和民俗的建议》，建议各国把民族传统和民俗文化也纳入保护的范围。2001年通过了《世界文化多样性宣言》，2003年在联合国教科文组织第23届会议上通过了《保护非物质文化遗产国际公约》。据联合国教科文组织《2000年世界文化报告》，世界上57个国家将无形文化和民俗文化遗产保护作为国家文化政策的一部分，52个国家的立法中包含了无形文化和民俗文化遗产的"知识产权"方面的条款。

《世界文化多样性宣言》是人类文化多样性的根本文件。该宣言分"特性、多样性和多元化"、"文化多样性与人权"、"文化多样性与创作"、"文化多样性与国际团结"四部分共12条，最后提出"实施教科文组织世界文化多样性宣言的行动计划要点"共20项。宣言指出："尊重文化多样性、宽容、对话及合作是国际和平与安全的最佳保障之一。"在现实中，人们给予这样的文件高度评价，但我觉得言过其实，因为一个文件不可能解决人类文化中的根本问题，没有一个文化体会在可能的情况下放弃自己的文化发展优先权。

这是人类文化多样性的这一头，我们再回到人类文化多样性的那一头——彼岸世界，我们说人类文化基因在彼岸世界中形成了人类文化多样性的基因编码，人类文化多样性就从这里展开了、衍生了，这是人类文化多样性的初始点，我们认识人类文化多样性实际上应该从这里开始。

我们发现，我们人死亡后要到不同的彼岸世界去，而彼岸世界的主流中还有一个对应性的文化设计——地狱，使我们的死亡不是一个平等的状态，我们的死亡归宿不是一个平等的归宿，这使我们的死亡复杂化了。不同的死亡，也就是不同的人生，不同的人生就是不同的文化意义。如果再加上永生和生命复活的文化概念和精神的加入和灌注，我们人类的文化就会像花一样，开遍整个季节。我们的审美、艺术、文学、社会制度、精神观念、意识和思想，就会像春天的复苏一样势不可挡……

我们有什么样的彼岸世界，我们就会"死"成一个自己的样子。如果每个文化群体都有自己不同的"死"样，我们就很难避免后来人类文化的多样性了。有时候我想，如果上帝和神让我们在生命结束时都回去，都"死"成一个样子，那就不会形成今天的人类文化多样性的基因编码了，也就不会有美国世界文化霸权的梦想，也就不会有《世界文化多样性宣言》了。

人类彼岸世界的不同去处，导致了人类文化的多样性，如果这是一个被确立的人类共同认知，那我们会如何看待今天的人类文化多样性呢？我以为，把文化多样性看成是人类文化的一种基本性质，是人类文化整体性的一种必备的理解，而不是一种文化表述的策略。经济全球化一定会改变我们生活中许多的东西，但它改变不了我们生活中基本的东西。

结　语

"彼岸"是信仰文化中两个要件（世界和人类的诞生）之后的一个次生的文化结构，但它在信仰文化中仍然是一个基础性的存在。它的存在和结构，影响了人类文化的许多方面，既形成了一种人类文化的重要基因，也在文化形式上决定了其社会的制度文化性质，以及文化的多样性存在。这也就是我们研究"彼岸"的根本意义。

作为文化符号之祭司的"文人"

赵周宽

(西安外国语大学)

在符号学看来,任何一种符号都是表达意义的。在传统人文意义的传承中,与符号的生产和再生产相关的"文人"肩负着文化符号反复铭刻的重要责任。智能时代的文化铭刻则把传统人文学科意义上的"文人"扩展至包括程序员、设计师、数据分析师在内所有与符号理解解释有关的人,这个"文人"概念的扩展同时要求相关的从业者也具有古典人文主义的关怀。"文人"是文化符号的祭司,通过文化符号的解释和再造,影响和塑造着文化意义的发展方向。

对于"人是什么"这一问题的追问,构成人类理性能力的标志;反过来说,这一追问本身就构成了答案的一部分。在此基础上形成的"理性动物"定义,把人在追问中的自我证成(self-justification)理论化为知识探索的起点。与"理性动物"的人性定位不同,"符号动物"定义把与人共生的文化符号作为定位人性坐标的参照和基准。广义上的"文化符号",是人类全部自觉创造("造作")之成果的表现,从结绳记事之纽结、陶器上的交错纹饰、象声或象形的语言文字、视听觉的"造型"艺术到典章礼仪、文教体系、政治制度、价值观念,从古人崇拜的偶像、近代以来的自由民主观念到人工智能时代的编程语言和算法……人类文明演进中充满着各种文化符号的创制。从文化符号学的角度看,人类的一切自主创造都离不开符号的创造。

近代英国经验主义哲学家洛克最早明确将科学分为三类,其中第三类就称为"标记之学"。文化人类学把特定文化作为一个整体来看待,以文学文本解析的方式阐释由仪式、习俗、社会结构等构成的文化符号系统,开辟了文化的符号学解释。克利福德·格尔茨的"文化的解释",继承马克斯·韦伯"文化动物"的人性探索方向,把文化符号的解析与人的本质探索结合起来。符号学的开山者皮尔斯把符号作为阐释人类文化意义的基点,明确了"人"与广义上的"文"(即符号)互释的文化阐释路径。人与"文"(符号)的相携共生,给人性探索提供了一个涵摄广泛的关系框架。符号学的哲学化即"哲学符号学"[①],超越符号表述/表征的工具性理解,拓展成为有关人文世界的基础理论。"一切都是符号"和"一切都可以用符号做出解释"是哲学符号学基础论的不同表达。符号学及其所期许的"哲学"角色,首先是"文化"的。文化的历史性生成中包含着"人"与"文"互动的全部秘密。对文化符号的深入解读,有助于解析"人"与"文"的各种复杂关系。

特定个体接受既有文化陶染时,其能动性如何?这是对人进行文化定位的问题,也是对"文"的意义发生学研究。在"人""文"互生关系中,以上两个方面是相互映照,互为阐发的。解开文化意义发生之谜的起点在于,在符号生成过程中,谁执符号创造之牛耳?

一、何为"文人"

"文人"一词,只在"文人画"中具有术语的属性,在与"政客"、"学者"、"商人"、"百姓"等对比的意义上说某人是"文人",分别具有不同的意指,带有不同的情感色彩。正是由于这一词在日常语用中的多义性,它似乎最不可能成为学术术语。本文首先对这一词的术语性使用做出基本规定,并尝试对"人"与"文"之间的"文人"的职责予以揭示。

本文对于"文人"的术语规定,主要来自符号学的启示,并以中国思想

[①] 参见赵毅衡:《哲学符号学:意义世界的形成》,四川大学出版社,2017年,第2—4页。

资源为主要依托,因此可以说是在符号学启发下对中国传统的重释。"文人"之"文",许慎《说文解字》释为:"文,错画也,象交文。"这是对陶片等史前遗存物上线条相交之形的描述。林惠祥把这种"绘图以表现思想,记载事实"的"图画文字"(picture-writing or pictography)看作是文字发生的第一步。① 线条相交的形式特征,在从史前符号到定型化汉字的发展历程中被保存下来。隶定之前"文"字的演变过程如图1所示。

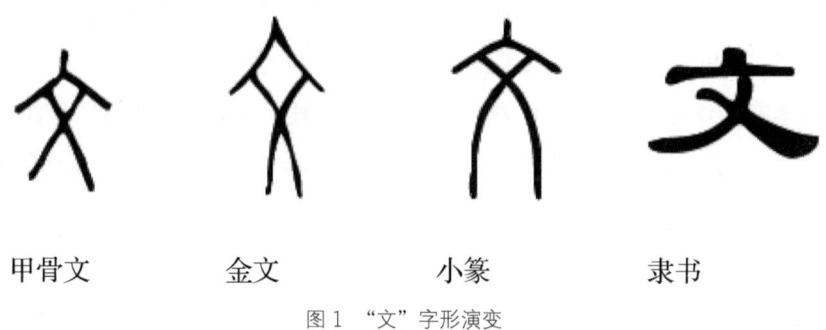

甲骨文　　　　金文　　　　小篆　　　　隶书

图1 "文"字形演变

李泽厚称汉字为"线的艺术"。② 这种"艺术"在从史前标记符号到文明期文字符号的发展中一脉贯通,为书法艺术奠定了基础。

交错之"文"的"特征形式",非止于寓目的线条,音声之"高下相形"亦可编织出"声文"。在错金镂彩的视觉之"文"和五音相和的"声文"之"摇荡"下,为文之人("文人")参天地以成"情文",是为刘勰《文心雕龙·情采》所谓的"三文"之说。《情采》云:"故立文之道,其理有三:一曰形文,五色是也;二曰声文,五音是也;三曰情文,五性是也。五色杂而成黼黻,五音比而成韶夏,五性发而为辞章,神理之数也。"

"立文成采"的符号再造之术,上承易传"仰观俯察"中的"效天法地",下启文章礼乐的文教传统,其中一以贯之的,是参赞"神无方而易无体"的"鬼神"之变。《易传》确定的人"参天地而两之"并"成位乎其中"

---

① 参见林惠祥:《文化人类学》,商务印书馆,2000年,第367页。
② 参见李泽厚:《美的历程》,文物出版社,1981年,第40—44页。

的"文人"坐标，与皮尔斯符号学中的"解释项"遥相呼应。依照皮尔斯的符号学理论，动态生成的"符号化过程"包括代表项（representamen）、对象（object）和解释项（interpretant）这样相关的三元。三者构成一个完整符号系统的方式是：代表项（R）确认并指向对象（O）；解释项（I）对这种指向关系即关联性做出解释；而在整体上，三者的涵摄与指向关系，构成一个整体的符号单元。皮尔斯的符号学三元关系，如图2所示。

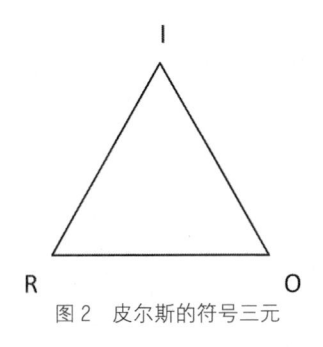

图2 皮尔斯的符号三元

符号意指和阐释过程，在中国文化中表现为人"参赞"天地以成"天文"、"地文"和"人文"的循环互生结构。《中庸》谓："唯天下至诚，为能尽其性；能尽其性，则能尽人之性；能尽人之性，则能尽物之性；能尽物之性，则可以赞天地之化育；可以赞天地之化育，则可以与天地参矣。"中国传统文化中的"天人合一"命题，就是在人参赞、阐释和利用各种符号中形成的各种关系的总汇。[①] 人对于符号的阐释和利用，在前现代的"巫王一体"世界中[②]，表现为巫师长对星宿排布、龟甲裂纹、雁阵兽踪、云霞雕色、草木贲华等的垄断性阐释。凭借这种阐释，他们控制的不仅是符号中的解释项（interpretant），更是整个符号生成系统，以及系缚于符号阐释之上的整

---

① 司马迁所谓"究天人之际"中的"际"，是天人间性关系的表达。
② 《说文解字》："巫，祝也，……以舞降神者也。"（汉）许慎撰，（清）段玉裁注：《说文解字》，浙江古籍出版社，2006年，第201页。人类学家张光直在《谈"琮"及其在中国古史上的意义》一文中引用《周髀算经》一段话，解释故古玉琮的通天意义："方属地，圆属天，天圆地方。方数为典，以方出圆，笠以写天。……是故知地者智，知天者圣。"并指出："能掌天握地的巫因此具备智人圣人的起码资格。"（张光直：《中国青铜时代》二集，生活·读书·新知三联书店，1990年，第72页。）能够"掌天握地"，正是王的能力的体现。所谓"掌天握地"，从符号学来讲，就是"巫王"对符号阐释权的垄断。

个社会政治权力、资源和意义体系。占卜家、观鸟师、梦占师等与符号阐释有关的行业，都是意义系统中的垄断者。他们不是超越者，但却垄断了对于超越者的解读特权。"祭司"一职，被看作是日常生活和神灵世界之间的意义沟通者，他在"上通下达"中对意义的截流和垄断①，以符号学的眼光来看，秘密就在于对符号阐释权的垄断。现代社会中，符号多元分解开来，形成各个独立价值体系中的特定符号系统。②美学中的审美意识、政治学中的政党纲领、经济学中的股票走势图、现代法律中的条文、心理量表中的数值、计算编程中的代码、国际金融中的汇率……都是特定知识领域中多方竞夺阐释权的符号系统。

在现代符号体系的争夺中，科学性与"准确性"似乎成为一个重要的指标。但这一指标的权威性，绝不能估价太高。正如古希腊的"智术师"能够辩黑为白，东方某帝国的宰相可以"指鹿为马"，当代的微信公众号同样可以炮制出"厉害体"雄文。符号阐释中的雄辩强势与阐释的准确性并不直接对应，这是由于对符号解读权的竞夺与对资源、意义等世俗的和非世俗的特权的竞夺是密切相关的。马克思主义的意识形态统治权理论和西马的话语权理论，都是对符号阐释之重要性的强调。符号解读中不存在绝对的科学性和准确性，这表明符号是一种等待被唤醒的意义关系，而非定在的、确定性的形而上实体。"天意难测"但却必须被一再测度。这一悖论构成符号化过程中的终极难题和引发阐释一再展开的动力。

在现代世界中，"文"已经远远超出古代器具上的交错图案，但"文"（符号）中的"人—文"关系，却没有实质性改变。人与文的本质关系，以符号学的眼光来看，就是人在对"文"做出阐释时的各种可能性。"人文知识分子"作为一种充满意义关怀的"人—文"关系类型，悬设了一种超越性价

---

① 《国语》所述颛顼命重黎"绝地天通"的故事，是对古代文化祭司之意义垄断的形象说明。与之遥相呼应的典型现代版，出自马克思《德意志意识形态》，即所谓"统治阶级的思想在任何时代中都是占统治地位的思想。"

② 与之对应的，是社会学关于社会分工、社会分层和系统分化的研究。由此导致的是符号系统的多元化。不同符号系统之间的沟通，《圣经》中的"巴别塔"提供了古典隐喻，在现代社会中，不同职业、社群、族群间的沟通，成为社会共同体建构的第一要务。从符号学来看，这些都与符号系统的分化有关。

值，并许诺一种现实关爱和温情；与之形成对比的是，马克斯·韦伯所谓的"技术官僚"①，则是"人—文"关系中更具现代品味的关系类型。其现代品味在于，在"人"与"文"的关系中，那种触动心灵感悟的灵性成分，被技术分析的图表、数据和走势图所取代，形成"人"与"文"的冷冰冰的面对。但两种类型的人文关系的划分不是绝对的，两种人文关系类型的划分，既非"冷"与"热"的对峙②，亦非"真"与"伪"的较量。符号阐释中蕴含着求真与作伪的张力、以人为中心和以对象物为中心的张力、固守符号指向性与彰显符号多元价值的张力。这些多元张力在当代全幅的人文频谱上对应的是人文关系的多元复杂性，而非封疆划界的现代性学科的外在对峙。

在符号学人文关系的全幅频谱上，由于人文关系的多元衍生，对"文人"概念的最新理解逐渐浮现出来。在符号学背景中理解的"文人"，是主动面对多元之"文"（符号）并对它做出阐释，而且自觉到这种阐释之多种可能性的"人"。这样，从卡西尔到格尔茨的"符号动物"定位，最终以皮尔斯的解释项（interpretant）概念为落脚点，把人定义为自觉的符号阐释者——"文人"。

由于跨论域（审美意识形态的、政治的、经济的、法律的、科学的……）和跨时代（从前现代的巫觋、祭司和现代的诗人艺术家、人文知识分子、技术官僚、股市分析师，到智能时代的程序工程师）的多元指涉，"文人"这一新概念可能在设定之初就面临瓦解的可能。但这里重要的并非一个固定自足的新概念，而是对一种意识和观念的提示。这一观念是由符号学的符号阐释环节提示出来的，并在当代生活和思想的多个领域得到越来越普遍的证实。那就是，在对于世界的把握和理解中，实体性、定在论的、

---

① 马克斯·韦伯对"官僚制"的理论阐述，主要体现于《重组的德意志中的议会和政府》（1918）和《社会与经济组织理论》（1921）两部著作中。
② 媒介分析中的"冷""热"区别，是麦克卢媒介理论的重要论题。"热媒介只是延伸一种感觉，并使之具有'高清晰度'。高清晰度是充满数据的状态……言语是一种低清晰度的冷媒介，因为它提供的信息少得可怜，大量的信息还得由听话人自己去填补。与此相反，热媒介并不留下那么多空白让接受者去填补或完成。因此，热媒介要求的参与程度低；冷媒介要求的参与程度高，要求接受者完成的信息多。"见〔加拿大〕马歇尔·麦克卢汉：《理解媒介——论人的延伸》，何道宽译，商务印书馆，2000年，第51页。

终极性的实在观已经被生活本身瓦解了，取而代之的是在阐释中不断生成着的价值关系与意义能指之链。价值与意义的载体和定型物，是符号和符号系统，意义能指之链是符号和符号之间无限勾连的文化生成史。这种能指链的蔓延，并不必然导致意义消散的破坏性后现代观。锚定意义之链但却延展出多元"人—文"关系的，正是符号三元关系的动态结构。

每一个人都是符号的使用者，但只有自觉进行符号阐释和再造的"文人"，才是指引意义和观念流向的"道之枢"和"道之管"[1]，是在超越性观念和日常生活之间建立符号性关联的"符号祭司"。其"文德"之要，正蕴藏于符号阐释中。这样的"文人"，以伏羲、文王、周公为始，以文德彪炳的孔子为代表[2]，以文章黼黻的"士"为主体，从前现代世界至今一线贯通，直至当今的IT弄潮人。以广义之"文人"的概念来看，"孔文子何以谓之文也"？符号学的解答是，"道沿圣以垂文，圣因文而明道[3]，是以谓之'文'也。"正如在巫术时代，人们感觉巫觋的代天立言恍兮惚兮却又不得不信，整个中国古代文明都是笼罩在传统士人的"天道"密语（天人合一、天子、天理）中的。同样，身处万物互联"黎明"前的当代人，也有解不开的谜咒。掌控网络时代符号密码的，是IT从业者，他们代表了一种"科技人文主义"[4]的崭新的"文—人"类型，"言之不文，行之不远"。文辞之"缘饰"，不仅是言辞、礼仪、典章制度的修饰和仪式化，更与"符号动物"的"瓜瓞绵绵"本质相关。为了人类的绵延，科技人文主义者会有怎样的"缘饰"之法呢？

二、祭司的特权：符号、文本与叙事

在符号学看来，任何一种符号都是表达意义的，没有不表达意义的符

---

[1] 《荀子·儒效》："圣人也者，道之管也，天下之道管是也。"
[2] "易经四圣"掌握着易"弥纶天地"之枢纽，开华夏人文之端绪。据传伏羲画八卦，文王作卦辞，周公作爻辞，孔子撰《易传》。
[3] 见《文心雕龙·原道》。
[4] 〔以色列〕尤瓦尔·赫拉利：《未来简史：从智人到智神》，林俊宏译，中信出版社，2017年，第十章《意识的海洋》，第317页以下。

号，也没有不能通过符号得到表达的意义。符号学在意义表达与符号运用之间建立的看似武断的全称映射关系，使得"符号学"接近于提供了一种关于世界表达的整体论纲领。以符号的观点来理解和把握世界，在语言艺术等象征领域中毋庸置疑。中国当代文学人类学借助于文化人类学的历史生成视野，把符号的范围拓展至一切人文性的创制活动中。这就在文化视野上突破了文字符号的限制（从"小传统"到"大传统"[1]），符号包含了诉诸人的一切感知觉和精神能力的"人为"之"文"和"为人"之"文"。仪式展演、口传叙事、物的叙事等并不主要依赖于文字符号的表述体系，获得了符号意义生成的可能性。中国文学人类学研究者把这些多样化的符号形式纳入"多重证据"[2]之中。

　　文化意义生成之特征，可以简单刻画如下。首先，符号提供了理解特定文化意义的核心概念。前现代的巫王、萨满、祭司和史官等对于天象、物候、灾异和国运的符号学解读，是为世俗权威的政治、资源和意义垄断权提供依据。围绕统治阶层的核心意义和价值，特定文化中的权力资源能和意义得到有序的分配，这就是统治性意识形态的价值规范作用。其次，符号概念还揭示了人类对于世界的把握，从来不可能直达世界本身，而是必须借助于某种中介，这说明无中介的纯粹之思是不可能的。河图洛书、物候天象、甲骨裂纹、鸟阵兽踪等自然现象，被符号化为人文意义的表征，表达着特定的观念和精神指向。符号的意义表征作用具有悠久的历史。象征人类学、符号人类学和阐释人类学等，突出了人类文化阐释中符号化不同侧面的特征。在文化表述的媒介意义之上，皮尔斯"人是符号动物"的概括，更是在人性本质规定上深入一步，符号不仅是媒介，更是人性的本质表征。

---

[1] 改造重铸雷德菲尔德"大/小传统"，构筑文学人类学独创话语体系的工作，由叶舒宪提出并不断完善。文学人类学的"大/小传统"概念的最早文献，参见叶舒宪《中国文化的大传统与小传统》，《党建》2010年第7期。绝非偶然的是，该文献对大小传统的分类，是借助于符号学的分类原则的。

[2] 需要指出的是，文学人类学的"多重证据法"是在"一重证据"（传世经典）、"二重证据"（出土文献）、"三重证据"（口传和仪式叙事）和"四重证据"（物的证据）不断累积完善基础上提出来的，与其他相邻学科中的笼统的"多重"要求稍有概念程序上的区别，其概念累积过程更能显示符号的分衍和多样化。参见杨骊、叶舒宪编著：《四重证据法研究》，复旦大学出版社，2019年，第28—33页。

因此，虽然仍可在表征的意义上理解符号，但这种表征实质已经近乎是一种有关"人"的本质规定了。[①]"人是符号动物"表明，不仅那些掌控符号解释权的特定阶层，即本文所定义的"文人"是符号性的，而且每一个体作为"文化动物"也都是符号性的。"符号动物"在此意义上可以视为对"文化动物"定义的进一步深化和落实。以"文人"有意识的符号解读和常人对文化意义的非自觉接受为意义阐释结构，可以对意义阐释中的诸多问题做出重新解释。在符号意义阐释中，现代意识形态研究所揭发出的"虚假意识"问题，伴随文化符号解释的始终，似乎成为意识形态符号解释的第一课题。这一问题在哲学上的现代发轫，始自黑格尔和马克思的意识形态批判。以现代人的眼光看，前现代的个体完全是被掌握符号阐释权的巫王阶层所蒙蔽的。但更深入的文化批判则表明，任何一种符号阐释中都隐藏着强权、利益和欺骗。符号解释之"真与伪"和"信与不信"，如果从符号学的意义程序来看，会得到完全不同的解释。

符号意义生成之特征，与意义阐释程序密切相关。这里尝试以符号、"文本（结构）"和"叙事"这三个概念对符号解释程序做出简单勾勒。对符号的解释，从单一独立的符号对象（即皮尔斯所谓的"对象"object）开始。符号对象既可以是事物，也可以是纯粹符号，胡塞尔因此区分出"指号"和"表达"这两种符号。认为前者没有含义，而后者具有含义。[②]但这种区分并非绝对的，对于占卜者来说，只要有意义表达的需要，任何纯然物都可以作为意义的载体，龟甲裂纹和蓍草数量，都可以被看作是有含义的表达；符号解释过程，正是解释者将纯然物予以"符号化"的过程。这些单独的事物经过解释，都可能成为某种意义（吉凶、宜忌、战和、王朝兴衰）的表征。文人之兴，正是由于对这些自然之物的"文（符号）化"，即化自然之物为自然之"文"[③]，再化"自然之文"为"为人之文"[④]，此即"人文"

[①] 赵毅衡：《符号学与主体问题》，《学习与探索》2012年第3期；赵毅衡：《符号作为人的存在方式》，《学术月刊》2012年第4期。
[②] 〔奥地利〕埃德蒙德·胡塞尔：《逻辑研究》第二卷上编，倪梁康译，上海译文出版社，1998年，第二卷第一部分，第39页。
[③] 《周易·贲卦·彖传》："刚柔交错，天文也。"
[④] 《周易·贲卦·彖传》："文明以止，人文也。观乎天文，以察时变，观乎人文，以化成天下。"

的初始含义。在对"文"的意义阐释中,"人文"中超乎物性的人为性(荀子:"伪")促成了对于人之"性"的关切,此为"人文"的基本含义。这一含义中的"人文"价值指向不同于山川、草木与禽兽中的物性,它指向"人性",却来自超越层("神性")。对这种超越层的自觉追求和主动指向,是在符号阐释中"成人"的过程("文以成人")。通过符号阐释不断实现着的"成人",与人"符号化"(动词)世界的过程相应,此即马克思所谓"自然人化"和"人化自然"的统一。

符号的解释,逐渐完成对于自然物的改造和人化。这就导致"流水不是无情物",甚至"万水千山总关情"。在对世界的"文""化"(符号化)过程中,马克思意义上的"人化自然"逐渐形成了。符号学对于"人化自然"的重要补充在于,人借以"化"自然的核心媒介,就是"符号"。符号是意义的承载和传达,世界被"人化"的过程也就是万物被"符号化"的过程。文学人类学的研究证明了,原本作为自然物质的玉石和自然界中的熊、鹰、蛇等动物被符号化为古人生命观念的象征物,成为人文意义的对象(object)。人类表达"人文"意义的方式,还包括在想象中的符号创造,龙、凤、麒麟、天马等中国文化符号就是通过想象再造出来的。对于非实在性文化符号的创造机制问题,神话研究者往往诉诸"想象"。叶舒宪则用"神话思维"来解释文化观念(比如"返胎"、"复朴"等[1])与想象之物(比如中央之帝"混沌"[2])的意义关联。通过对思辨性哲学概念("道"、"德"、"气"等)的经验性还原,符号意义的发生机制得以揭秘,文化符号中那些怪怪奇奇(《山海经》中的奇异动物和人[3])的形象得到释读。如果借助于符号学理论,我们实际上还可以对符号形成机制做出补充。在符号学看来,解释者对于符号对象的指向是有选择的,对象中那些能够表达意义的突出特征会凸显出来,引导意义的指向。那些现实中并无对应物的文化符号,依

---

[1] 参见叶舒宪:《庄子的文化解析》,陕西人民出版社,2004年,第227—276页。
[2] 参见叶舒宪:《中国神话哲学》,陕西人民出版社,2004年,第245—336页。
[3] 参见叶舒宪:《山海经的文化寻踪:想象地理学与东西方文化碰触》,湖北人民出版社,2004年。

照符号学的意向性理论，实际上是意义"充实"（Erfüllung）[①]的结果。这就更加说明了阐释者在符号制造过程中主动性，当然也为其"作伪"和扭曲意义留下空间。

文化符号的表意作用，在单独的符号中总是得到片面的表现，要使文化意义得到体系化的表达，使接受者领会意义整体，就需要将相关符号编织成文化文本。赵毅衡指出，"文化文本"满足以下两个条件，第一，一些符号被组织进符号组合中，第二，此符号组合可以被接受者理解为具有合一的时间和意义向度。[②]符号的"文本性"包括以下七种品质，即结构的整合性，概念的一惯性，发出的意图性，接收的"可接受性"，解释的情境性，文化的文本间性，以及文本本身的信息性。[③]其中第一条即"结构的整合性"，保证了后面的六条。文化文本整合性的品质，可以叶舒宪的玉文化研究为例予以说明。在《红山文化玉蛇耳坠与〈山海经〉珥蛇神话——四重证据求证天人合一神话"大传统"》一文中[④]，叶舒宪先生以2012年3月在沈阳考古发现的蛇形耳坠作为一个新确认的文化符号，在对这一符号的解读中，将其与天津市艺术博物馆藏"玉双蛇首三孔器"、牛河梁双兽首三孔玉器等文化玉器符号联系起来，构成了玉器"文化文本"。与此文本相关联的还有：《山海经》所述"珥蛇"、保加利亚出土的陶塑面具像、波兰北部发掘出土的拟人形陶瓮、《红山玉器》所收录的红山文化玉耳玦等相关文化文本。这些文本以珥蛇形象为中心实现了整合，构成更大的文化文本整体。文学人类学把文化符号组合互证归入"多重证据法"之中，在文化符号意义解释中收到多维立体论证的奇效。叶氏认为多重证据之优势，就在于可以实现跨时

[①] "充实"是胡塞尔意识现象学的重要概念，主要指从先验奠基的自我意识出发对世界的给出过程。先验意识对于世界的"充实"，与符号学中解释项对于物的"符号化"过程相应，在方法论观念上是同构的。这正是胡塞尔同时作为先验现象学和符号学之共同开山者的学理依据。胡塞尔指出："符号意向自身是'空乏的'并且是'需要充盈的'。"〔德〕埃德蒙德·胡塞尔：《逻辑研究》（第二卷第二部分），倪梁康译，上海译文出版社，1999年，第74页。〕

[②] 参见赵毅衡：《符号学：原理与推演》，南京大学出版社，2015年，第40页。

[③] 参见 Robert de Bauderande, *Text, Discourse and Process*, Norwood NJ, Ablex, 1980.

[④] 叶舒宪：《红山文化玉蛇耳坠与〈山海经〉珥蛇神话——四重证据求证天人合一神话"大传统"》，《西南民族大学学报》2012年第12期。

空的意义互证。从证据数量之多和证据类型之多元来看，这显然比传统考证中仅限于文字疏证更具说服力。但多重证据的最大优势，还在于对意义网络之整体的还原。符号的文本化（textualization），就是将各个独立符号编织进一个意义网络之中。这样，与珥蛇相关联的其他符号，如玉器的神圣性、蛇形的象征意义、龙蛇飞升的象征性、蛇与巫的关联等相互映照，编制出一个早期精神世界的意义结构图。在结构主义—符号学的文学解读中，文本的结构性特征掩盖了其中的生成性，但通过多重证据的跨时空编制和多极的意义关联，文化文本的历史性生成也展现出来。多重证据之间形成的"证据间性"[1]，可视为文化文本的织体和机理。

与文本相关的另一个核心概念，即是"叙事"，或通俗称其为"故事"。故事可以是叙事性的，也可以指文化文本的历史性生成。[2]因此，对文化文本的叙事（讲述），"文人"们负有责任，从巫师长、占卜师、梦占师、史官到人文知识分子，一代又一代的符号解读者转述着符号中的意义，促成了文化文本的播撒。另一方面，叙事的历史性展开也可指文本自身不同历史性面向的展现。"文人"参赞其中但并不主宰符号文本的历时飘移，套用海德格尔的话，可以说是文（符号）"化"着人，而非人"化"着"文"。人参赞、护持着符号的自我生成却并不自伐其功。[3]这正是在符号文本与世俱迁中的"人文共化"历程。由符号编织起来的文化文本在历史演进中的散播和流布，被称作"符号叙述学"或"广义叙述学"[4]，"叙述"一词，不能简单理解为外在性的表述技术和文类特征，而应被看作文化意义的历史性散播过程。

文化符号的置换变形、历时损益、交错互训与流播歧异等不确定性解读

---

[1] 叶舒宪：《论四重证据法的证据间性——以西汉窦氏墓玉组佩神话图像解读为例》，《陕西师范大学学报》2014年第5期。
[2] 此处没有依照叙事理论严格区分"叙事"、"叙述"和"故事"，是为了凸显三者共同具有的符号历时性生成变化过程。"叙述"与"叙事"两个术语的混用，在"叙事学"的研究中非常普遍，不少文献的题目中就同时出现这两个概念术语。仅得一见对两者做出学理区分的，参见赵毅衡：《"叙事"还是"叙述"？——一个不能再"权宜"下去的术语混乱》，《外国文学评论》2009年第2期。
[3] 尤西林：《阐释并守护世界意义的人：人文知识分子的起源及其使命》，华东师范大学出版社，2017年。
[4] 参见赵毅衡：《符号叙述学，广义叙述学》，《中国外语》2015年第2期。

与其深层含义的亘古不变，交织在从符号到文本、从文本到叙事的意义传播过程中，构成"人"与"文"的复杂关系。

三、数字符号的挑战

符号学的视野的方法，为人文科学和社会科学研究所共享，因其明显的"可操作性"而被视为"文科中的数学"（赵毅衡语）。符号学在人文社科研究中的广泛运用，还在于它是关于意义的科学。符号学研究的是人类如何表达与解释意义。任何意义都必须通过符号才能表达、才能解释，这是就个人而言。对于一个社会来说，其中的社群追求意义的符号活动，其集合就是我们浸泡于其中的"文化"。[①] 符号之所以能够对个体和社会的相互理解提供助益，原因在于其借助可感符号物对抽象和不可见的观念与思想予以代现、指引和暗示，体现在艺术表现手法中，就是"赋比兴"、象征、比兴和托物言志等。就哲学概念（"道"、"气"等）的经验来源而言，其中同样蕴含着象征性代现。

象征符号的主要特点在于，符号物与所象征的对象之间具有意义的关联。环形物与时间的循环、玉色与苍天、熊蛇蛾蝉等动物与再生的观念等具有象征性对应关系。这种象征符号是符号中的一种类型。与之形成对比，符号学还关注另外一类符号，这种符号与它的指代对象之间没有象征性对应关系，符号只是对指代对象的简单标记。这两种符号的核心区别在于，前者多与解释者的解释意向性相关，而后者可能是纯粹的记号。

文化人类学对具有象征和主体意向性的符号予以突出关注。比如，格尔茨对于巴厘岛斗鸡符号的阐释[②]、特纳对恩登布人过渡仪式的研究[③] 等。这些文化符号与其表达的文化观念之间具有象征性意义关联，这种意义关联方

[①] 参见赵毅衡：《符号学与人的生存意义》，《华南师范大学学报》2016年第2期。
[②] 〔美〕克利福德·格尔茨：《文化的解释》，韩莉译，译林出版社，1999年，第484—534页。
[③] 〔英〕维克多·特纳：《仪式过程：结构与反结构》，黄剑波、柳博赟译，中国人民大学出版社，2006年，第94—130页。

式是探究特定文化本质属性的重要线索。意义关联方式因文化而异，也与世俱迁，这就说明了不同文化符号体系的巨大差异，以及同一文化在不同历史时期符号象征方向性的变化。最典型的例子，前者如中西文化对于龙的不同态度，后者如叶舒宪在熊图腾研究中所揭示的中华文化对熊的文化态度转变[1]，另外还有对鸱鸮的爱恶变迁。[2] 象征性符号的意义解释，即使在同一文化中，也会因时因境因人而变，但文化的原型编码又会以深层语法的方式调校意义阐释的方向。这两个方面的统一，构成文化符号演变中的恒定性与变异性的辩证法。当代中国文学人类学研究的工作范围，既包括对作为象征意义源头的"源编码"的探寻，也包括对意义流变机制的勘查。[3] 对象征性文化符号的考察，可以大致得出这样的基本结论：首先，对于特定文化而言，某些自然存在物（天体、星宿、动植物），在文明早期突出性和优先性地与特定文化观念实现链接，构成文化源头的"源编码"；这些源编码还会因为跨文明的共享而成为人类文化的源编码，比如，太阳作为生命之源是人类文明的最大共识。其次，源编码所指示的意义关联方式或许具有偶然性，但在文化传承中却可能定型化从而成为特定文化的基因符号和特定文化的集体无意识，规范着该文化后期发展中符号阐释的方向。最后，当文化符号的阐释方式在特定文化的发展中基本定型后，符号与其观念意义指向之间的关系就具有了某种"先天"的和"先验"的属性，象征也就不再是偶然的链接，而成为特定文化的本质性表达，铭刻在文化符号的文本体系中。文化符号的意义指向经过无数次再阐释之后，调谐共振为一种文化强制力或集体无意识。这种强制力与无穷个体意义价值相关涉，所以对个体来说并不觉得其强制和异常，反而会有体己性的"在家感"（文化归属）。文化人类学突破古典人类学，把文化符号解释为特定文化的意义表达方式，落实

---

[1] 叶舒宪：《狼图腾，还是熊图腾——关于中华祖先图腾的辨析与反思》，《长江大学学报》2006年第4期。
[2] 叶舒宪：《经典的误读与知识考古——以〈诗经·鸱鸮〉为例》，《陕西师范大学学报》2006年第4期。
[3] 叶舒宪思考的问题：为什么具有生命能量象征意义的"熊"在后世成了骂人话。参见叶舒宪：《熊图腾：中华祖先神话探源》，陕西师范大学出版社，2018年，第10页。

为文化价值和观念的本质呈现。在这种符号表达中,"人以文化","文以人化",人的科学(人类学)和文的科学(符号学)达到了深度融合。

文化人类学以符号的视野总览人文世界的整体性人文科学观,与约翰·洛克(John Locke,1632—1704)在 320 多年前对人类知识的整体规划形成呼应。在《人类理解论》(An Essay Concerning Human Understanding)一书中,洛克将人类的科学分为三类,即物理学(physica)、实践之学(practica)和标记之学(semiotic)。洛克对全部学科进行分类的思想视野是古典式的,具体来说,是亚里士多德式的,但他却表现出了在古典时代尚未达到自觉的符号观念和符号意识。在文化人类学的符号学视野拓展到人文学科的范式层面时,"文化符号学"基本就是人文学的当代命名了。在洛克时代,人类知识尚未达到对标记之学的高度自觉,而影响人类历史的莫尔斯码还要等待 140 年以后才会出现,电报、电视、计算机、卫星通信等主要倚重符号表达的表意工具还要等至少 240 年才能出现。互联网对数字符号的跨时空对接还根本不可能设想。在现代新科技领域,符号同样无所不在,光学频谱图、声学图谱、电子码、视频信息、代码、程序等无数的指代符号涌现出来,与文化符号不同的是,这些符号并没有文化观念的长久积淀,符号与其指代对象的关系,纯粹是标记性的。人与这些符号的关系,是外在工具性的。

现代科技中的标记符号,正如它们的古希腊时代原始编码(毕达哥拉斯"数的和谐"、欧几里得几何学)一样,同样伴随着人类文明的进程,两千多年来完美实现着"现实代现"的功能,直到近代哲学的最后一位祭司胡塞尔惊呼"几何学的危机"[1]。胡塞尔的弟子海德格尔在人文符号受到科技促逼的境况下发出对现代科技的讨伐[2],实际上开启了对于现代思想的符号学反思。昧于符号学的方法意识,海德格尔的讨伐往往被笼统看作是对技术霸权的审美乌托邦式反抗。海德格尔的技术讨伐,从符号学角度来看,是从语言表述层面深入下贯至存在论层面对世界的符号学批判。在更大的历史范围中来看,近代以来人与世界的关系反思中,其思想主轴正是符号学的。尼采

---

[1] 参见〔德〕胡塞尔:《欧洲科学的危机与超验现象学》,王炳文译,商务印书馆,2001 年,第 53 页。
[2] 参见〔德〕海德格尔:《形而上学导论》,王庆节译,商务印书馆,2017 年,第 38 页。

的"主体性"批判、费尔巴哈的宗教批判、马克思的意识形态批判、新康德主义者卡西尔的"国家神话"批判、法兰克福学派的审美意识形态批判……直至鲍德里亚的"符号政治经济学批判"①，都具有符号学反思的思想品格。对现代性的反思，只有当深入到技术的"语言单位"即标识性符号层面时，才能得到真正的深化，这如同通过矫治 DNA 结构来治病救人。

海德格尔听闻原子弹爆炸后的惊呼，常被看作诗人般的悲悯。但在面临人工智能挑战，人类前途未明的当下，连对业界前沿不明就里的普通民众也难掩忧虑了。胡塞尔的欧洲科学危机论、海德格尔的惊恐与当下人工智能引发的忧思一样，深层的逻辑都在符号层面。在符号学视野中审视人工智能时代的思想挑战，可以从其符号的"非人文性"入手。但强调人文符号与非人文记号的区别，却不能仅仅重复人文情怀之类的陈词滥调，而是要探究人工智能时代符号的生成、解释、处理和传达机制。人工智能时代的符号处理问题之所以能够与文化人类学的符号研究形成并置和对照，原因在于，业界几乎众口一词地指出，由于人工智能的勃兴，未来不仅大量技术性、操作性工作可以交由人工智能完成。更重要的是，人工智能可能参与并改变人类的主体性和人格领域的决策，对古典式的人格理论、主体观念和自由意志提出挑战。尤瓦尔·赫拉利的宏观人类简史典型代表了这种惊叹和莫之奈何的态度，他把人类自由意志、审美鉴赏这些传统上人文性的判断领域也还原（反向还原）为数据运算。即认为，那种经过世世代代"文人"的"符号化"努力而"积淀"在文化记忆中的"人文符号"，在技术上也可以看作是程序、算法之类的非必然性指示系统。②也就是说，人文象征性的符号可以被还原为非象征性的纯粹指示符号。这是对传统人文知识分子所自诩的"不可数据化"的精神世界的釜底抽薪式冲击。这就

---

① 欧阳谦：《消费社会与符号拜物教》，《中国人民大学学报》2015 年第 6 期。
② "数据主义将人类体验等同为数据模式，也就破坏了我们的主要权威和意义来源，带来自 18 世纪以来从未有过的重大宗教革命。在洛克、休谟和伏尔泰的时代，人文主义认为'上帝是人类想象的产物'。但现在数据主义以其人之道还治其人之身，说道，'没错，上帝是人类想象力的产物，但人类的想象力一样只是生化算法的产物。'在 18 世纪，人文主义从以神为中心的世界观走向以人为中心，把神推到一旁。而在 21 世纪，数据主义则可能从以人为中心走向以数据为中心，把人推到一旁。"〔以色列〕尤瓦尔·赫拉利：《未来简史：从智人到神人》，林俊宏译，中信出版社，2017 年，第 352 页。

提出一个重要的符号学课题，即人文象征性的符号体系和科学标记性符号体系之间，是否存在通约的可能？以及如果实现两者的通约，还原的基点应如何确定？

　　这一问题不仅是符号学的技术性问题，更是包括人文与科技两者在内的人类意义表述问题。在这个核心问题面前，传统的文理分科失效了。以审美判断力为例，康德在启蒙思想语境中以"无目的的合目的性"这种晦涩思辨方式完成的共通感论证[①]，被人工智能乐观派化解为大数据的运算能力问题，即所谓"数据人文主义"。赫拉利在《未来简史：从智人到智神》的收尾处挑战性地向读者抛出三个问题，但他实际上并非在向读者咨询，因为整部著作就是基于对这些问题的明确回答之上的。这三个问题是：

　　1. 生物真的只是算法，而生命也真的只是数据处理吗？
　　2. 智能和意识，究竟哪一个才更有价值？
　　3. 等到无意识但具备高度智能的算法比我们更了解我们自己时，社会、政治和日常生活会有什么变化？[②]

　　赫拉利认同生物只是算法，认为智能比意识更高，认为比我们更了解我们自己的高智能算法将取代生物原生人，在"数据主义"符号生成机制下，我们将迎来"智神"的时代。在人工智能前夜的鼓噪喧嚣中，赫拉利的观点是一种典型宣言式论断，与之应和的观点在产业界和学术界正音声相随，惊世之言连绵不断。当类似这样的"宇宙视野"扫过我们的生活世界时，我们恰恰应该冷静地沉下心，把古典的智慧与现代的新潮对照，在超越古今的文化符号表述逻辑中对新的可能性详加考查。

　　如果我们把文化符号学视作前智能时代人文表述的基本纲领，人工智能就预示着以科技之繁盛取代和消融人文之思的符号学"新语法时代"的到来。科学思维对人文世界的侵吞和挤压，在现代科学兴起时也曾出现。人

---

① 参见〔德〕康德：《判断力批判》，宗白华译，人民出版社，2002年，第74—77页。
② 〔以色列〕尤瓦尔·赫拉利：《未来简史：从智人到智神》，林俊宏译，中信出版社，2017年，第359页。

文主义者捍卫了情感、思想和精神的领域，其殿军正是严格区分"可思之物"与"广延之物"的笛卡尔，经过18到19世纪康德、黑格尔等人的论证，人文思想开拓出一片自有领地。20世纪以来的反形而上学思潮，再次冲击了人文思想，自此以后，人文与科技形成现代文化的并行两翼。在这一历史线索的末端即我们所处的AI时代前夜，人工智能对"意识"的质疑提出了更深刻的挑战。这一挑战的深度在于，AI似乎要将人类在生物基础上的意识全部还原为算法。与AI的硅基算法相比较，这种生物算法速度太慢，太含混，极不准确。AI掌控人类生活数据管理，已经或将要实现的情景，比如通过植入设备，AI可以了解一个人的心率、呼吸等生命体征和各个器官的功能，在与其他智能设备的互动关联中为人类制定衣食住行等各方面的规划，并按时烹制出营养健康的早餐，提供便捷的交通服务，设计得体的着装方案，如此等。在此基础上，乐观人士甚至认为审美情趣、情感模式、自由意志等人性中最模糊微妙的部分，也可以还原为算法，并接受高效AI的全面控制和打理。

四、符号学的危机和新"文人"的诞生

符号的两种类型划分，如前所述，第一种是与所指对象有象征性意义关联的符号，即人文学科中的文化符号，第二种是纯粹指示性的作为标记的符号，比如，在个人履历年龄一栏里表示的"35"，只是一个标记。[①]AI时代的程序和算法符号，是在后一种符号基础上发展出来的高度复杂的符号，其本质也是标记性的。标记性符号对于象征性符号的冲击和挑战，是现时代科学与人文对冲和争辩的最前沿。从符号学的角度讲，这种对冲和争辩正是符号学内在危机的体现。

---

① 这里对符号的分类，与皮尔斯的三分法不同。（皮尔斯将符号划分为类像符号、标志符号和象征符号。参见季海宏《皮尔斯符号学思想探索》，南京师范大学博士学位论文，2011年，第28—29页。）为突出人文符号与科技符号的区别，这里以象征性意义的关联为标准划分符号。人文学科中的符号，明显具有象征意义关联，如圆月象征团圆。而纯粹只是作为标记的符号，如仪器的读数，是标记符号的典型，科技符号大多属于这类符号。

早期人文主义者在面对科学主义冲击时，采取的应对策略可以概括为以下几点。第一，把人文性与神性和灵性相关联，在后者的庇翼下保持一种更古远的优越性，与新兴科学思维形成抗衡（法国象征主义诗歌作为代表）。第二，承认科学思维的清晰明确，但指出对人的精神、思维和情感等微妙的领域，科学知识尚不能完整解读，因此在认同科学的前提下应该为人文观念留下自有领地。第三，建构一种与科学思维不同的人文观，确立人文知识的自主逻辑（康德的先验辩证论、黑格尔的精神现象学、胡塞尔的先验逻辑可作为典型代表）。以上三种态度体现出人文主义逐步增强的自主性和主动性，从守到攻逐层推进，然而其态度的逐渐强化不能不说受到它的敌手即科学思维的启发。所以，看似确认自主逻辑的人文自主性论证，实际上很难说不是科学思维的节节胜利。

AI 对于人文意识的挑战，不仅深入不同知识领域的逻辑语法层面，而且揭示出，这些不同语法逻辑所运用的"词汇"（符号）也是完全不同的。更进一步，它提出以自己的"词汇"和"语法"取代人文性知识词汇和语法的"强主张"。AI 时代科学理性的强主张，使得要想维护人文知识的独立品格，就需要比古典的人文主义者更加的"科学"和理性。也就是说，只有更加的科学，才能足够的人文。回到问题的核心部位，我们需要追问的是，象征性的符号代现和标识性的符号代现本质性区别何在？如果后者声称要取代前者，至少两者需要共同的基础，或者后者具有更大的包容性和解释力，我们通过符号的分析能找到这一基础和两者沟通机制吗？

这里尝试启用一个新的概念术语"铭刻"，来为不同符号的沟通提供基础。"铭刻"一词，本义指的是在器具文物、石碑、石阙、门楼、井阑等上刻写文字、图案和符号的记录活动。这是从古至今、跨越文明的文化记忆方式。因材质的区别，铭刻符号得以保存的时间长短不一。文化记忆持存时间，受限于物质材料，而作为符号对象的文化观念和思想（弥母），却可能恒久到超越时间的限制。这样，"铭刻"一词就可转而指向精神和观念方面：情感铭刻在个体心中，文化观念铭刻在特定文化的集体记忆中。个体与文化集体之间可以实现记忆的转换，所以，沿着弗洛伊德的个体心理深层结构，荣格发掘出"集体无意识"，皮亚杰在"发生认识论"中连通起个体心理的成长和文化结构的生成，李泽厚的"积淀说"，是对文化记忆中个体铭刻与集体铭刻、感性铭刻与理性铭刻之间相互推进深化关系的描述。以"铭刻"来看待两种符号，象征性符号的铭刻因为与人类生物性意识关系密切，容易镂刻且保存长久；相反，标记性符号是人为的，它也可能因约定俗成而积淀为集体无意识，但这需要更多更持久的刻写工夫。虽然象征性符号容易铭刻且极易成为文化的集体记忆（《楚辞》中的香草美人、唐诗中月的意象、古希腊的神牛、日本的樱花等），但人类学与心理科学并不认为文化基因能够铭刻在生物分子上。从小就长在狼群里的"狼孩"，并没有凭借"生物记忆"成为文化人，即使是同一文化中，也特别强调文化"濡化"的重要性。"濡化"所要求的就是文化基因在个体身上的一次又一次反复铭刻。"文人"的符号意义阐释和再造，就是要把文化意义不断铭刻进社会记忆中。所以，教育家孔子也是文化意义铭刻大师的典范。

　　人是以"文""化"成的，现代科学证明了，这一"文"（符号）不在生物分子层面上，不在遗传 DNA 上。[①] 这等于在石碑朽烂、物质媒介消失以后，文化保卫者也放弃了生物分子的"碑石"。甚至于，那些显示人文气质和特性的符号，也并非只有原生生物人才能制造出来，礼仪、举止、着装、口音、典型用语这些标志个人文化特质的诸多符号，AI 都可以分毫不差制造出来。如果所有这些预期都可能实现，人文符号的铭刻中还有什么不能为硅基智能所掌握的吗？人类文化符号铭刻中的那些技巧和灵感的屏障已经被硅基智能攻破。在科学垄断生活已成事实之后，人文符号铭刻特殊性的秘密也被识破了，人文知识与观念还有可以防守的阵地吗？

　　在传统人文意义的传承中，与符号的生产和再生产相关的"文人"肩负着文化符号反复铭刻的重要责任。在人工智能时代，硅基智能破解了传统人文意义的编码程序。但 AI 揭穿人文知识分子的符号铭刻"花招"，如同后者揭穿古代巫师"代天立言"的虚虚实实的儇言一样，无非都是铭刻技术的新

[①] 参见李辉、金力：《Y 染色体与东亚族群演化》，上海科学技术出版社，2015 年，第 58 页。

老更替。他们都是广义上的"文人",也都是本质意义上的"文化"人。

铭刻方式的世代更替,铭刻媒介的"与时俱损"能给自觉的文化人怎样的启示呢？石碑靠不住,DNA 靠不住,硬盘靠不住,AI 时代的文人在嘲笑纪念碑的笨拙时,难道不应该为下一个可依靠的铭刻媒介提出备选项吗？我们能相信在"卷积算法"和"深度学习"中隐藏着无所不知的智能,并相信人类的意识都可以还原为无所不能的算法吗？如果是这样,恐怕任何一种物质都不足以作为文化符号铭刻的可靠媒介。而所谓算法、程序等概念,无非就是社会功能人类学中强调的"功能"和"结构",在其展开过程中变化出人类寄托自我的所谓文化来。通过仪式、展演、库拉圈、斗鸡、降神、史诗传唱而真实感受到的所谓文化,在 AI 时代以程序算法得到"转录"("再表述"或"重新铭刻")。在这种情境下,我们比以往任何时候都更清醒地意识到,即使是更加高效的人工智能,也不能成为文化符号铭刻的媒介,较早放弃把文化意义寄托在某种铭刻物上,或许才是明智的选择。

"文人"是文化符号的祭司,通过文化符号的解释和再造,影响和塑造着文化意义的发展方向。AI 时代新的文化符号"铭刻术"提示人们,在通过符号进行的文化意义建构中,实际上可以不以象征符号为优先,铭刻物的物理特征也并非决定意义传承的重要因素,我们甚至可以预期和接受不依赖于任何媒介物的铭刻。只有当我们不再依据铭刻物以及代现符号的性质来判别文化意义之价值时,文化记忆铭刻的本质才会呈现出来。智能时代的文化铭刻把传统人文学科意义上的"文人"扩展至包括程序员、设计师、数据分析师在内所有与符号理解解释有关的人,只要他们能在符号解读中自觉到文化记忆铭刻的重要性。这个"文人"概念的扩展同时要求相关的从业者也具有古典人文主义的关怀。

"文人"概念的扩展也带来对于文化的全新理解。"以文化人"的文化过程也包括对"数据人文主义"或"科学人文主义"的包涵。这是人类历史上"科学"与"人文"的第 N 次对话和交融了。对这一次对话的效应和结果,我们寄希望于同时具有科学素养和人文素养的新的"文人"。对这些"文人"来说,科学与人文并非对立,它们是以文化铭刻的方式保存集体记忆的不同方式。

余论：交出接力棒

  文化符号学研究包括理论上最早的文化编码（文学人类学称之为"源编码"），包括人类文化史上影响最大的人文编码，也寄望于人工智能时代的数字编码。本文将所有这些符号都看成是从"交错之文"中引申出来的广义符号，因此，期待中的新型"文人"，也应具有以上各个符号领域的基本素养，这样的"文人"，如同他的久远先辈祭司一样，还将承担起为人类文化指航的作用。

  人工智能时代文化符号祭司，不会像早期社会中的巫师一样，只把眼光投向上天，还要在人为性的数据符号中寻找文化前行的线索。赫拉利把人工智能看作"智神"，预测它将无所不能、无所不知。[1] 但这种近乎神一般的超强智能，还是人的文化成果，是人类生物智能发展跃迁的结果。所以，对于"智神"，我们可以反用费尔巴哈的话说，神是人的本质的升华。如果"智神"时代真的来临，我们就不应再抱着怀疑的态度，将其看作人的本质的"异化"，而应期待神性中的人性绽放。文化符号铭刻中从自然物质铭刻到碳基铭刻，再到硅基铭刻的发展历史，对人类"以文而明"提供了崭新的可能。

---

[1] 〔以色列〕尤瓦尔·赫拉利：《未来简史：从智人到智神》，林俊宏译，中信出版社，2017年，第333—359页。

附

关于文学人类学的感言

李继凯

这是我在上海交大神话学研究院首届新成果发布会暨专家论坛上的发言，稍作增删，权为本刊小引，往大点说，就是代发刊词吧。

感谢此次会议主办方的邀请，使我有了这次宝贵的学习机会。大家兴致正浓，话题论语甚丰，仅仅就前面多位先生谈玉而言，也真觉得"神玉通神神乎其神，话中有话话不虚传"。如此不知不觉已经远超出会议预订时间了，此时让我"压轴"出场，诚惶诚恐，耽误大家吃午饭了，实在抱歉！然而，既来之则言之，我还是非常简单地说个1、2、3吧！即一表祝贺，二是约稿，三为感言。

首先是祝贺。今天是上海交大建校123周年的校庆日和神话学研究院新成果发布日，确实是个"双喜临门"的令人高兴的好日子喜日子，我这次来，临出门为表祝贺之意，匆忙间写了一幅中堂。其内容为："治人类学千秋事业，品神话院一脉书香。"神话学研究院此次推出的《玉石神话信仰与华夏精神》《文学人类学新论》《四重证据法研究》等，是国家社科重大招标项目"中国文学人类学理论与方法研究"的主要结项成果，新书精印，内容精深，见解独到，足以传世。我从位于古都西安的陕西师大亦即本课题首席专家叶舒宪先生早年的学术出发地来到这里，首先要代表陕西师大人文社科高等研究院，表达一下由衷的祝贺之意：热烈祝贺神话学研究院及其学术团队取得如此丰硕、这般重要的学术成果！

二是约稿。机会难得，我想在此借机郑重向大家约稿。一是为叶舒宪兄主持的学术辑刊《文化文本》约稿，二是为加拿大《文化中国》约稿。这是两本纯粹的文化研究类学术刊物。前者是辑刊新创，尤其需要大家的支持。辑刊缺稿，尤其是缺少好的文稿，所以切盼在座的各位及其朋友能够为了推动文学人类学学科学术的发展，伸出援手，支持一下《文化文本》。舒宪先生在上海积极投身建设文学人类学和神话研究中心，但也乐于参加和引导其他省区相关的大小学术"根据地"的建设。他在陕师大创办《文化文本》并组织丛书等，也都是积极的有利于文学人类学的学科学术发展的行为，令人钦佩，值得点赞！何况提起"根据地"，陕西的根据地特别是"陕甘宁边区"那可是中国现代史上大有作为的根据地，也相信文学人类学学科在陕师大设立的小小根据地也能有比较大的作为。比如我们已经组织出版或即将开展的工作已经有了进展：关于文学人类学文库（第二辑）、中国宝卷系列、玉帛之路考察报告（第三辑）等都在近期有望出版。辑刊《文化文本》创刊号的编辑也进入了最后阶段，稍加完善即可交由出版社出版。鄙人要为《文化中国》（学术季刊）约稿，也有缘由。此刊是加拿大文更中心创办于20世纪90年代的国际性中文名刊。该刊在率先推动中国文化走出去或在世界范围内传播中华文化方面做出了非常突出的贡献。陕西师大人文社科高研院与该刊已经签了正式协议，在西安成立了《文化中国》编辑室（西安），因此欢迎大家赐稿。希望这次上海会议有的论文就能投此刊，尤其欢迎专题讨论"文化磨合"的跨学科性质的论文。该刊今年很重视"文化磨合"这一论题，拟定今年每期都要上三篇文章。我本人在《中国高科社会科学》上发表的论文也被转载于《文化中国》今年第一期，这也是该刊的百期。

三为感言。时间关系，我来简单谈点我本人关于文学人类学的感想。我是人类学的门外汉，但又莫名其妙地有些喜欢人类学。早年曾为老同学王海龙兄论人类学的著作写过书评，还受舒宪兄影响比较早接触到原型—神话批评，曾尝试写过《民间原型的再造——对沈从文〈边城〉的原型批评尝试》《"红楼"极境：女性化的情爱王国》等论文，还与舒宪兄合作了小书《太阳女神的沉浮》及多篇论文。受朋友影响是我喜欢人类学的一个原因，随着学术经历经验的增加，我对人类学尤其是文学人类学的认识也略有增进。在此无暇细述，仅纲要性提及三点感想。其一，文学人类学确有重要的学术价值。如果说文学是人学，那么在很大程度和意义上也可以说文学是人类学。真正的文学应该具有内在的人类学基因、人类文化基因，或应体现出人类文化的"影因"（meme）力量。其二，文学人类学具有鲜明的学科交叉特征。学科学术创新的主要路径之一就是学科交叉，文学与人类学的交叉很自然、很有必要也很有意义。这次新成果发布中的三本书都显示着这种学科交叉带来的学术生机和学术创新，其中《文学人类学新论》更是显示了学术创新的高度自觉及学术传承。仅就文学人类学大力倡导的"四重证据法"而言，也足以显示出多学科研究方法会通并举所形成的巨大优势，我把这四重证据法理解为对四种文化形态或资源的拥有和利用，并简化为"文口古野"四字以便记忆（"文"主要指文献文本，"口"主要指口传文本，"古"主要指考古文本，"野"主要指田野文本），认为文学人类学及其研究方法充分体现了"古今中外化成现代"的治学经验和"新国学"取向。其三，文学人类学是文化磨合的结果。文化磨合，这是我近年来最关心的一个论题，以为适合讨论许多最前沿的人文社科类的话题，所以窃以为也是探讨文学人类学相关问题的一种不可或缺的角度。看重文化磨合，意味着承认和包容文化的多元多样、千差万别，也意味着对二元对立、你死我活之类文化斗争学说的警惕和规避。文学人类学有对古今中外"知识谱系"和"文化考古"的热衷，无论是从纵向看还是从横向看，都力求在跨学科、跨时空（跨文学与文化、文化学与人类学，通文史哲、境内外等）的语境中探讨文化的历史真相和现实意义，从而建构新的人文理论话语模式及研究方法，臻于人文学术的通达境界。有鉴于此，陕西师大人文高研院也拟创办不定期的《人类学前沿》辑刊，也算是对《文化文本》的相互呼应。但愿这样的学术愿景在大家的支持下能够实现。

谢谢各位！期待各位到"新丝路驿站"——陕师大人文社科高研院来进行学术交流！

2019 年 4 月 7 日稿，2019 年 4 月 11 日改

《文化文本》征稿启事

《文化文本》由陕西师范大学人文社科高等研究院和文学人类学研究中心联合主办，其前身是中国文学人类学研究中心主办的电子期刊《文学人类学通讯》。

陕西师范大学是文学人类学学科的研究重镇。文学人类学研究中心于2013年4月成立。中心名誉主任、特聘教授叶舒宪担任《文化文本》主编，李永平教授担任执行主编。聘请资深学者担任学术顾问，突出刊物前沿性和唯一性，来稿统一由本刊学术委员会审定。中心突出跨文化视野，为当代学术研范式做出新的探索。为此，诚挚欢迎国内外专家学者赐稿。

一、栏目设置

本刊拟设栏目有：理论前沿、文明探微、田野调查、经典阐释与学术争鸣等五个大类。

二、字数要求：来稿8000—12000字，特殊文稿不超过20000字。

三、标题与摘要：文章标题（含副标题不超过30个字）。

四、作者简介：作者简介请在标题下作者姓名的脚注中标出，包括姓名、出生年、性别、供职机构、职称、学术职务、研究领域。

五、项目说明：文章若出自某科研项目，请在首页页下注明项目来源。

六、正文版式说明

1. 正文用五号宋体字，20磅行距。

2. 图表应有序号，单篇文章按照"图1，图2，图3……""表1，表2，表3……"连续方式排列。表格必须要说明表格资料来源以及其他情况，注明表格资料、数据的来源以及表格本身的出处通常用"资料来源"打头，其他对表格整体情况的说明通常用"注："打头。图的图题、表的表题用五号黑体字，图表内用五号宋体字。图表与上下文之间各空一行。

3. 引文字体用小四号仿宋体，与正文上下各空一行。

4. 正文和注释的所有西文字体（包括数字、英文等）均用 Times New Roman 体。

5. 文中若出现古代帝王年号和公元纪年，统一格式如"元仁宗延佑七年（1320）"。

七、注释格式

（1）中文页下注格式如下例所示：

① （清）王先谦：《荀子集解》，中华书局，1988 年，第 381 页。

② 〔法〕克洛德·列维-斯特劳斯：《忧郁的热带》，王志明译，中国人民大学出版社，2009 年，第 142—143 页。

③ 刘再复：《论文学的主体性》，《文学评论》1986 年第 1 期。

④ 周雷：《亲密的边界：西南中国的感官王国》，载周晓虹、谢曙光主编：《中国研究》2013 年春季卷总第 17 期，社会科学文献出版社，2015 年，第 18—34 页。

⑤ 雷经天：《关于边区司法工作检查情形》（1943 年 9 月 3 日），陕西省档案馆藏陕甘宁边区高等法院档案，档案号：16/149。

⑥ 魏光奇：《也谈"为学术而学术"》，http://www.acriticism.com/article.asp?Newsid=9135&type=1008，最后访问日期：2007 年 10 月 4 日。

（2）外文页下注格式如下例所示：

① David G. Stork, "Optics and Realism in Renaissance Art", *Scientific American*, Dec. 2004, Vol. 291, Issue 6, p. 81.

③ HomiK Bhabha, *The Location of Culture*, London and New York: Routledge Press, 1994, pp. 106-107.

八、来稿请以电子文件方式寄至本刊编辑部邮箱。凡向本刊投寄的稿件须为首次发表的论文，请勿一稿多投，并请自留原稿。本刊编辑部收到稿件之后，将立即复函确认收讫，并将在 3 个月内答复处理意见。稿件刊发后即敬致稿酬和样刊2册。

本刊编辑部联系方式：

陕西省西安市长安区西长安街620号　邮编：710119

陕西师范大学人文社科高等研究院N314办公室

投稿信箱：wxrlxbjb@163.com